Dieser Band gehört zu einem auf 16 Bände angelegten Abriß der deutschen Literatur vom Mittelalter bis zur Gegenwart, dessen Charakteristikum auf dem Wechselspiel von Text, Darstellung und Kommentar beruht.

Die Reihe ist als Einführung vor allem für Schüler und Studenten konzipiert. Sie dient selbstverständlich auch allen anderen Interessierten als Kompendium zum Lernen, als Arbeitsbuch für einen ersten Überblick über literarische Epochen.

Das leitende Prinzip ist rasche Orientierung, Übersicht und Vermittlung der literaturgeschichtlichen Entwicklung durch Aufgliederung in Epochen und Gattungen. Die sich hieraus ergebende Problematik wird in der Einleitung angesprochen, die auch die Grundlinien jedes Bandes gibt. Jedem Kapitel steht eine kurze Einführung als Überblick über den Themen- oder Gattungsbereich voran. Die signifikanten Textbeispiele und ihre interpretatorische Aufschlüsselung werden ergänzt durch bio-bibliographische Daten, durch eine weiterführende Leseliste, ausgewählte Forschungsliteratur und eine synoptische Tabelle, die die Literatur zu den wichtigsten Ereignissen aus Politik, Wirtschaft, Kunst und Wissenschaft in Beziehung setzt.

Die deutsche Literatur

Ein Abriß in Text und Darstellung

Herausgegeben von
Otto F. Best und Hans-Jürgen Schmitt

Band 16

Philipp Reclam jun. Stuttgart

Gegenwart

Herausgegeben von
Gerhard R. Kaiser

Philipp Reclam jun. Stuttgart

Inhalt

LITERATUR DER DDR

Literatur
der Bundesrepublik Deutschland,
der Schweiz und Österreichs

Einleitung

Sollte Arno Schmidts polemisch gegen Stifter gerichtetes
Wort zutreffen, das »›Zeitlose‹« sei schon immer der »Treff-
punkt literarischer Drückeberger und menschlicher Deser-
teure« gewesen, so ist die zeitgenössische deutschsprachige
Literatur mitnichten eine Domäne der Versager. Freilich
gilt es, Einschränkungen zu machen und zu differenzieren
– ästhetisch, historisch, nach staatlichen Grenzen. Die Literatur der DDR nimmt eine Sonderstellung ein; seit den
ersten Jahren des zweiten deutschen Staates bekundet sie
ihr politisches Selbstverständnis – Parteilichkeit im Sinne
der SED führte sie gelegentlich freilich zu Sterilität und
Opportunismus. Im westlichen deutschen Sprachgebiet folgte
auf die kurze Phase literarischer Vergangenheitsbewälti-
gung eine Periode, in der man einem gewissen politischen
Agnostizismus huldigte. Es war die in etwa mit Adenauers
Kanzlerschaft (1949–63) zusammenfallende Zeit des Kalten
Krieges und des Antikommunismus. Aber auch in diesen
Jahren entstand, wie Wolfgang Koeppen und Hans Magnus
Enzensberger, Heinrich Böll und Günter Grass beweisen,
Literatur, die politische Thematik bewußt aufgriff. Vollends nach der Zäsur in den sechziger Jahren, nach Rezession, Neuer Linker und APO, vollzog sich eine Repolitisierung der Literatur, die im Jahre 1968, dem Höhepunkt der
Studentenrevolte, zur bilderstürmerischen Forderung nach
der Abschaffung aller Kunst führte – was Arno Schmidt
mit seinem bösen Wort keineswegs gewünscht hatte (wie
dieser Autor überhaupt seine frühen gesellschaftskritischen
Ansätze nicht weiterverfolgte). Politisch ist, von der engagierten Richtung ganz zu schweigen, gerade auch die nach
traditionellen Maßstäben ästhetisch relevante deutsche Gegenwartsliteratur durchweg; ob diese Einschätzung der feh-
lenden Distanz des Betrachters zuzuschreiben ist oder ob es

sich nicht vielmehr um eine neue objektive Qualität handelt, kann hier nicht entschieden werden.

Einige ergänzende Hinweise immerhin. Die politisch einschneidenden Daten 1945 und 1949 wurden auch für die deutsche Nachkriegsliteratur bedeutsam. Die Niederlage des Nationalsozialismus entzog der rassistischen und chauvinistischen Blut-und-Boden-Dichtung die Grundlage. Den Autoren der sogenannten inneren Emigration schien sie ebenso wie den Emigranten und der jungen, eben noch durch den Krieg gegangenen Generation ein weites Betätigungsfeld zu eröffnen. Doch die weltpolitische Konfrontation zwischen den Vereinigten Staaten und der Sowjetunion sowie die Opposition zwischen der zunehmend kommunistisch beherrschten Sowjetzone und den allmählich den Weg einer kapitalistischen Restauration beschreitenden Westzonen blieben nicht ohne Einfluß auf die konkreten Möglichkeiten der Literatur. Im Osten bemühte man sich oft erfolgreich um die bürgerlich-demokratischen und die kommunistischen Emigranten, während man sich im Westen wenig geneigt zeigte, in diesen die wahren Repräsentanten des deutschen Geistes zu ehren. Hier folgte auf eine kurze Phase politisch-kritischen Rückblicks, die mit Namen wie Alfred Andersch, Wolfgang Borchert, Hans Werner Richter verbunden ist, eine bis in die späten fünfziger und frühen sechziger Jahre andauernde restaurative Periode, der die einseitig ästhetizistische Rezeption der literarischen Moderne (Proust, Joyce, Kafka, Musil, die Surrealisten, die »moderne Lyrik«, die Amerikaner) ebenso zuzuzählen ist wie die modisch-nihilistische Übernahme des Existentialismus und die Woge des absurden Theaters. Schon 1948 erzielte Gottfried Benn, der sich 1933/34 politisch kompromittiert hatte, mit den *Statischen Gedichten* seinen ersten großen Nachkriegserfolg; 1951 hielt er den Vortrag *Probleme der Lyrik*, der zu einer späten Fibel des l'art pour l'art wurde; sein Ende 1952 geschriebenes Gedicht *Wirklichkeit* bestimmt die Kunst als einzig sinnvolle Tätigkeit im sinnlosen Kreislauf der Ge-

Ingeborg Bachmann, Martin Walser und Heinrich Böll während der Tagung der Gruppe 47 im Mai 1955 in Berlin bei einem Empfang des Senders Freies Berlin (Ullstein-Bilderdienst)

schichte; nicht in der Realität gründet die Kunst nach Benn; der Künstler beweise sich allein in dem »aus eigner Schwere«, aus »Trance« stammenden gestaltenden Umgang mit seinen Materialien – Benn verabsolutiert den subjektiven Pol künstlerischer Tätigkeit. Betrachtet man seinen Erfolg und den der von ihm brillant vertretenen Richtung, so kann es nicht wundernehmen, daß Böll und Enzensberger, zwei junge Autoren, die in Hitlers Armee bzw. im Volkssturm hatten dienen müssen, in der ersten Hälfte der fünfziger Jahre nicht nur zur bundesrepublikanischen Politik, sondern auch zum herrschenden literarischen Klima in Opposition standen; Böll etwa in seinem *Bekenntnis zur Trümmerliteratur* (1952), das unbeirrt auf der Verarbeitung des Faschismus und seiner Folgen besteht; und Enzensberger, indem er, spätere Entwicklungen vorgreifend, das Gedicht als Gebrauchsgegenstand begriff und seine eigene poetische Praxis an dieser Bestimmung zu orientieren versuchte. Auch die Anfeindungen, die der heute zu Recht gerühmte Wolfgang Koeppen wegen seiner gesellschaftskritischen Romane in den frühen fünfziger Jahren erleben mußte, sind symptomatisch für diese Zeit.

Friedrich Dürrenmatts groteske Parodien auf das Fortschrittsdenken, deren Erfolg in den späteren fünfziger Jahren parallel zu der enthusiastischen Rezeption des absurden Theaters verlief, signalisieren unter der gattungsmäßigen Verschiebung von Lyrik und lyrischem Hörspiel zum Drama einen thematischen Wandel. Der Bereich menschlicher Konflikte und Abhängigkeiten geriet verstärkt in den Blick – vorerst freilich nicht als zum Besseren veränderbarer, sondern als Sphäre unaufhebbarer Sinnlosigkeit. Allenfalls mit einem »empfindsamen Humanismus« (Thomas Koebner über Wolfgang Hildesheimer) vermochte sich diese Richtung zu verbinden. Vielleicht ist die Hypothese nicht unbrauchbar, daß die Akzentuierung unlösbarer Konflikte im Drama einer politischen Situation entsprach, die mit dem sowjetischen Berlin-Ultimatum (1958), dem Bau der Berliner Mauer (1961) und der Kuba-Krise (1962) den Höhepunkt des Kalten Krieges erlebte. Dafür spricht, vom bundesrepublikanischen Heute aus gesehen, daß im Zuge der sowjetisch-amerikanischen Entspannungspolitik innenpolitische Fronten aufweichten und eine vernünftigere Gestaltung der Geschichte in den Bereich des Möglichen geriet. Dafür sprechen indirekt auch die zur Zeit jener »absurden Literatur« verfaßten Romane *Das steinerne Herz* (Arno Schmidt, 1956), *Mutmaßungen über Jakob* (Uwe Johnson, 1959) oder *Ansichten eines Clowns* (Böll, 1963), die in direkt-politischem Zugriff jene vermeintliche Ausweglosigkeit aus der politischen Konfrontation – teilweise mit beachtlicher Objektivität gegenüber der DDR übrigens – suggerierten. Noch Helmut Heißenbüttels unten wiedergegebenes Statement *Schwierigkeiten beim Schreiben der Wahrheit 1964* bezieht bezeichnenderweise die Propagation einer auf das sprachliche Material konzentrierten Literatur auf die Ost-West-Balance und die Unentschiedenheit des intellektuellen Beobachters jener Zeit.

Ein frühes Indiz für die allmähliche Diskreditierung des Antikommunismus als Vorwand zur Zementierung bestehender Herrschaft darf man in der Dortmunder »Gruppe 61« sehen. Wiewohl später wegen ihrer Fixierung auf die traditionelle Ästhetik heftig attackiert, propagierte sie, zwei Jahre nach der ersten Bitterfelder Konferenz, die Integration der Arbeitswelt, speziell der industriellen, auch in die bundesrepublikanische Literatur. Verstärkt durch die Rezeption radikaldemokratischer und proletarischer Tendenzen der Weimarer Zeit gingen von ihr wichtige Impulse aus. An Ödön von Horváth *(Geschichten aus dem Wiener Wald)* und Marieluise Fleißer *(Fegefeuer in Ingolstadt)*, die infolge der nationalsozialistischen Herrschaft in Vergessenheit geraten waren, knüpfte eine Reihe junger Dramatiker aus dem oberdeutschen Raum an, so Martin Sperr *(Jagdszenen aus Niederbayern)* und Franz Xaver Kroetz *(Männersache)*. Wie bei den Vorbildern treten als Protagonisten

Kleinbürger, Bauern und Proletarier auf, die unter dem Druck materieller und geistiger Not faschistoide Züge in Sprache, Denken und Handeln an den Tag legen. Kritisch gegen die »Gruppe 61« griffen die »Werkkreis 70«-Autoren die Tradition der proletarisch orientierten Reportage auf. In ihre Absage an die traditionelle Ästhetik waren zugleich die These vom Warencharakter der Kunst, die der Sozialistische Deutsche Studentenbund (SDS) 1968 in die Debatte warf, und die Abneigung gegen gleichzeitige sprachspielerische Tendenzen eingeflossen, die trotz des Anspruchs, über Sprachkritik Gesellschaftskritik zu üben, ästhetische Theoreme Benns fortführten und eine Sackgasse aller tradierten Schreibweisen zu signalisieren schienen. An diesem Kampf gegen die Tradition und gegen alle bisherige angeblich bürgerliche Ästhetik ist freilich ein Moment mangelnder Differenzierung kritisch festzuhalten. Politischer und kultureller Kampf werden als identische, nicht als komplementär zu führende Kämpfe interpretiert; nicht unterschieden wird zwischen den Werken selbst und den Modi ihrer Vermittlung; und daß sich in der Unterdrückung des ästhetischen und der Beschneidung des historischen Bewußtseins gerade die herrschende kapitalistische Rationalität durchsetzen könnte, die man bekämpfte – auch dies wurde nicht in Erwägung gezogen. Diese Kritik wird hier auch als prinzipielle Rechtfertigung dafür angeführt, daß im folgenden ein Autor der »Kölner Schule«, daß »konkrete« Lyriker, daß ein Paul Celan zu Wort kommt, der sich abseits der literarischen Szene und ihrer Gruppierungen bewegte.

Der politischen und kulturellen Teilung Deutschlands trägt dieser Band in seiner Disposition Rechnung; die Frage nach einem möglichen gemeinsamen Bezugspunkt beider deutscher Literaturen sollte freilich gestellt werden. Er liegt – wenn es ihn überhaupt gibt – weder in der Sprache, die allein nicht trägt, noch in den ästhetischen Programmen, die einander oft ausschließen, sondern in dem utopischen Moment, das den besten Werken der deutschen Nachkriegsliteratur eignet.

Die Konzeption eines repressionsfreien Sozialismus sei kleinbürgerliche Träumerei, behauptet die orthodoxe kommunistische Linke; eine sozialistische Gesellschaft ohne demokratische Dezentralisierung der Entscheidungsprozesse, ohne Ver-
sammlungsfreiheit, öffentlichen Meinungskampf und kritische
Publizistik, ohne prinzipielle Offenheit zum Besseren hin
stelle unter neuen Vorzeichen eine Perpetuierung des Obrig-
keitsstaates dar, sagen die anderen. Die Synthese von
Demokratie und Sozialismus ist nicht in Sicht; dem »Prager
Frühling« wurde gewaltsam von der Sowjetunion und der
Mehrzahl ihrer Verbündeten ein Ende gesetzt, und Allendes
Versuch in Chile scheiterte an der zynischen Brutalität von
kapitalistischen Trusts und konservativen Militärs. Den-
noch: Von nichts mehr und nichts weniger als von einem
»Sozialismus mit menschlichem Antlitz« spricht in der Mehr-
zahl ihrer bedeutenden Vertreter die deutsche Literatur der
Gegenwart. Hierin liegt im besten, im nicht eskapistischen
Sinn des Wortes ihr utopischer Charakter. Sie ist fordernde
Antizipation dessen, was die Mächtigen bislang erfolgreich
zu verhindern oder doch nur zögernd zu verwirklichen
suchten.

Wenn eben von deutscher Literatur schlechthin die Rede
war, so gilt es wieder zu differenzieren, denn auf eine Synthese von Demokratie und Sozialismus zielen die beiden Literaturen deutscher Sprache von völlig verschiedenen Voraussetzungen aus. Es gibt kaum einen wichtigen DDR-Autor, der
sich nicht zu der Umgestaltung der Eigentumsverhältnisse
im sozialistischen Sinn bekennt, der aber nicht gleichzeitig
eine Humanisierung und Demokratisierung des in der DDR
Geschaffenen fordert. Dies gilt unabhängig von der Partei-
zugehörigkeit; es trifft auf den oppositionellen Wolf Biermann wie selbst noch auf Helmut Baierl zu, den ehemaligen
Parteisekretär am »Berliner Ensemble«, dessen *Johanna von
Döbeln* die vorerst zaghafte Forderung nach verstärkter
Beachtung des Menschen im sozialistischen Aufbau artiku-
liert. Beide Autoren würden sich vermutlich gegen diese

Parallelisierung wehren; sie besagt aber lediglich, daß qualitative Literatur nur um den Preis der Selbstaufgabe schlechte oder unvollkommene Wirklichkeit glorifizieren darf. Wenn andererseits Hans Magnus Enzensberger in einem Porträtgedicht auf Marx schreibt »ich seh dich verraten / von deinen Anhängern: / nur deine Feinde / sind dir geblieben: / ich seh dein Gesicht / auf dem letzten Bild / vom April zweiundachtzig: / eine eiserne Maske: / die eiserne Maske der Freiheit«, so spricht er stellvertretend für viele seiner westlichen Schriftstellerkollegen auf seine Weise von Demokratie und Sozialismus. Man würde Enzensberger verkennen, sähe man in den zitierten Zeilen nur die Attacke gegen östliche Orthodoxie. Auf die Eigentumsverhältnisse im Westen angewandt, meinen sie: Freiheit erfüllt sich nicht in der Sozialisierung der Produktivkräfte, hat diese aber zur unabdingbaren Voraussetzung. Von der Perversion gesellschaftlicher Beziehungen unter dem Druck materieller Not und Ausbeutung sprechen die unten abgedruckten Kurzgeschichten von Borchert und Böll; Koeppens und Grass' Abrechnungen mit der faschistischen Vergangenheit, die bis in die Gegenwart hineinreicht, implizieren als Bedingung ihrer definitiven Überwindung eine gerechtere Gesellschaft; und in dieser Perspektive sind nicht nur Uwe Johnsons, sondern – neben anderen – auch die Arbeiten des Dokumentaristen und die des neonaturalistischen Dramatikers Kroetz zu lesen. Die Synthese von Demokratie und Sozialismus wird nicht primär das Werk der Literatur sein, an Literatur aber ist ihre Notwendigkeit abzulesen.

Um den durch die Gesamtreihe gesteckten Rahmen nicht zu sprengen, ist auf Kosten einer denkbaren thematischen oder historischen Gliederung innerhalb der beiden großen Blöcke die Einteilung nach Gattungen beibehalten worden. Dies wird weniger bedauern, wer sich vor Augen hält, daß Gattungen mehr als bloße Klassifikationsschemata darstellen. Sowohl der Produktion als auch der Rezeption von Literatur liegt als Folie ein historisch variierendes Gattungsverständnis zugrunde; adäquate Interpretation bedarf der Einsicht in gattungsspezifische Gesetzlichkeiten; und schon allein die Affinität bestimmter Epochen zu bestimmten Gattungen ist aufschlußreich – aus dem Umkreis unseres Gegenstandes lassen sich die bundesrepublikanische Lyrik-Welle der fünfziger Jahre oder die Bevorzugung von Kurzgeschichte und Hörspiel im gleichen Zeitraum anführen. Neben den Einführungen zu den einzelnen Gattungen und den allgemeinen Hinweisen zu den Autoren bietet auch die synoptische Tabelle im Anhang die Möglichkeit, den historischen Ort der Textbeispiele zu bestimmen.

Die Kommentare können wegen ihrer Kürze nur Anregungen geben; gelegentliche Schärfe – Vorbedingung adäquater Rezeption überhaupt – soll nicht den Respekt vor geistigen Leistungen mindern. Literatur wird hier nicht verstanden als Kanon quasi sakraler Texte, die sich über das Menschlich-Gemeine erheben – vielmehr als eine spezifische Weise der Erkenntnis wie auch der Erfahrung, an der jeder Zeitgenosse potentiell teilhat und die allen zu vermitteln eine vordringliche – zugleich politische und pädagogische – Aufgabe bleibt.

Nachtrag 1978

Die vorstehende Einleitung – 1973/74 geschrieben, 1975 veröffentlicht – ist noch von den Hoffnungen geprägt, die viele in jenen Jahren mit der internationalen Entspannungspolitik und der dabei von der Bundesrepublik Deutschland übernommenen Rolle verbanden. Inzwischen hat sich Ernüchterung breitgemacht. Ohne daß es eines Regierungswechsels auf Bundesebene bedurft hätte, vollzog sich eine restaurative Wende, deren sinnfälligster Ausdruck die Überprüfungspraxis für die Einstellung zum öffentlichen Dienst ist. Terroristische Anschläge bewirkten Reaktionen, die jeder – sei es auch nur theoretischen – Differenzierung feind sind. Dem entsprechen der Stillstand in den internationalen Abrüstungsverhandlungen und, in der DDR, eine Kulturpolitik, die eines sozialistischen Staates nicht würdig ist. Wolf Biermann, dessen Arbeiten in westdeutschen Anthologien aufgrund von Pressionen der DDR schon seit über einem Jahrzehnt nicht erscheinen, wurde in schäbiger Weise in den Westen abgeschoben; den DDR-Kollegen, die sich gegen diese Praxis der Zwangsexilierung wandten, antwortete man mit Drohungen. Inzwischen ist Sarah Kirsch von Ost- nach West-Berlin umgezogen, Reiner Kunze und Thomas Brasch verließen ebenfalls die DDR, andere Künstler haben befristete West-Aufenthalte erwirkt, von denen man nicht weiß, ob sie nicht zu Daueraufenthalten werden. Die literarischen Konsequenzen dieses Klimawechsels sind noch nicht recht faßbar. Doch scheint es, als verstärkten sich mit der Entschiedenheit der (zunehmend weniger) kritischen Stimmen zugleich privatistische bzw. formalistische Tendenzen und andererseits jener Ton eines mehr und mehr verzweifelten Bekenntnisses zu einem vorerst nur erahnten humanen Sozialismus.

I. Theorie als Programm

Programmatische Theorie hat seit dem Bruch mit der klassizistischen Poetik Literatur stets begleitet, und oft ist sie der jeweiligen künstlerischen Praxis weit voraus gewesen. Das gilt etwa für Novalis und Friedrich Schlegel, deren Forderungen erst die symbolistische Lyrik einlöste – für die deutsche Literatur nach 1945 gilt es sicher nicht. Ihren theoretischen Bemühungen fehlt der Charakter des kühnen Entwurfs; meist handelt es sich um eine Selbstverständigung, die, über den »völkischen« Ungeist hinweg, Positionen der Weimarer Zeit aufzunehmen versuchte. In der Sowjetisch besetzten Zone (SBZ), der nachmaligen DDR, bestimmten zunächst die Emigranten die literarische Szene; man knüpfte an den »Bund proletarisch-revolutionärer Schriftsteller« aus der Weimarer Zeit an und besann sich auf das kulturelle Erbe, dessen Rezeption die Volksfront in den dreißiger Jahren diskutiert hatte. Der faschistische Bankrott und die russische Militärmacht begünstigten Überlegungen, die eine Absage an die als formalistisch bekämpfte Moderne zugunsten klassenkämpferischer Literatur betrieben. Brecht selbst geriet in Schwierigkeiten, es herrschten die Kulturfunktionäre. Schlechter noch sah es im Westen aus. Nicht anders als durch den von den Nationalsozialisten geschürten, tief sitzenden Antikommunismus, der bis in die Intelligenz reichte, ist die Hausse jener historisch überfälligen Theorie von der Autonomie der Kunst zu verstehen, die Benn propagierte. Manifeste und Theorien seiner politischen Gegner, Borcherts verstreute Äußerungen etwa oder Bölls »Bekenntnis zur Trümmerliteratur«, blieben wirkungslos, weil sie keine ehrenwerte Gefühle zu artikulieren vermochten. Für eine andere Zeit, das Ende der Adenauer-Ära, stehen Heißenbüttels Thesen; die bei ihm wie bei dem Enzensberger der frühen sechziger Jahre (»Poesie und Politik«) durch

Theodor W. Adorno bekräftigte Überzeugung, nur durch rückhaltlose Hingabe an das sprachliche Material könne der Dichter der gesellschaftlichen Realität authentisch sich bemächtigen, sah sich freilich bald dem Druck der weltpolitischen Krisen und eines geschärften politischen Bewußtseins ausgesetzt. Der SDS lieferte das Stichwort »Kunst als Ware«, Literatur begann man wieder im Zusammenhang der Klassenkämpfe zu sehen, die sprachliche Ohnmacht der Arbeiterschaft geriet in den Blick.

GOTTFRIED BENN

Geb. 2. Mai 1886 als Pfarrerssohn in Mansfeld (Westprignitz), gest. 7. Juli 1956 in West-Berlin. Philologie- und Theologie-, dann Medizinstudium. Freundschaft mit Else Lasker-Schüler. Im Ersten Weltkrieg Militärarzt. 1917 ließ er sich in Berlin als Arzt für Haut- und Geschlechtskrankheiten nieder. 1933 Zusammenarbeit mit den Nationalsozialisten, die ihn jedoch bald bekämpften; daher 1935 Wiedereintritt in die Wehrmacht; 1938 Schreibverbot. 1945 Wiedereröffnung der Praxis.
Werke: *Morgue* G. (1912); *Gehirne* Nn. (1916); *Der Vermessungsdirigent* Dr. (1919); *Das moderne Ich* Ess. (1920); *Nach dem Nihilismus* Ess. (1932); *Der neue Staat und die Intellektuellen* Ess. (1933); *Kunst und Macht* Ess. (1934); *Ausgewählte Gedichte* (1936); *Statische Gedichte* (1948); *Doppelleben* Aut. (1950); *Probleme der Lyrik* Ess. (1951); *Destillationen* G. (1953); *Aprèslude* G. (1955); *Gesammelte Werke* (1958 bis 1961).

Während die Weimarer Republik mit ihren wirtschaftlichen, sozialen und politischen Problemen eher ein Klima für die Rezeption sozial engagierter Literatur schuf, während Benns anfängliches Sympathisieren mit den Nationalsozialisten nach 1934 in gegenseitige Abneigung umschlug – wie sollte sich, trotz der Zusammenhänge, die hier bestehen, sein aristokratisches Pathos der zuchtvollen Form auf die Dauer mit der Blut-und-Boden-Mystik der durch das Kapital gestützten kleinbürgerlichen Gemeinheit vertragen? –, begün-

*stigte die zweite Nachkriegszeit in den durch Krieg und
Niederlage desillusionierten intellektuellen Kreisen West-
deutschlands die Bereitschaft, einen Autor zu akzeptieren,
ja zu glorifizieren, dessen metaphysisches Kunstcredo den
letzten Halt vor der Sinnlosigkeit zu bieten schien, von der
zu gleicher Zeit die französischen Existentialisten sprachen.
»Probleme der Lyrik« ist das berühmteste theoretische Zeugnis des späten Benn, eine ganze Generation von Lyrikern
hat es in sich eingesogen; in ihm kulminiert jene Theorie
einer autonomen Kunst, die zuerst die Romantiker in einer
Fluchtbewegung vor der einsetzenden Restauration konsequent formulierten. Benn war – seine Kompromittierung
Anfang der dreißiger Jahre beweist es – der antibürgerliche
Ideologe eines gefährlichen spätkapitalistischen Nihilismus,
zugleich aber Meister einer Sprache, die noch seinen Geg-
nern Impulse verlieh. Erst mit dem Ausklang der Adenauer-
Ära, die eine Fülle literaturwissenschaftlichen Schrifttums
über den Dichter gebracht hatte, bahnte sich eine Umwer-
tung im Sinne etwa der folgenden Zeilen an, die Brecht in
Ost-Berlin voller Ärger über den Erfolg seines West-Berli-
ner Antipoden schrieb: »Beim Anhören von Versen / Des
todessüchtigen Benn / Habe ich auf Arbeitergesichtern einen
Ausdruck gesehen / Der nicht dem Versbau galt und kost-
barer war / Als das Lächeln der Mona Lisa.«*

Probleme der Lyrik (Auszüge)

Ich gebrauchte vorhin zur Charakterisierung des modernen
Gedichts den Ausdruck Artistik und sagte, das sei ein um-
strittener Begriff – in der Tat, er wird in Deutschland nicht
gern gehört. Der durchschnittliche Ästhet verbindet mit ihm
die Vorstellung von Oberflächlichkeit, Gaudium, leichter
Muse, auch von Spielerei und Fehlen jeder Transzendenz.
In Wirklichkeit ist es ein ungeheuer ernster Begriff und ein
zentraler. Artistik ist der Versuch der Kunst, innerhalb des

allgemeinen Verfalls der Inhalte sich selber als Inhalt zu erleben und aus diesem Erlebnis einen neuen Stil zu bilden, es ist der Versuch, gegen den allgemeinen Nihilismus der Werte eine neue Transzendenz zu setzen: die Transzendenz der schöpferischen Lust. So gesehen, umschließt dieser Begriff die ganze Problematik des Expressionismus, des Abstrakten, des Anti-Humanistischen, des Atheistischen, des Anti-Geschichtlichen, des Zyklizismus, des »hohlen Menschen« – mit einem Wort die ganze Problematik der Ausdruckswelt.

In unser Bewußtsein eingedrungen war dieser Begriff durch Nietzsche, der ihn aus Frankreich übernahm. Er sagte: die Delikatesse in allen fünf Kunstsinnen, die Finger für Nuancen, die psychologische Morbidität, der Ernst der Mise en scène, dieser Pariser Ernst par excellence – und: die Kunst als die eigentliche Aufgabe des Lebens, die Kunst als dessen metaphysische Tätigkeit. Das alles nannte er Artistik [...]

Aber das alles ist noch zu äußerlich, wir müssen noch weiter fragen. Was steckt dahinter, welche Wirklichkeiten und Überwirklichkeiten verbergen sich in diesem lyrischen Ich? Dabei kommen wir auf Probleme. Dieses lyrische Ich steht mit dem Rücken gegen die Wand aus Verteidigung und Aggression. Es verteidigt sich gegen die Mitte, die rückt an. Sie sind krank, sagt diese Mitte, das ist kein gesundes Innenleben. Sie sind ein Dégénéré – wo stammen Sie eigentlich her?

Die großen Dichter der letzten hundert Jahre stammen aus bürgerlichen Schichten, antwortet das lyrische Ich, keiner war süchtig, kriminell oder endete durch Selbstmord, die französischen Poètes maudits nehme ich aus. Aber Ihr Gesund und Krank kommen mir vor wie Begriffe aus der Zoologie, von Veterinären geprägt. Bewußtseinszustände kommen in ihnen doch gar nicht zur Sprache. Die verschiedenen Arten der Ermüdung, die unmotivierten Stimmungswechsel, die Tagesschwankungen, die optische Sucht nach Grün plötzlich, die Berauschung durch Melodien, Nichtschlafenkönnen, Abstoßungen, Übelkeiten, die hohen Gefühle wie die Zerstörungen – alle diese Krisen des Bewußtseins, diese Stigmatisierungen des späten Quartärs, diese ganze leidende Innerlichkeit wird nicht von ihnen erfaßt.

Gut, erwidert die Mitte. Aber was Ihre Clique betreibt, das ist steriler Zerebralismus, leerer Formalismus, das ist Deshumanisation, das ist nicht das Ewige im Menschen, das sind Störungen im vitalen Mark. Zurück zur Forstwirtschaft, Kultur der Erde! Achten Sie auf das Grundwasser, begradigen Sie die Forellenteiche! Wie sagte doch Ruskin? »Alle Künste begründen sich auf die Bebauung des Landes mit der Hand.«

Ich meinerseits, sagt das lyrische Ich, werde im Höchstfall siebzig Jahre, ich bin auf mich allein angewiesen, ich beziehe ja gar nichts von der Mitte, ich kann auch nicht säen, ich lebe in einer City, das Neonlicht belebt mich, ich bin an mich gebunden, also an einen Menschen gebunden, an seine heutige Stunde bin ich gebunden.

Wie, ruft die Mitte, Sie wollen nicht über sich hinaus? Sie dichten nicht für die Menschheit? Das ist Transzendenz des Menschen nach unten, Sie verhöhnen das menschliche Gesamtbild. Was ist das immer für ein Gerede mit dem Wort, das ist Primat des Materials, Erniedrigung des Geistes ins Anorganische, das ist Viertes Zeitalter, selbstmörderische Phase – es geht um den Fortbestand des Höheren überhaupt.

Lassen wir das Höhere, antwortet das lyrische Ich, bleiben wir empirisch. Sie haben sicher einmal das Wort Moira gehört: das ist der mir zugemessene Teil, das ist die Parze, die sagt, dies ist deine Stunde, schreite ihre Grenzen ab, prüfe ihre Bestände, wabere nicht ins Allgemeine, treibe keinen Feuerzauber mit dem Fortbestand des Höheren, – du bist hoch, denn ich spreche mit dir. Natürlich wirst du nicht befugt sein, in andere Reiche einzudringen, es gibt viele Moiren, ich spreche auch mit anderen, sehe jeder zu, wie er meine Rede deutet – aber dies ist dein dir zugemessener

Kreis: suche deine Worte, zeichne deine Morphologie, drücke dich aus. Übernimm ruhig die Aufgabe einer Teilfunktion, die aber versorge ernstlich, ich will dir zuflüstern, eine voluminöse Allheit ist ein archaischer Traum und mit der heutigen Stunde nicht verbunden.

Ihre Moira! Eine Figur vor der sittlichen Entscheidung des Abendlandes, sagt die Mitte! Überhaupt die Parzen – sehr bequem! Sie holen das alles heran, weil Sie nicht mehr können. Sie sind gar nicht mehr fähig, ein tiefes und wahres Bild des Menschen zu geben. Sie mit Ihrer isolierten Kunst, Hersteller von Zerrbildern und Verwüstungen des Geistigen – anschauliche, ganzweltliche physiognomische und symbolische Erkenntnis müssen Sie treiben. –

Schön, sagt das lyrische Ich, ich kenne Ihre Leseabende – »Alles Abstrakte ist unmenschlich« – Sie haben mich befruchtet, Sie haben mich ganz klar sehen gelehrt, nicht wir nämlich zerstören oder gefährden diese Mitte, sondern diese Mitte gefährdet uns und damit das, was sie erhalten möchte. Uns, die letzten Reste eines Menschen, der noch an das Absolute glaubt und in ihm lebt. Diese Analytiker der Mitte wollen es uns nehmen. In ihren Augen sind wir nur eine Erkrankung, die klinischen Bilder der Melancholie und Schizophrenie werden aufgeboten, um uns wegzueskamotieren, wir stehen außerhalb des Kultes der Erde und außerhalb des Kultes der Toten, wir sind die Dame ohne Unterleib auf einer Art Oktoberfest, wir sind Grimassen, abgewirtschaftete halbe Existenzen, jeder Mißkredit, in den uns diese Mitte bringen kann, ist ihr recht.

Darum müssen wir nun einmal diese Mitte betrachten, wir müssen mit Verlaub diese Mitte ins Auge fassen, die alles so viel besser weiß, alles von früher und alles von morgen, diese sogenannte organische, natürliche, erdhafte Mitte, Gottes schönste Mitte, stellen wir einmal ein auf diese Mitte, diese Mitte ist das Abendland, das will sich nicht mehr verteidigen, aber Angst will es haben, geworfen will es sein. Zum Frühstück etwas Midgardschlange und abends eine

Schnitte Okeanos, das Unbegrenzte. Keine Angst haben, das ist schon unreligiös und antihumanitär. Und in dieser Angst jagen sie durch die Zeit, reißen uns alle mit, sie haben es so eilig: mit dem Krötentest fängt es an, nach acht Tagen wollen sie schon wissen, ob sie schwanger sind, und im zweiten Monat die Galli-Maimoni-Frühdiagnose ob Junge oder Mädchen. Im Theater wollen sie zu ihrer Betäubung Stücke sehen, in denen in der ersten Szene ein Gast eintritt und beim Anblick eines jungen Mädchens *stutzt*, in der zweiten muß einem Tischgenossen der Braten auf den Kopf fallen, weil der Diener stolpert – das ist ihr erlösender Humor, erdverbunden. Zu Hause erinnern sie sich dann wieder ihrer Geworfenheit und nehmen zur Beruhigung Phanodorm. [...]

Alles möchte dichten das moderne Gedicht, dessen monologischer Zug außer Zweifel ist. Die monologische Kunst, die sich abhebt von der geradezu ontologischen Leere, die über allen Unterhaltungen liegt und die die Frage nahelegt, ob die Sprache überhaupt noch einen dialogischen Charakter in einem metaphysischen Sinne hat. Stellt sie überhaupt noch Verbindung her, bringt sie Überwindung, bringt sie Verwandlung, oder ist sie nur noch Material für Geschäftsbesprechungen und im übrigen das Sinnbild eines tragischen Verfalls? Gespräche, Diskussionen – es ist alles nur Sesselgemurmel, nichtswürdiges Vorwölben privater Reizzustände, in der Tiefe ist ruhelos das Andere, das uns machte, das wir aber nicht sehen. Die ganze Menschheit zehrt von einigen Selbstbegegnungen, aber wer begegnet sich selbst? Nur wenige und dann allein.

HELMUT HEISSENBÜTTEL

Geb. 21. Juni 1921 in Rüstringen b. Wilhelmshaven. 1941 im Krieg schwer verwundet. Seit 1942 Studium der Germanistik, Kunstgeschichte und Architektur. 1955–57 Werbeleiter und Lektor eines Hamburger Verlages. Seit 1959 leitet er die Abteilung Radio-Essay des Süddeutschen Rundfunks.

Werke: *Kombinationen* G. (1954); *Topographien* G. (1956); *Textbuch 1 – 6* (1960, 1961, 1962, 1964, 1965, 1967); *Über Literatur* (1966); *Briefe über Literatur* (mit H. Vormweg, 1969); *Projekt Nr. 1. D'Alemberts Ende* R. (1970); *Das Textbuch* (Sammlung der 6 Textbücher, 1970); *Gelegenheitsgedichte und Klappentexte* (1973); *Das Durchhauen des Kohlhaupts* G. (1974).

Heißenbüttel ist einer jener Autoren, bei denen sich poetische und kritische Tätigkeit fruchtbar ergänzen. Die »Schwierigkeiten beim Schreiben der Wahrheit 1964« sind eine Replik auf Brechts »Fünf Schwierigkeiten beim Schreiben der Wahrheit« aus den ersten Jahren des Hitler-Regimes. Vergleicht man die beiden Texte, so fällt auf, daß Heißenbüttels Blick 1964 vorerst nur vage auf konkrete gesellschaftliche Phänomene fällt. Dafür schärft sich, unter anderem als Folge der existentialistischen Welle, das Bewußtsein dafür, daß auch die Literatur systematischer Enttabuisierung, die ein Henry Miller oder ein Jean Genet schreiben, am Postulat der Wahrheit orientiert ist. Die beiden letzten Abschnitte sind nicht nur für Heißenbüttels eigene Position signifikant, sondern für die gesamte sprachspielerisch und gelegentlich sprachphilosophisch orientierte Literatur der Gegenwart, die so unterschiedliche Autoren wie Peter Handke und Ernst Jandl umfaßt. Es geht um den Zweifel, »ob überhaupt noch sagbar ist, was gesagt werden kann«, und in seiner Folge, so darf man hinzufügen, um das sprachliche Experiment, die Montage, das extensive verfremdende Zitieren. Eine so konzipierte Literatur kann nicht allein aus dem Witz leben, den sie häufig entfaltet; sie steht und fällt mit ihrer theoretischen Voraussetzung, primär die Struktur der Sprache präge das Erleben der Welt. Kein Wunder daher, daß die sozial engagierte Literatur eines Franz Xaver Kroetz oder eines Dokumentaristen wie Günter Wallraff allenfalls im Begriff der Sprachbarriere, in der Verquickung von Sprache und Herrschaft einen fruchtbaren Ansatz für die eigene Arbeit fin-

det. Allzu schnell verflüchtigt eine Literatur, die der Welt
nur durch das Zitat glaubt habhaft werden zu können, alle
objektiven Bezüge – insofern ist das Mißlingen von Hei-
ßenbüttels erstem Roman, »D'Alemberts Ende«, kein Zu-
fall.

Schwierigkeiten beim Schreiben der Wahrheit 1964

Als Bertolt Brecht 1934 die ›Fünf Schwierigkeiten beim
Schreiben der Wahrheit‹ aufzeichnete, sprach er von einer
Wahrheit, die sich gegen die Unwahrheit durchzusetzen
hatte, die der Wahrheit entgegengesetzt war. In Hinsicht
auf die Schwierigkeiten beim Schreiben der Wahrheit
konnte er sich auf die Gewißheit der Unwahrheit verlassen.
Wahrheit war das, was die Unwahrheit negierte und versuchte, sie zu überlisten und zu besiegen. Seine Vorschläge
für das Schreiben der Wahrheit empfahlen die Mittel der
indirekten Rede, der Satire, der Doppeldeutigkeit. Zeugnisse für das Schreiben der Wahrheit entnahm er der Weltliteratur der Doppelzüngigkeit, einem altägyptischen Papy-
rus, einem chinesischen Weisen, Lukrez, der Utopie Thomas
Moores, Swifts Satiren, Shakespeares »Coriolan«, Voltaires
»Jungfrau von Orléans«, Lenin und dem Kriminalroman.
Ich zitiere diese Liste der Zitate, um zu zeigen, daß Brecht
davon überzeugt war, es gäbe diese Tradition im Schreiben
der Wahrheit von Anbeginn der menschlichen Literatur.
Eine Tradition, in der der Schriftsteller, der die Wahrheit
schreibt, eine Wahrheit meint, die unterdrückt ist, unterdrückt von der Unwahrheit, gegen die der Schriftsteller die
Wahrheit durchzusetzen versucht. Eine Tradition, die das
Kriterium der Literatur darin sieht, wieweit sie fähig war
und ist, in diesem Sinne mit doppeltem Boden zu reden,
eine Rede hinter der Rede zu haben, zu reden in der, wie es
neuerdings etwas pompös genannt worden ist, Sprache des
Palimpsests.

Eine der Schwierigkeiten, die der Schriftsteller des Jahres 1964 beim Schreiben der Wahrheit hat, besteht nun aber, so denke ich, darin, daß er deutlich sieht, wie sehr diese Überzeugung Brechts an die Gewißheit der Unwahrheit, der Unwahrheit unrechtmäßiger Gewalt, der Unterdrückung, des Faschismus, der Diktatur gebunden war. Heute, wo alles gemischt erscheint, läßt sich nicht einfach mehr sagen, daß ich die Wahrheit schreibe, wenn ich die Unwahrheit bekämpfe. Zwar wird auch heute versucht, der Regel Brechts zu folgen, aber die Unwahrheit, gegen die geschrieben wird, erweist sich als eine bloß halbe und zur anderen Hälfte leere literarische Erfindung; und diese bloße Erfindung macht, daß die wahrhaft unwahre Hälfte der Unwahrheit eher gewinnt als verliert. Bundesregierung, Wirtschaftswunder, Ost-West-Konflikt, Ostzonenregime oder wie die Schlagworte, politisch genommen, noch heißen mögen, sie alle zeigen weder die Wahrheit noch die Unwahrheit, sondern vorläufige Schilder, die mancherlei Funktionen haben, auf jeden Fall aber verhindern, daß sich der erkennbare Gegensatz von Wahrheit und Unwahrheit herausbildet.

Nun bezog sich die Wahrheit, von der Brecht redete, auf den Menschen als einen gesellschaftlichen und politischen, den Menschen im Zusammenleben mit anderen Menschen (und daß Brecht sich darauf bezog, bedeutet bereits eine ganz andere Art der Vorentscheidung für das Schreiben der Wahrheit). Es gab und gibt aber auch eine Gruppe von Schriftstellern, die die Schwierigkeiten im Schreiben der Wahrheit darin erkennen, die Wahrheit über sich selbst, über seine geheimsten, verwerflichsten Impulse zu sagen. Die Céline, Leiris, Miller, Genet, Burroughs, Sartre und andere wollen, so kann man unterstellen, genauso die Wahrheit sagen wie Brecht, wenn sie von dem sozusagen Allzumenschlichen reden, das bisher nicht in der öffentlichen Rede zugelassen war; sie wollen die Lüge des Verschweigens moralischer, sexueller und anderer Untergründe durchbrechen. Auch ihre Wahrheit ist an eine solche Unwahrheit gebunden, aber sie steht dieser nicht gegenüber, sondern betätigt sich bohrend, anklagend, selbstbezichtigend, entblößend. Ihre Rede ist nicht die der List, sondern die der Selbsterforschung und der Selbstanklage. Auch dafür ließe sich eine Tradition anführen, in der so erlauchte Namen wie Augustin, Dante und Rousseau stehen könnten. Aber ist es noch eine Wahrheit, mit der wir 1964 Schwierigkeiten haben? Hat sich nicht inzwischen ein so weitverbreitetes Netz der Fachsparten ausgebildet, daß wir, ohne etwas für oder gegen die Wahrheit zu tun, alles, was wir an Befremdendem, Unterdrücktem oder gänzlich Unbekanntem in uns finden, darin unterbringen können? Die Selbstanklage scheint nicht länger eine Sache der Wahrheit, sondern eher eine der Mode, des invertierten Geschmacks zu sein.

Nun gibt es aber (um weiterhin alles auf einige Haupttypen zu vereinfachen) noch eine dritte Schwierigkeit beim Schreiben der Wahrheit, und das ist nicht eine der Erkenntnis, der Einsicht dessen, was zu sagen ist, sondern das ist eine des richtigen Schreibens überhaupt, dessen, wie man die Wörter und Sätze findet zu sagen, was zu sagen sich einem aufdrängt. Diese Schwierigkeit hat es, soweit sich erkennen läßt, schon immer gegeben, und ihre Bewältigung war von alters her das erste Kriterium für das, was geschrieben worden ist. Und da, so scheint mir, ist etwas Neues eingetreten, das auch Brecht und die Selbstentblößer in sich einschließt: das ist der Zweifel, ob überhaupt noch sagbar ist, was gesagt werden kann. Ein Zweifel, dem die Zuversicht auf den schließlich richtigen sprachlichen Ausdruck der Wahrheit verlorenzugehen droht. Ein Zweifel, der die Grundstruktur der Sprache im Widerspruch zur Erfahrung sieht, die in ihr gesagt werden soll. Ein Zweifel, der die Erfahrung den Möglichkeiten der Sprache entwachsen sieht, der nun kritisch gegen die konventionellen Vorurteile der Sprache gerichtet ist. Ein Zweifel aber auch, der die von der lebendigen Biegsamkeit ihres Instrumentariums

verlassene Sprache plötzlich als bloßen Vorrat bloß zitier-
barer Formeln zu durchschauen meint.

Dies alles sind Andeutungen. Ich fürchte mich, das muß ich
offen sagen, was die Schwierigkeiten beim Schreiben der
Wahrheit betrifft, mehr als Andeutungen zu geben. Detail-
fragen lassen sich leichthin im Detail diskutieren. Aber das
Ganze? Denn die Wahrheit, wenn man überhaupt ernstlich
noch von ihr reden kann, sollte doch die Wahrheit sein, das,
was wahr ist, wirklich und wahrhaftig wahr (und an den
Beteuerungen, zu denen ich mich gedrängt fühle, erkenne
ich, wie schwer es mir bereits fällt, die Reichweite dieser
Frage unverwandt im Blick zu behalten, wenn überhaupt
es noch der Blick ist und nicht ein viel blinderes, hilfloseres
Festhaltenwollen, was sich da betätigt). Ich vermute, daß
man versuchen kann, es zu sagen, und daß das Gesagte das
ist, was es noch nicht gibt, eine sprachliche Utopie dessen,
was faktisch bereits handgreiflicher ist, als es jede denkbare
Utopie sich ausdenken könnte.

MARTIN WALSER

Geb. 24. März 1927 in Wasserburg am Bodensee. 1944/45 Arbeitsdienst,
Militär. Studierte Literaturwissenschaft, Philosophie, Geschichte und
promovierte 1951 in Tübingen über Kafka. 1949–57 Mitarbeit bei Funk
und Fernsehen, danach freier Schriftsteller. Lebt am Bodensee. In den
letzten Jahren Annäherung an die DKP.
Werke: *Ein Flugzeug über dem Haus* En. (1955); *Ehen in Philippsburg*
R. (1957); *Halbzeit* R. (1960); *Eiche und Angora* Dr. (1962); *Das Ein-
horn* R. (1966); *Fiction* E. (1970); *Die Gallistl'sche Krankheit* R. (1972);
Der Sturz R. (1973); *Jenseits der Liebe* R. (1976); *Ein fliehendes Pferd*
N. (1978).

Berichte aus der Klassengesellschaft

*Martin Walsers Ausführungen bilden das Vorwort zu Erika
Runges »Bottroper Protokollen« (1968), dokumentarischen*

*Aufzeichnungen über die Folgen einer Zechen-Stillegung
für die Bewohner einer kleineren Stadt im Ruhrgebiet. Die
»Protokolle« sind Teil jenes Prozesses der Enttabuisierung,
der inzwischen auch, nachdem er auf dem sexuellen Sektor
ins Geschäft umschlug, die Arbeitswelt einbezieht. Zu erinnern wäre etwa an Günter Wallraffs »Industriereportagen« oder an Friedrich Christian Delius' Dokumentarpole-
miken »Wir Unternehmer« und »Unsere Siemens-Welt«
(von beiden Autoren folgen unten Auszüge). Doch während
Wallraff in nüchterner Reportersprache über den Industrie-
arbeiteralltag berichtet, während Delius die hochgestoche-
nen Reden der Unternehmer durch ironische Montagen zu
entlarven sucht, sprechen in den »Protokollen« die »Unternommenen« selbst; Erika Runge ist Protokollantin, nicht
sprachlich transponierendes Medium. Insofern kann Walser
sagen, in ihrem Buch kämen die Arbeiter »zu Wort«.*

»Man wurde nicht irrsinnig.« Maria B., Putzfrau, Bottrop.

Die Politiker aller bei uns zugelassenen Parteien reden uns
andauernd ein, wir lebten schon in einer Demokratie.
Die Politik-Beobachter und -Macher in den Zeitungen bestätigen das. Jeder hat es hundertmal gehört: Marx hat sich
getäuscht, der aufgeklärte Kapitalismus läßt die Arbeiter
nicht verelenden, er sorgt für sie, die Klassengesellschaft ist
überwunden. Die Aussagen, die in diesem Buch gedruckt
werden, beweisen, daß die Politiker und die ihnen zuge-
hörigen Journalisten zumindest einer Selbsttäuschung ver-
fallen sind.
Es stimmt, ich lebe in einer Demokratie, die Politiker leben
in einer Demokratie, die Journalisten leben in einer Demokratie. Die Arbeiter und Arbeiterinnen, die hier zu Wort
kommen, leben nicht in derselben Demokratie. Wir wollen
das nicht wissen. Wir wissen es auch gar nicht. Die Arbeiter
und ihre Familien in Bottrop kommen ja nicht zu Wort. Sie

schreiben nicht in der Zeitung, sitzen nicht im Parlament, schreiben keine Bücher. Natürlich ist es jedem von ihnen erlaubt, Bücher zu schreiben, Journalist zu werden oder Bundestagsabgeordneter. Auch die schlimmsten Liberalen haben heute nichts mehr dagegen, daß Arbeiterkinder studieren, daß die nach bürgerlichen Maßstäben besonders Begabten überlaufen dürfen, um die bürgerliche Gesellschaft mit Leistung zu nähren und selber dafür aufgenommen zu werden ins privilegienreiche Bürgertum. Das ist überhaupt die Eigenschaft, die das Bürgertum am Leben erhält: diese sogenannte Liberalität, die jedem, der sich der bürgerlichen Leistungsregel gewachsen zeigt, den Übertritt ermöglicht. Dieser Übertritt heißt Aufstieg, heißt Karriere, heißt Erfolg. Er ist mit Annehmlichkeit gesegnet. Wer es geschafft hat, der hat nichts mehr zu tun mit dem Bereich, den er verlassen hat. Er ist oben. Die, die es nicht schaffen, bleiben unten. Die haben sich das selber zuzuschreiben. Die sind einfach nicht tüchtig genug. Die haben schlechte Zensuren von der Schule bis zur Bahre. Daß jeder bei uns hochkommen kann, daß auch heute noch Imperien gegründet werden können, das steht oft genug in der Zeitung. Die Menschen sind nun einmal nicht gleich. Und die bürgerliche Regel fördert die Ungleichheit, sie belohnt und straft, sie versteht sich selbst als eine Art Naturgesetz; und tatsächlich, es geht unter diesem Gesetz zu wie im Tierreich: man muß sich durchsetzen; der Stärkere überlebt leichter und länger.

In der Theorie, in der Politik, überhaupt im Selbstverständnis und in der Darstellung nennt sich das Bürgertum demokratisch, human usw. Zweifellos nicht nur aus Verruchtheit und böser Absicht, sondern aus der natürlichen Neigung jedes Menschen (und jeder Klasse), sich für gerecht und für gerechtfertigt zu halten.

Das Bürgertum braucht nur an seine schlimmeren Vorläufer zu denken, und schon hält es die bürgerliche Gesellschaft für die beste mögliche Gesellschaftsordnung und sich selbst für das Ziel aller menschlichen Geschichte.

Die Berichte der Leute aus Bottrop heben diesen bürgerlichen Anspruch auf. Das sind Leute, die kein Talent zum
Überlaufen und zum Aufstieg haben. Leute, die bei uns
auch von keiner Partei und von keiner Zeitung vertreten
sind. Leute also, die nicht zu Wort kommen.
Ist das zu grob gesehen und gesagt? Ist die SPD denn gar
nichts mehr? Die SPD ist schon noch etwas: Volkspartei.
Das ist ein gewähltes Wort.
Da die Mehrheit des Volkes aus »Arbeitnehmern« besteht,
wäre die SPD wohl eher Volkspartei geworden, wenn sie
Arbeiterpartei geblieben wäre. Aber die SPD hält das deutsche Volk offenbar für eine unveränderbar rechtskonserva-
tive Masse, also läuft sie über und gibt sich her für den
stillsten Staatsstreich unserer Geschichte, den man die Große
Koalition nennt; »große« schreibt man da einfach groß. Das
war vor allem für das Großbürgertum ein größerer Sieg als
jeder bisherige Wahlsieg der CDU. In einem Bonner Nach-
richtendienst für die Wirtschaft konnte man solche Sätze
lesen: »Die Wirtschaftsverbände und Unternehmer wollen
ihren Kontakt zur SPD verbessern.« »Den Gewerkschaften
wird von den SPD-Führern gesagt, sie sollten die Sozial-
demokraten nicht als ihre Partei ansehen.« »Bisher galt
Schiller bei den Unternehmern als Ausnahme-Sozialdemo-
krat. Jetzt scheint die Parteiführung stärker auf seinen wirt-
schafts- und sozialpolitischen Kurs einzuschwenken. Für die
Wirtschaft wird der Fächer des politischen Geschäfts brei-
ter.« Das alles läßt vermuten, daß die Leute in Bottrop in
der SPD je länger je weniger zu Wort kommen.
Und in Soziologiebüchern? Da verringert sich die Realität
dieser Klasse zu solchen Sätzen: »Arbeiter erleben die Gesellschaft dichotomisch.« Also nicht: unsere Gesellschaft *ist*
geteilt in oben und unten, sondern Arbeiter *erleben* sie so.
Oder: »Arbeiter haben einen anderen Zeitsinn. Ihnen fehlt
das mittelständische Muster der aufgeschobenen Befriedigung, also des Verzichts auf unmittelbaren Genuß zugunsten
eines größeren späteren.« Ach, Herr Professor Dahrendorf,

warum sagen Sie nicht gleich: Arbeiter versaufen und ver-
fressen ihren Zahltag, haben nur Kino und Fernsehen und
Fußball im Kopf, anstatt daß sie ans Sparkonto und die
Kapitalbildung denken ...

Nein, in Soziologiebüchern kommen sie auch nicht zu Wort,
auch wenn der Soziologe sich noch so tierforscherisch liebevoll mit dieser fremden Sorte beschäftigt. In Literatur und
Film kommen sie auch so gut wie nicht zu Wort. Es ist
lächerlich, von Schriftstellern, die in der bürgerlichen Gesellschaft das Leben »freier Schriftsteller« leben, zu erwarten, sie könnten mit Hilfe einer Talmi-Gnade und der sogenannten schöpferischen Begabung Arbeiter-Dasein im
Kunstaggregat imitieren oder gar zur Sprache bringen. Alle
Literatur ist bürgerlich. Bei uns. Auch wenn sie sich noch so
antibürgerlich gebärdet. Ich bin nicht so sicher, daß sie nichts
als »affirmativ« sei, aber bürgerlich ist sie sicher. Das heißt:
sie drückt bürgerliche Existenz aus, Leben unter bürgerlichen
Umständen, Gewissen, Genuß, Hoffnung und Kater in bürgerlicher Gesellschaft. Arbeiter kommen in ihr vor wie
Gänseblümchen, Ägypter, Sonnenstaub, Kreuzritter und
Kondensstreifen. Arbeiter kommen in ihr vor. Mehr nicht.

Hier, in diesem Buch, kommen sie zu Wort. Wer diese Aussagen und Erzählungen gelesen hat, wird wünschen, daß
Erika Runge sich wieder auf den Weg macht mit ihrem
Tonbandgerät, um weitere Bottrops aufzunehmen, weitere
von böser Erfahrung geschärfte Aussagen, weitere Seufzer,
Flüche, Sprüche und Widersprüche, weitere Zeugnisse einer
immer noch nach minderem Recht lebenden Klasse.

II. Lyrik

1956 publizierte Hugo Friedrich ein Buch, das die literatur-
wissenschaftliche Diskussion nachhaltig bestimmen sollte.
»Die Struktur der modernen Lyrik« sucht die Einheit der
europäisch-amerikanischen Lyrik seit Mitte des 19. Jahrhunderts zugleich genetisch und typologisch nachzuweisen.
Baudelaire, Rimbaud und Mallarmé werden als Begründer
genannt; »Enttabuisierung«, »Vereinsamung und Angst«,
»Dunkelheit«, »Sprachmagie und Suggestion«, »logische
Brüche«, »diktatorische Phantasie«, »Einblendungstechnik«
sind wichtige gemeinsame Charakteristika. Friedrich er-
weckte den Anschein, als bestimme er rein phänomenolo-
gisch stilistische, insbesondere metaphorische Eigentümlich-
keiten moderner Lyrik; mit einem Stichwort wie »Vereinsamung und Angst« aber lief er Gefahr, im Namen eines vagen
Existenzgefühls die konkreten Bedrohungen, unter denen die
verschiedenen modernen Dichter lebten, zu verflüchtigen:
Baudelaire schrieb im Banne der modernen Großstadt,
deren Suggestionen er als erster Lyriker gültig festhielt;
die Expressionisten sahen sich mit dem Ersten Weltkrieg,
die modernen Russen mit der Oktoberrevolution konfrontiert; und auch der westdeutschen Lyrik der zweiten Nachkriegszeit strömten aus den gesellschaftlichen Prozessen
Kräfte zu. Sosehr es Friedrich gelang, brauchbare Kategorien der Beschreibung bereitzustellen, so wenig konnte er
doch, indem er sich an den Aussagen eines Valéry oder
Benn orientierte, das in moderner Lyrik sedimentierte
Selbstverständnis der verschiedenen Gesellschaften bestimmen. Für die westdeutsche Lyrik lassen sich zwei Phasen
ausmachen, die in etwa mit der Adenauer-Ära einerseits
und der Zeit der Studentenunruhen, des Vietnam-Krieges,
der sozialdemokratischen Regierungsverantwortung andererseits zusammenfallen. Zunächst die eng mit Benn verbun-

*dene Lyrik-Welle der fünfziger Jahre, Nachholen der ver-
säumten Moderne, ein existentialistisch-nihilistisches Pathos.
Dann eine gewisse Ernüchterung, die zu einer Forcierung
politischer Lyrik, aber auch zum sprachphilosophisch begründeten Zweifel an den Möglichkeiten der Sprache überhaupt führte. Hier kehrte das in der modernen Lyrik seit
Rimbaud und Mallarmé immer wieder anklingende Thema
des Schweigens und Verstummens wieder – in Verbindung
mit einem gesellschaftspolitischen Agnostizismus, den ein
wachsendes demokratisches Bewußtsein freilich bald als
Episode erscheinen lassen könnte.*

KARL KROLOW

Geb. 11. März 1915 in Hannover. Studium der Germanistik, Romani-
stik, Philosophie und Kunstgeschichte. Seit 1943 freier Schriftsteller;
Mitarbeit an Zeitungen, Zeitschriften, Rundfunk. Lebt seit 1956 in
Darmstadt, verschiedene Funktionen in der Deutschen Akademie für
Sprache und Dichtung.
Werke: *Hochgelobtes, gutes Leben* G. (1943); *Gedichte* (1948); *Die
Zeichen der Welt* G. (1952); *Wind und Zeit* G. (1954); *Tage und
Nächte* G. (1956); *Fremde Körper* G. (1959); *Aspekte zeitgenössischer
deutscher Lyrik* Ess. (1961); *Unsichtbare Hände* G. (1962); *Schatten-
gefecht* Ess. (1964); *Landschaften für mich* G. (1966); *Alltägliche Gedichte*
(1968); *Minuten-Aufzeichnungen* Prosa (1968); *Nichts weiter als Leben* G.
(1970); *Zeitvergehen* G. (1972); *Ein Gedicht entsteht* (1973); *Miteinander* G. (1975); *Der Einfachheit halber* G. (1977).

*Krolow schrieb einmal, eine Metapher entscheide »über die
Ökonomie des Einzel-Gedichts«, eine Aussage, die Artur
Rümmler zum Leitfaden der bislang detailliertesten Arbeit
über diesen Dichter gemacht hat. Die sukzessiven Ausprä-
gungen der Bildersprache deuten zugleich den Gesamtgang
von Krolows Lyrik an. Traditionelle Naturmetaphern (»der
Sterne himmlisches Konzert«) stehen am Anfang; es folgen
aggressive, expressionistische (»Leichenwind«) und surrea-
listische Metaphern (»Draht aus Schmerzen«) bis hin zu*

*längeren surrealistischen Sequenzen (wie in »Auf verlore-
nem Posten«) und schließlich betont intellektuelle Bild-
schöpfungen (»Tag mit blauen Fingernägeln, / mit deutschen
Augen, nichts / für Freunde von Logarithmen«). In dieser
sich über dreißig Jahre erstreckenden Entwicklung, einer
kreativen Aufarbeitung der lyrischen Tradition, wird man
eine innere Konsequenz nicht verkennen. Krolows Übersetz-
zungen aus dem Französischen und Spanischen, symptomatisch für den deutschen Nachholbedarf an moderner Poesie
nach 1945, spielen dabei eine hervorragende Rolle. Gleichermaßen prägend wirkten aber der deutsche Zusammenbruch
und die Restauration. Auch »Verlassene Küste« (1948) und
»Robinson I – III« (1958) werden von beiden Erfahrungen
bestimmt. Schon das Motto von »Verlassene Küste« weist
auf die Nachkriegsatmosphäre umfassender Sinnlosigkeit
hin. Bemerkenswert die innere Entwicklung des Gedichts
von teilweise kühnen wie-Vergleichen zu surrealistischer
Metaphorik und zum metaphysisch getönten »Wind der
Ewigkeit«, der mit dem zentralen Begriff »Trauer« korrespondiert. Desillusionierend wirkt auch das dreiteilige
Gedicht mit dem bezeichnenden Titel »Robinson«, das in
der Gestalt des Schiffbrüchigen Einsamkeit und Trostlosig-
keit evoziert. Auf Reim und regelmäßige Strophen hat
Krolow inzwischen verzichtet, die Sprache ist bewußt lakonisch, auch die surrealen Ansätze ordnen sich dem unter.
Der Verlust der Außenwelt, des Mitmenschen, schließlich
der Zeit führt in den Schlußpartien der drei Teile zu poin-
tierten Verneinungen des aktiven Lebens, wobei besonders
dem Ende des ersten Teiles für das Selbstverständnis des
Dichters Bedeutung zukommt. »Wenn man seine Sache auf
wenig gestellt sieht, ist man von einer Last wenigstens frei:
der Last der Erwartungen. Das eigentümliche, vielleicht ver-
zweifelte Freiheitsgefühl, das nun aufkommt, erfüllt auch
das Robinson-Gedicht« (Krolow).*

Verlassene Küste

Wenn man es recht besieht,
so ist überall Schiffbruch
                    Petronius

Segelschiffe und Gelächter,
Das wie Gold im Barte steht,
Sind vergangen wie ein schlechter
Atem, der vom Munde weht,

Wie ein Schatten auf der Mauer,
Der den Kalk zu Staub zerfrißt.
Unauflöslich bleibt die Trauer,
Die aus schwarzem Honig ist,

Duftend in das Licht gehangen,
Feucht wie frischer Vogelkot
Und den heißen Ziegelwangen
Auferlegt als leichter Tod.

Kartenschlagende Matrosen
Sind in ihrem Fleisch allein.
Tabak rieselt durch die losen
Augenlider in sie ein.

Ihre Messer, die sie warfen
Nach dem blauen Vorhang Nacht,
Wurden schartig in dem scharfen
Wind der Ewigkeit, der wacht.

Robinson

I
Immer wieder strecke ich meine Hand
Nach einem Schiff aus.
Mit der bloßen Faust versuche ich,
Nach seinem Segel zu greifen.

Anfangs fing ich
Verschiedene Fahrzeuge, die sich
Am Horizont zeigten.
Ich fange Forellen so.
Doch der Monsun sah mir
Auf die Finger
Und ließ sie entweichen,
Oder Ruder und Kompaß
Brachen. Man muß
Mit Schiffen zart umgehen.
Darum rief ich ihnen Namen nach.
Sie lauteten immer
Wie meiner.

Jetzt lebe ich nur noch
In Gesellschaft mit dem Ungehorsam
Einiger Worte.

II
Ich habe zu rechnen aufgehört,
Wenn ich auch noch Finger habe,
Die ich nacheinander ins salzige Wasser
Tauchen kann.

Insekten und Tabakblätter
Kennen die Zeit nicht,
Die ich früher vergeudete.
Mein letzter Nachbar,
Der das Waldhorn blies
(Er hatte es einst einem Volkslied
Listig entwendet),
Kam auf See um.

Zuweilen fällt ein bißchen Sonne
Auf den Tisch, unter dem ich die Füße
Strecke.

Ich brauche keine Sehnsucht mehr
Zu haben.

III
Diese Gewohnheit, irgendwo sehr lange
Auf einem Stuhl zu sitzen
Und zu horchen, ob es
In einem regnet
Oder in der Leber
Der Skorpion sich noch rührt!

Gezählt sind alle Blitze,
Alle Streichhölzer, die übrig blieben.

Bis man es leid ist,
Und den letzten Wimpel
Im Meer versenkt.

INGEBORG BACHMANN

Geb. 25. Juni 1926 in Klagenfurt, gest. 17. Oktober 1973 in Rom. Studierte Jura und Philosophie, Promotion über Heidegger. Bis 1953 Rundfunk-Redakteurin. Zusammenarbeit mit dem Komponisten Hans Werner Henze. Lebte seit den fünfziger Jahren überwiegend in Rom. Werke: *Die gestundete Zeit* G. (1953); *Die Zikaden* Hsp. (1955); *Anrufung des Großen Bären* G. (1956); *Der gute Gott von Manhattan* Hsp. (1958); *Das dreißigste Jahr* En. (1961); *Gedichte, Erzählungen, Hörspiel, Essays* (1964); *Ein Ort für Zufälle* Rede (1965); *Malina* R. (1971); *Simultan* En. (1972); *Gier* E. (1973); *Werke*, 4 Bde. (1977).

Ingeborg Bachmann begann mit den Gedichtbänden »Die gestundete Zeit« und »Anrufung des Großen Bären« – sie vor allem begründeten ihren frühen Ruhm – sowie den Hörspielen »Die Zikaden« und »Der gute Gott von Manhattan«. Seit »Das dreißigste Jahr« hat sie mit wenigen Ausnahmen nur noch erzählende Prosa veröffentlicht, die bei der Kritik meist eine geteilte Aufnahme fand. Gesellschaftlicher Erfahrungsstoff strömte der Dichterin kaum nach ihrer gattungsmäßigen Neuorientierung zu, eher drohte das Abgleiten ins Mondän-Privatistische. »Die gestundete Zeit«, das Titelgedicht des ersten Lyrikbandes, formuliert in herber Naturmetaphorik wenn nicht den allgemeinen Zweifel am Sinn der Geschichte, so jedenfalls die Überzeugung einer möglichen Entwicklung zur Katastrophe hin – eine für die westeuropäische Intelligenz in der Zeit des Kalten Krieges symptomatische Position. Die Qualität des Textes liegt in der andeutenden Verbindung von gesellschaftlicher Ratlosigkeit und individueller Verzweiflung, die im Verlust der Geliebten gefaßt wird; Adornos Wort, es gebe kein richtiges Leben im falschen, ist hier Poesie geworden. Werden beispielsweise in »Landnahme« (1956) dichterische Sprache und gesellschaftliche Utopie noch programmatisch vereinigt, so thematisiert »Keine Delikatessen« (1963/64 in Berlin geschrieben) deren anscheinend endgültiges Auseinanderfallen. Das Gedicht wurde mit drei anderen in Nr. 15 von Enzensbergers »Kursbuch« (1968) publiziert. In demselben Heft wand Karl Markus Michel einen »Kranz für die Literatur«, und Walter Boehlich veranstaltete ein »Autodafé« über bürgerliche Literatur und Kritik. Ingeborg Bachmanns Gedicht deutet eine Wendung zum sozialen Engagement an, wie sie ihr langjähriger Gefährte Hans Werner Henze in seinen Kompositionen vollzog. »Delikatessen«, »so überflüssige Dinge«, das sind die lyrischen Metaphern – ihnen gegenüber die Worte »für die unterste Klasse«, die sich der bildlichen Überhöhung entziehen. In der Spannung beider zergeht der Dichterin die Legitimität der traditionellen Dichtersprache, die Möglichkeit dokumentarisch-aufklärerischer Literatur klingt an. »Mein Teil, es soll verloren gehen« – dieser Schlußsatz freilich deutet weniger auf eine echte Lösung der Spannung als auf einen Verzicht hin, an dessen Dauer wegen seiner dezisionistischen Radikalität zu zweifeln war.

Die gestundete Zeit

Es kommen härtere Tage.
Die auf Widerruf gestundete Zeit
wird sichtbar am Horizont.
Bald mußt du den Schuh schnüren
und die Hunde zurückjagen in die Marschhöfe.
Denn die Eingeweide der Fische
sind kalt geworden im Wind.
Ärmlich brennt das Licht der Lupinen.
Dein Blick spurt im Nebel:
die auf Widerruf gestundete Zeit
wird sichtbar am Horizont.

Drüben versinkt dir die Geliebte im Sand,
er steigt um ihr wehendes Haar,
er fällt ihr ins Wort,
er befiehlt ihr zu schweigen,
er findet sie sterblich
und willig dem Abschied
nach jeder Umarmung.

Sieh dich nicht um.
Schnür deinen Schuh.
Jag die Hunde zurück.
Wirf die Fische ins Meer.
Lösch die Lupinen!

Es kommen härtere Tage.

Keine Delikatessen

Nichts mehr gefällt mir.

Soll ich
eine Metapher ausstaffieren

mit einer Mandelblüte?
die Syntax kreuzigen
auf einen Lichteffekt?
Wer wird sich den Schädel zerbrechen
über so überflüssige Dinge –

Ich habe ein Einsehn gelernt
mit den Worten,
die da sind
(für die unterste Klasse)

Hunger
      Schande
              Tränen
und
                    Finsternis.

Mit dem ungereinigten Schluchzen,
mit der Verzweiflung
(und ich verzweifle noch vor Verzweiflung)
über das viele Elend,
den Krankstand, die Lebenskosten,
werde ich auskommen.

Ich vernachlässige nicht die Schrift,
sondern mich.
Die andern wissen sich
weißgott
mit den Worten zu helfen.
Ich bin nicht mein Assistent.

Soll ich
einen Gedanken gefangennehmen,
abführen in eine erleuchtete Satzzelle?
Aug und Ohr verkösigen
mit Worthappen erster Güte?

erforschen die Libido eines Vokals,
ermitteln die Liebhaberwerte unserer Konsonanten?

Muß ich
mit dem verhagelten Kopf,
mit dem Schreibkrampf in dieser Hand,
unter dreihundertnächtigem Druck
einreißen das Papier,
wegfegen die angezettelten Wortopern,
vernichtend so: ich du und er sie es

wir ihr?

(Soll doch. Sollen die andern.)

Mein Teil, es soll verloren gehen.

PAUL CELAN

Geb. 23. November 1920 in Czernowitz (Bukowina), Anfang Mai 1970
Freitod in Paris. Medizin-, dann Romanistikstudium. 1942 Deportation
der Eltern in ein Vernichtungslager; Celan selbst konnte sich verbergen,
wurde später aber in ein rumänisches Arbeitslager verschleppt, in dem
er vom Tod seiner Eltern hörte. 1947/48 über Wien nach Paris, wo er
Germanistik und Sprachwissenschaft studierte und als Lektor deutsche
Sprache und Literatur lehrte.
Werke: *Der Sand aus den Urnen* G. (1948); *Mohn und Gedächtnis* G.
(1952); *Von Schwelle zu Schwelle* G. (1955); *Sprachgitter* G. (1959);
Die Niemandsrose G. (1963); *Atemwende* G. (1967); *Fadensonnen* G.
(1968); *Lichtzwang* G. (1970); *Schneepart* G. (1971); *Zeitgehöft. Späte
Gedichte aus dem Nachlaß* (1976).

Celans Dichtungen versagen sich dem raschen Zugriff – we-
niger, weil ihr gelegentlicher Anspielungsreichtum bestimmte
Informationen voraussetzt, als wegen einer zunehmenden
Konzentration der sprachlichen Mittel, die sich am Weg von
der berühmten »Todesfuge« bis zu den letzten Arbeiten in

»Zeitgehöft« ablesen läßt. »Tübingen, Jänner« (1963) und
»Weggebeizt« (1967) sind Gedichte, in denen Celan die
Sprache selbst thematisiert. »Tübingen, Jänner« spielt auf
Hölderlin an, der den zweiten Teil seines Lebens umnachtet
bei einem Tübinger Schreiner lebte. Der Turm am Neckar,
in dem er wohnte, wird evoziert; ein berühmtes Zitat aus
der Hymne »Der Rhein« steht zu Beginn, »Pallaksch«, ein
Lieblingswort des Wahnsinnigen — »man konnte es das eine
Mal für ja, das andere Mal für nein nehmen« (Ch. Th.
Schwab) —, am Ende. Das Wort des Dichters »von dieser
Zeit« läßt sich nach Celan nicht anders als in einer als
Positivum ergriffenen Blindheit, nicht anders als »lallend«
gewinnen. Erst aus einer äußersten Anstrengung könnte,
wie das Gedicht »Weggebeizt« andeutet, das »unumstöß-
liche Zeugnis« des Dichters, jenseits des »Geredes«, hervor-
gehen. Wie wenig Celans Konzeption der dichterischen
Sprache als artifizielle Spielerei zu verstehen ist, darauf
deutet das Wort »Büßerschnee«; eine der seltenen theoretischen Äußerungen des Dichters läßt sich ihm an die Seite
stellen: »Ich habe es vor Jahren eine Zeitlang mit ansehen
und später aus einiger Entfernung genau beobachten können, wie das ›Machen‹ über die Mache allmählich zur
Machenschaft wird. [...] Wir leben unter finstern Him-
meln, und — es gibt wenig Menschen. Darum gibt es wohl
auch so wenig Gedichte« (1960). 1970 erschien »Ich kann
dich noch sehn«. Ein »noch« bildet die Brücke zum Du, »ein
Echo«, »ertastbar mit Fühlwörtern«, »am Abschiedsgrat«.
Man müßte das kurze Gedicht ganz zitieren, zudem die
Bildpotenzierungen analysieren, um zu zeigen, wie dem
Sujet der äußersten Anstrengung zum Mitmenschen hin eine
äußerste Anstrengung des Wortes entspricht. Trauer, hier
über die unmögliche Gegenwart des anderen, ist die Substanz von Celans Kritik an der Gesellschaft — nicht der
Wille zu verändern.

Tübingen, Jänner

Zur Blindheit über-
redete Augen.
Ihre – »ein
Rätsel ist Rein-
entsprungenes« –, ihre
Erinnerung an
schwimmende Hölderlintürme, möwen-
umschwirrt.

Besuche ertrunkener Schreiner bei
diesen
tauchenden Worten:

Käme,
käme ein Mensch,
käme ein Mensch zur Welt, heute, mit
dem Lichtbart der
Patriarchen: er dürfte,
spräch er von dieser
Zeit, er
dürfte
nur lallen und lallen,
immer-, immer-
zuzu.

(»Pallaksch. Pallaksch.«)

WEGGEBEIZT VOM
Strahlenwind deiner Sprache
das bunte Gerede des An-
erlebten – das hundert-

züngige Mein-
gedicht, das Genicht.

Aus-
gewirbelt,
frei
der Weg durch den menschen-
gestaltigen Schnee,
den Büßerschnee, zu
den gastlichen
Gletscherstuben und -tischen.

Tief
in der Zeitenschrunde,
beim
Wabeneis
wartet, ein Atemkristall,
dein unumstößliches
Zeugnis.

ICH KANN DICH NOCH SEHN: ein Echo,
ertastbar mit Fühl-
wörtern, am Abschieds-
grat.

Dein Gesicht scheut leise,
wenn es auf einmal
lampenhaft hell wird
in mir, an der Stelle,
wo man am schmerzlichsten Nie sagt.

HANS MAGNUS ENZENSBERGER

Geb. 11. November 1929 in Kaufbeuren (Allgäu). Gegen Kriegsende
zum Volkssturm eingezogen. 1949–54 Studium der Literaturwissenschaft
und Philosophie; Promotion über Brentanos Poetik. Arbeitete als Rundfunkredakteur, Gastdozent an der Hochschule für Gestaltung in Ulm,
Verlagslektor. Lebte lange bei Oslo, danach zwischen Reisen wohnhaft
in West-Berlin.
Werke: *Verteidigung der Wölfe* G. (1957); *Landessprache* G. (1960);
Die Entstehung eines Gedichts (1962); *Einzelheiten* Ess. (1962); *Blinden-
schrift* G. (1964); *Politik und Verbrechen* Ess. (1964); *Deutschland,
Deutschland unter anderm* Ess. (1967); *Das Verhör von Habana* Dr.
(1970); *Gedichte 1955–1970* (1971); *Baukasten zur Theorie der Medien*
(1971); *Der kurze Sommer der Anarchie* R. (1972); *Palaver. Politische
Überlegungen 1968–1973* (1974); *Mausoleum. Siebenunddreißig Balladen
aus der Geschichte des Fortschritts* (1975); *Der Untergang der Titanic.
Episches Gedicht* (1978); Herausgeber bzw. Mitherausgeber der links-
oppositionellen Zeitschrift *Kursbuch* (seit 1965).

*In der Nachfolge Brechts, aber auch Benns schrieb Enzens-
berger vielbeachtete politische Lyrik, in der die Adenauer-
Ära wie in einem Brennpunkt eingefangen ist. Poetologische
Reflexionen, von der Dissertation über Brentano bis zu
dem Essay »Poesie und Politik«, begleiteten die dichterische
Praxis; an Edgar Allan Poe orientierte sich Enzensberger
zunächst, vor allem aber an Adornos Kunstphilosophie;
experimentelle Poesie und Gesellschaftskritik suchte er in
ihrer wechselseitigen Bedingtheit zusammenzudenken, bevor er sich in den sechziger Jahren zunehmend politischer
Publizistik zuwandte. »Geburtsanzeige«, ein stark rhetori-
sches Gedicht von nüchternem Pathos, stammt aus dem ersten Lyrikband von 1957. Den Kalten Krieg, der wiederholt in einen heißen umzuschlagen schien, die atomare Bedrohung, den Aufbau der Bundeswehr hat man sich als
Hintergrund zu denken, vor allem aber die kapitalistische
Restauration und das »Wirtschaftswunder«, die den einzelnen auf seine ökonomische Funktion zu reduzieren, noch
um die Dimension des »Traumes« zu bringen drohten.
»Karl Heinrich Marx«, ein Porträtgedicht auf den Begründer des dialektischen Materialismus, zeigt eine andere poe-*

tische Verfahrensweise. Einzelheiten aus Marx' Leben werden zu Momentaufnahmen montiert, sprachlich Heterogenes kommt nebeneinander zu stehen. »Metzgersrechnungen / Inauguraladressen / Steckbriefe« – lakonisch deutet diese Aufzählung auf die ökonomische und politische Bedrängnis des Porträtierten hin, denen die Autorität gegenüberstand, die er in der internationalen Arbeiterbewegung genoß. Der Schluß der vorletzten Strophe stellt sich vom Ende her als ironisch heraus: Nicht diese Häuser hat Marx gründen wollen; die sich heute auf ihn berufen, haben ihn verraten. Unmißverständlich in der Stoßrichtung gegen die osteuropäische politische Praxis, deutet die Schlußzeile die Begründung dieses Verdikts an. »Über die Schwierigkeiten der Umerziehung«, vermutlich aus den späteren sechziger Jahren (inzwischen hatte Enzensberger selbst eine entschieden sozialistische Position bezogen), rechnet ab mit den preiswerten Utopien allzu stürmischer Weltverbesserer. Nicht weniger als gegen deren Illusionen freilich wendet sich das Gedicht gegen »die Leute«, an denen aufklärerische Publizistik, die Enzensberger gemäße Form des Handelns, abprallt und die man, wie es spöttisch heißt, »doch nicht alle umbringen« kann. Indirekt spricht der in Klammern gesetzte Schlußvers von der Funktion des sozialistisch engagierten, doch skeptischen Realisten, an der Enzensberger, Kritiken von links (Weiss) und von sozialdemokratischer Seite (Grass) zum Trotz, unbeirrt festhält.

Geburtsanzeige

Wenn dieses Bündel auf die Welt geworfen wird
die Windeln sind noch nicht einmal gesäumt
der Pfarrer nimmt das Trinkgeld eh ers tauft
doch seine Träume sind längst ausgeträumt
es ist verraten und verkauft

wenn es die Zange noch am Schädel packt
verzehrt der Arzt bereits das Huhn das es bezahlt
der Händler zieht die Tratte und es trieft
von Tinte und von Blut der Stempel prahlt
es ist verzettelt und verbrieft

wenn es im süßlichen Gestank der Klinik plärrt
beziffern die Strategen schon den Tag
der Musterung des Mords der Scharlatan
drückt seinen Daumen unter den Vertrag
es ist versichert und vertan

noch wiegt es wenig häßlich rot und zart
wieviel es netto abwirft welcher Richtsatz gilt
was man es lehrt und was man ihm verbirgt
die Zukunft ist vergriffen und gedrillt
es ist verworfen und verwirkt

wenn es mit krummer Hand die Luft noch fremd begreift
steht fest was es bezahlt für Milch und Telefon
der Gastarif wenn es im grauen Bett erstickt
und für das Weib das es dann wäscht der Lohn
es ist verbucht verhängt verstrickt

wenn nicht das Bündel das da jault und greint
die Grube überhäuft den Groll vertreibt
was wir ihm zugerichtet kalt zerrauft
mit unerhörter Schrift die schiere Zeit beschreibt
ist es verraten und verkauft.

Karl Heinrich Marx

Riesiger Großvater
jahvebärtig
auf braunen Daguerreotypien

ich seh dein Gesicht
in der schlohweißen Aura
selbstherrlich streitbar
und die Papiere im Vertiko:
Metzgersrechnungen
Inauguraladressen
Steckbriefe

Deinen massigen Leib
seh ich im Fahndungsbuch
riesiger Hochverräter
displaced person
in Bratenrock und Plastron
schwindsüchtig schlaflos
die Galle verbrannt
von schweren Zigarren
Salzgurken Laudanum
und Likör

Ich sehe dein Haus
in der rue d'Alliance
Dean Street Grafton Terrace
riesiger Bourgeois
Haustyrann
in zerschlißnen Pantoffeln:
Ruß und »ökonomische Scheiße«
Pfandleihen »wie gewöhnlich«
Kindersärge
Hintertreppengeschichten

Keine Mitrailleuse
in deiner Prophetenhand:
ich seh sie ruhig
im British Museum
unter der grünen Lampe
mit fürchterlicher Geduld

dein eigenes Haus zerbrechen
riesiger Gründer
andern Häusern zuliebe
in denen du nimmer erwacht bist

Riesiger Zaddik
ich seh dich verraten
von deinen Anhängern:
nur deine Feinde
sind dir geblieben:
in seh dein Gesicht
auf dem letzten Bild
vom April zweiundachtzig:
eine eiserne Maske:
die eiserne Maske der Freiheit

Über die Schwierigkeiten der Umerziehung

Einfach vortrefflich
all diese großen Pläne:
das Goldene Zeitalter
das Reich Gottes auf Erden
das Absterben des Staates.
Durchaus einleuchtend.

Wenn nur die Leute nicht wären!
Immer und überall stören die Leute.
Alles bringen sie durcheinander.

Wenn es um die Befreiung der Menschheit geht
laufen sie zum Friseur.
Statt begeistert hinter der Vorhut herzutrippeln
sagen sie: Jetzt wär ein Bier gut.
Statt um die gerechte Sache
kämpfen sie mit Krampfadern und mit Masern.

Im entscheidenden Augenblick
suchen sie einen Briefkasten oder ein Bett.
Kurz bevor das Millennium anbricht
kochen sie Windeln.

An den Leuten scheitert eben alles.
Mit denen ist kein Staat zu machen.
Ein Sack Flöhe ist nichts dagegen.

Kleinbürgerliches Schwanken!
Konsum-Idioten!
Überreste der Vergangenheit!

Man kann sie doch nicht alle umbringen!
Man kann doch nicht den ganzen Tag auf sie einreden!

Ja wenn die Leute nicht wären
dann sähe die Sache schon anders aus.
Ja wenn die Leute nicht wären
dann gings ruckzuck.
Ja wenn die Leute nicht wären
ja dann!
(Dann möchte auch ich hier nicht weiter stören.)

ERICH FRIED

Geb. 6. Mai 1921 in Wien. Nach der Besetzung Österreichs floh er 1938
nach London, wo er noch heute lebt. In England zunächst Hilfsarbeiter,
Bibliothekar, Milchchemiker, Glasarbeiter. Seit 1946 freier Schriftsteller.
1952–68 Mitarbeiter der BBC. In den letzten Jahren wegen seiner diffe-
renzierten Stellungnahmen u. a. zum Terrorismusproblem wiederholt
scharf angegriffen.
Werke: *Deutschland* G. (1944); *Österreich* G. (1945); *Gedichte* (1958); *Ein
Soldat und ein Mädchen* R. (1960); *Reich der Steine* G. (1963); *Warn-
gedichte* (1964); *Überlegungen* G. (1964); *Kinder und Narren* Prosa (1965);
und Vietnam und G. (1966); *Anfechtungen* G. (1967); *Befreiung von der
Flucht* G. (1968); *Zeitfragen* G. (1968); *Die Beine der größeren Lügen*

G. (1969); *Unter Nebenfeinden* G. (1970); *Die Freiheit den Mund aufzumachen* G. (1972); *Gegengift* G. (1974); *Fast alles Mögliche. Wahre
Geschichten und gültige Lügen* (1975); *Die bunten Getüme* G. (1977);
100 Gedichte ohne Vaterland (1978); Shakespeare-Übersetzungen.

*Erst die sechziger Jahre mit dem Rücktritt Adenauers, der
Rezession, der Großen, dann der Sozialliberalen Koalition,
den Studentenunruhen und der APO schufen in der Bundesrepublik die Voraussetzung für den Erfolg eines in seinen Mitteln zunächst relativ wenig variablen, entschieden
politischen Lyrikers wie Erich Fried. Für diesen Dichter wird
die Tagespolitik in ungleich stärkerem Maße als etwa für Enzensberger zum Thema des Gedichts; dessen adäquate Rezeption ist also auf politisches Interesse, Vorinformationen,
rasche Publikation angewiesen. Frieds Sprache ist lakonisch,
Paradox, Antithese und dialektischer Umschlag sind wie bei
dem Vorbild Brecht bevorzugte Stilmittel. »Amerika«
stammt aus dem 1966 veröffentlichten Gedichtband »und
Vietnam und«; der Protest gegen den Krieg in Indochina
wird andeutungsweise mit den Klassenkämpfen in den USA
verbunden; der, »der sich die Galle hält«, ist Johnson, der
damalige Präsident der USA; er erscheint als der Besitzende
und Herrschende schlechthin. Die antithetische Gegenüber-
stellung von Protest und Macht verkehrt sich in der dritten
Strophe in einer Zukunftsperspektive: Wird es nicht einmal
so sein, daß die jetzt Geschmähten als Zeugen für das bessere, das demokratische Amerika dienen werden? »Beim
Wiederlesen eines Gedichtes von Paul Celan« (1972) spielt
auf den Freitod Celans und auf zwei Gedichte dieses Lyrikers an. Der erste Teil von Frieds Text zielt auf jene »ins
Nichts« »einladende« Trauer, die Celans Werk und besonders die »Todesfuge« durchstimmt; der zweite Teil bezieht
sich auf den zuvor als Motto zitierten Schluß von »Fadensonnen«. Celans Abkehr von der konkreten gesellschaftlichen Wirklichkeit, wie sie hier überspitzten Ausdruck findet, wird antithetisch aufgenommen: Lieder sind denkbar
jenseits unseres Lebens, selbst jenseits des »für uns Denk-*

baren«, nicht jedoch, so widerspricht Fried, der wie Celan
unter der jüdischen Herkunft leiden mußte, »jenseits der
Menschen«. Celans Freitod und die poetologische Konzeption
von »Fadensonnen« werden kritisch aufeinander bezogen.

Amerika

in memoriam Norman Morrison

Die Hungerstreiker
die Studenten die auf dem Protestmarsch
niedergeschlagen werden
mit Hickoryknüppeln
und einer der sich verbrannte
in Washington

Die werden wichtiger für Amerika sein
als der sich die Galle hält
mit der Hand
die nie mehr vor Zeugen
seinen Hund
an den Ohren hochheben wird

Wenn es später irgendwo heißt:
Sie sind alle wie der mit der Galle
kann Amerika zeigen auf die
die der mit der Galle nicht mochte
Hungerstreiker Geschlagene Verbrannte
und kann sagen: Woher waren denn die?

Beim Wiederlesen eines Gedichtes
von Paul Celan

»es sind
noch Lieder zu singen jenseits
der Menschen«

Lesend
von deinem Tod her
die trächtigen Zeilen
wieder verknüpft
in deine deutlichen Knoten
trinkend die bitteren Bilder
anstoßend
schmerzhaft wie damals
an den furchtbaren Irrtum
in deinem Gedicht das sie lobten
den weithin ausladenden
einladenden
ins Nichts

Lieder
gewiß
auch jenseits
unseres Sterbens
Lieder der Zukunft
jenseits der Unzeit in die wir
alle verstrickt sind
Ein Singen jenseits
des für uns Denkbaren
Weit

Doch nicht ein einziges Lied
jenseits der Menschen

ERNST JANDL

Geb. 1. August 1925 in Wien. 1943–46 Militärdienst, Kriegsgefangenschaft. Anschließend Studium der Germanistik und Anglistik; Dissertation über Arthur Schnitzler. Seit 1949 Gymnasiallehrer, zeitweise be-
urlaubt. Freundschaft und Zusammenarbeit mit Friederike Mayröcker.
Werke: *Andere Augen* G. (1956); *lange gedichte* (1964); *klare gerührt*
G. (1964); *mai hart lieb zapfen eibe holt* G. (1965); *Hosi-Anna* G.
(1965); *Laut und Luise* G. (1966); *No Music Please* G. (1967); *Sprech-
blasen* G. (1968); *Der künstliche Baum* G. (1970); *Dingfest* G. (1973);
serienfuss G. (1974); *für alle. Gedichte, Prosa, Theater und Autobio-
graphisches* (1974); *Die schöne Kunst des Schreibens* (1976); zahlreiche
Hörspiele.

*Ernst Jandls Gedichte sind witzig; wer den Dichter einmal
hörte oder selbst Texte von ihm sprach, wird dies nicht be-
streiten. Der materielle Körper der gesprochenen bzw. geschriebenen Sprache, akustische und optische Valenzen, treten bei Jandl in den Vordergrund. »Schreiben, als eine
Möglichkeit der Produktion von Kunst, ist die Erzeugung
von Objekten aus einem bestimmten Material – Objekten,
die es nicht gibt, außer als Ergebnis eines solchen Machens.
Schreiben als eine Beschreibung von Objekten – tatsächlich
vorhandenen oder fiktiven – ist eine völlig andere Sache.«
Die kategoriale Unterscheidung, die der Dichter zwischen
einer deskriptiven und einer sprachkombinatorischen Literatur trifft, ist streng logisch nicht aufrechtzuerhalten; das
Prinzip seiner Texte wird nichtsdestoweniger durch sie bezeichnet. Immerhin erkennt auch Jandl eine Rückbindung
an die gesellschaftliche Entwicklung, denn die Sprache als
Material seiner Kunst ist zugleich Material seines Denkens
und Sprechens – mithin auf die äußere Realität bezogen.
Schon in der typographischen Anordnung von »calypso«
darf man eine parodistische Intention vermuten: Vierzeilige
Strophen und Refrain sind Charakteristika des Volksliedes;
an dieses erinnert auch das Thema des Gedichts, die romantische Fernsehsucht. Zugrunde liegt die Vermischung zweier
Idiome, die »Multiplizität der Sprachwelten« (Heißenbüt-*

tel) signalisiert unter äußerer Dynamik Orientierungslosig-
keit. In »schtzngrmm«, einer Schrottform von »Schützen-
graben«, gewinnt Jandl aus der phonetischen Dislokation
des Wortkörpers sekundär den Bezug zur Realität: Als
Äquivalent des Maschinengewehrfeuers durchzieht eine
Häufung von t-Lauten den Text. Steht am Anfang der
schützende Graben, so am Ende das Gewehrfeuer – eine
pessimistische Aussage, scheinbar aus dem Spiel mit den
Phonemen gewonnen, ihm in Wahrheit aber als Pointe auf-
gesetzt. »fragment« preßt Teile eines Dialogs zusammen,
Wortenden werden gekappt, es blitzt ein Panorama ver-
dinglichter Rede unter dem Vorzeichen kirchlicher Bevor-
mundung auf. Der wissenschaftliche Ernst, mit dem Jandl
seine Texte vorträgt (man höre sich einmal die Sprechplatte
»Laut und Luise« an, die u. a. die hier präsentierten Gedichte
enthält), läßt offen, wie ernst der Dichter seine Dichtung
genommen haben will. Ist Ernst Bedingung seines Witzes,
oder ist es ernst mit seinem Witz?

calypso

ich was not yet
in brasilien
nach brasilien
wulld ich laik du go

wer de wimen
arr so ander
so quait ander
denn anderwo

ich was not yet
in brasilien
nach brasilien
wulld ich laik du go

als ich anderschdehn
mange lanquidsch
will ich anderschdehn
auch lanquidsch in rioo

ich was not yet
in brasilien
nach brasilien
wulld ich laik du go

wenn de senden
mi across de meer
wai mi not senden wer
ich wulld laik du go

yes yes de senden
mi across de meer
wer ich was not yet
ich laik du go sehr

ich was not yet
in brasilien
yes nach brasilien
wulld ich laik du go

schtzngrmm
schtzngrmm
t–t–t–t
t–t–t–t
grrrmmmmm
t–t–t–t
s————c————h
tzngrmm
tzngrmm

tzngrmm
grrrmmmmm
schtzn
schtzn
t–t–t–t
t–t–t–t
schtzngrmm
schtzngrmm
tsssssssssssssssssssss
grrt
grrrrrt
grrrrrrrrrt
scht
scht
t–t–t–t–t–t–t–t–t
scht
tzngrmm
tzngrmm
t–t–t–t–t–t–t–t–t
scht
scht
scht
scht
scht
grrrrrrrrrrrrrrrrrrrrrrrrrrrrrrrr
t–tt

fragment

wenn die rett
es wird bal
übermor
bis die atombo
ja herr pfa

III. »Texte«

Heißenbüttel schrieb 1965 in der zehnten seiner »Hypothesen über Literatur und Wissenschaft als vergleichbare Tätigkeiten«: »Das aus der christlichen Gotteskindschaft begrifflich abstrahierte, seiner selbst bewußte punktuelle Ich erweist sich als fiktiv und löst sich auf in ein Feld von Bezugspunkten. [...] Es ist dieses multiple Subjekt, das in der kombinatorisch verfahrenden Rekapitulationsmethode der Literatur aufzutauchen beginnt.« Im Begriff des »multiplen Subjekts« versuchte Heißenbüttel, literarische Konsequenzen aus der ökonomisch bedingten, bislang noch ideologisch verbrämten Dissoziation des autonomen Ich zu ziehen. Indem er der »Imagination« absagte und das Subjekt als ein »Bündel Redegewohnheiten« bestimmte, deutete er gattungspoetische Konsequenzen an: Die dramatische bzw. erzählerische Fabel wird eliminiert, die metaphorische Überhöhung zugunsten eines kombinatorischen Spiels mit zitathaften Versatzstücken aufgegeben. Heißenbüttel nannte seine Arbeiten »Texte«, ein Begriff, der u. a. wegen seiner linguistischen Nüchternheit dazu geeignet ist, jene neue Kurzform zu bezeichnen, in der die »Multiplizität der Sprachwelten« als Ausdruck des neuen »multiplen Subjekts« erscheint. Während Jandl – sei's auch nur parodistisch – gelegentlich noch traditionellen lyrischen Formen verpflichtet bleibt, deuten schon die Titel von Jürgen Beckers Arbeiten – »Felder«, »Ränder«, »Umgebungen« – in Richtung des von Heißenbüttel Vorgetragenen. Die Entwicklungsfähigkeit der neuen Gattung »Texte« läßt sich schwer abschätzen; Anlaß zu Skepsis geben freilich die folgenden Beobachtungen: 1. Einer Literatur, die sich auf Kombination präformierter Sprachteile beschränkt, droht der Leerlauf, sofern es ihr nicht gelingt, über Pointen beispielsweise, einen direkteren Bezug zur Realität herzustellen. 2. »Texte« im

Heißenbüttelschen Sinn tendieren dazu, die als Vorausset-
zung gedachte Rezeptivität des Subjekts zu verabsolutieren
und positivistisch in eine Verdoppelung des Vorhandenen
zu münden. 3. Sowohl Heißenbüttel als auch Becker ver-
suchen seit Ende der sechziger Jahre, ihre Arbeiten gattungs-
mäßig neu zu orientieren; diese Bemühungen führten sie
wiederholt zu tradierten Formen zurück.

HELMUT HEISSENBÜTTEL[1]

Von der »Bildhaftigkeit und verhaltenen Musikalität« (Kurt
Leonhard) seiner Anfänge entfernte sich Heißenbüttel im-
mer mehr; mit ihnen verzichtete er konsequent auf Prinzi-
pien der traditionellen Gedichtform wie festes Metrum,
Reim, regelmäßige Strophenbildung. Kombinationen jeden-
falls (so der Titel des ersten Gedichtbandes) blieben seine
sprachlichen Exerzitien auch weiterhin. Als »Texte« be-
zeichnete Heißenbüttel diese Gebilde, die sich weder der
lyrischen Tradition von Walther von der Vogelweide bis
Benn und Brecht noch modernen Prosaformen wie der
Kurzgeschichte zuordnen lassen — vom »poème en prose«,
dem Prosagedicht eines Baudelaire und Rimbaud, trennt sie
eben jener Verzicht auf Bildhaftigkeit und Musikalität.
»Shortstory« — dieser Titel zielte ironisch auf die in den
fünfziger Jahren so beliebte Form der Kurzgeschichte. Die
Redewendung »es bzw. etwas mit jemandem haben« (d. h.
ein Liebesverhältnis oder auch einen Streit mit jemandem
haben) konstituiert zugleich Thema und sprachliches Mate-
rial des Textes. Lediglich die Personalpronomina werden
ausgetauscht, und einige Partikel treten hinzu. Die Inter-
punktion ist abgeschafft, Lesehilfen in der verwirrenden
Kombination weniger Grundwörter bilden allenfalls Zeilen-
schlüsse und Absätze. Der Leerlauf des Geredes ist Gestalt

1. *Bio-Bibliographie s. S. 29 f.*

geworden, zugleich deutet sich als »Erzählrudiment« der Leerlauf dessen an, worüber man redet: der Leerlauf des Gesellschaftsspiels »Sex«. In »das neue Zeitalter« sind politische Bezüge erkennbar; der Kalte Krieg der fünfziger und beginnenden sechziger Jahre, die personifizierte Kontinuität der NS-Zeit, die Vorurteile gegen Intellektuelle und künstlerische Avantgarde, das Unverständnis für »halbstarke« Jugendliche und Homosexuelle, als Pointe schließlich die ironische Absage an die kommunistische Utopie einer konfliktfreien Gesellschaft. Die beiden Beispiele zeigen, worin die Gefahr einer primär sprachbezogenen poetischen Praxis liegt: Eine artifizielle Mache und die Verflüchtigung aller konkreten Bezüge bedrohen diese Art Dichtung. Ausnahmslos sind ihre Vertreter ihr gelegentlich erlegen. Insofern wurden sie dem Anspruch nicht immer gerecht, den Heißenbüttel als vorgebliche Sachbeschreibung so formulierte: »Literatur ist Erkenntnis; das heißt für unsere Epoche unter anderem: ein Mittel der radikalen Aufklärung.«

Shortstory

er hatte es mit ihr sie hatte es mit ihm
was hatte er mit ihr was hatte sie mit ihm
er hatte es auch mit dem da sie hatte es auch mit der da
was hatte er auch mit dem da was hatte sie auch mit der da
er hatte es mit ihr und auch mit dem da
was hatte er mit ihr und auch mit dem da
sie hatte es mit ihm und auch mit der da
was hatte sie mit ihm und auch mit der da

er hatte es mit sich selbst sie hatte es mit sich selbst
was hatte er mit sich selbst was hatte sie mit sich selbst

er hatte es hatte er es sie hatte es hatte sie es

er hatte es mit ihr und auch mit dem da und mit sich selbst
sie hatte es mit ihm und auch mit der da und mit sich selbst
er hatte es mit ihr und auch mit dem da und mit sich selbst
und sogar mit der da sie hatte es mit ihm und auch mit der
da und mit sich selbst und sogar mit dem da der da hatte es
mit ihm und ihr und der da die da hatte es mit ihr und ihm
und dem da hatte der da es auch mit sich selbst hatte die da
es auch mit sich selbst

das neue Zeitalter

wenn wer wen trifft und was der dann sagt wenn wer wem
begegnet und dann sagt er was wenn wer wen wie nennt

wenn ein kalter Krieger einen kalten Krieger trifft und kalter Krieger sagt wenn ein Fellowtraveller einem Fellowtraveller begegnet und sagt Fellowtraveller wenn ein alter
Nazi einen alten Nazi einen alten Nazi nennt
wenn ein Intellektueller einen Intellektuellen einen alten
Nazi nennt wenn ein Avantgardist einen Avantgardisten
trifft und kalter Krieger sagt wenn ein Nonkonformist
einem Nonkonformisten begegnet und sagt Fellowtraveller
wenn ein Fellowtraveller einem Fellowtraveller begegnet
und sagt Halbstarker wenn ein alter Nazi einen alten Nazi
einen Experimentellen nennt wenn ein kalter Krieger einen
kalten Krieger trifft und schwules Schwein sagt
wenn ein Intellektueller einen alten Nazi trifft und schwules Schwein sagt wenn ein Avantgardist einen kalten Krieger einen Experimentellen nennt wenn ein Nonkonformist
einem Fellowtraveller begegnet und sagt Halbstarker
wenn ein Halbstarker einem Halbstarken begegnet und sagt
alter Nazi wenn ein Experimenteller einen Experimentellen
trifft und Fellowtraveller sagt wenn ein schwules Schwein
ein schwules Schwein einen Intellektuellen nennt

wenn der den so nennt wenn er den trifft und dann das
sagt wenn der dem begegnet und sagt dann das

treten alle in die kommunistische Partei und werden glücklich

JÜRGEN BECKER

Geb. 10. Juli 1932 in Köln, wo er heute als freier Schriftsteller lebt.
1939 Umzug nach Thüringen, 1947 Rückkehr nach Westdeutschland.
1954 Abbruch des Studiums. Wechselnde Tätigkeiten, seit 1959 Mitarbeit
am Westdeutschen Rundfunk. 1964/65 Lektor bei Rowohlt, 1973/74 bei
Suhrkamp, seit 1974 Rundfunkredakteur in Köln.
Werke: *Phasen* (mit Wolf Vostell, 1960); *Felder* (1964); *Happenings*
(mit Wolf Vostell, 1965); *Ränder* (1968); *Ideale Landschaft* (mit K. P.
Bremer, 1968); *Bilder. Häuser. Hausfreunde* Hsp. (1969); *Umgebungen*
(1970); *Die Zeit nach Harrimann* Dr. (1971); *Schnee* G. (1971); *Eine Zeit
ohne Wörter* (1971); *Das Ende der Landschaftsmalerei* G. (1973); *Erzähl
mir nichts vom Krieg* G. (1977).

*Auf den Spuren eines James Joyce verschmolz Jürgen
Becker in den »Feldern«, »Rändern« und »Umgebungen«
die traditionellen Gattungen der Lyrik, Epik und Dramatik
zu einer eigenständigen Variante der neuen Gattung
»Texte«. Gegenstand der »Felder« ist die Großstadt Köln,
Mittel ihrer evokativen Vergegenwärtigung die sprachliche
Spiegelung im Bewußtsein eines ungenannten Beobachters
sowie in den Montagen des verborgenen Erzählers. Heinrich Vormweg sprach von dem Versuch, »eine entrümpelte,
originäre Gegenständlichkeit wieder zu erreichen«, von der
»Forcierung der Subjektivität als des einzigen Mediums der
Objektivität«. Oder anders: Um Objektivität zu erreichen,
zielt Becker über subjektive Erfahrungsbruchstücke auf die
Subjektivität seiner Leser. Die Verwandtschaft zu Proust, die
sich hier ausspricht, legt die Frage nach der Modernität
bzw. Aktualität des Dichters nahe. Wichtig in diesem Zusammenhang der Hinweis Leo Kreutzers, daß Beckers Ver-*

öffentlichungen des Jahres 1971 (das Theaterstück »Die
Zeit nach Harrimann«, der Gedichtband »Schnee«, das
Fotobuch »Eine Zeit ohne Wörter«) eine Abkehr von der
Gattungsverschmelzung des früheren Werkes markieren.
»Jürgen Beckers Schreibweise, von den ›Feldern‹ bis hin zu
den ›Umgebungen‹, hat den politischen, intellektuellen und
emotionalen status quo einer Entwicklungsphase der Bundesrepublik veröffentlicht, der 1968 radikal in Frage gestellt wurde« (Kreutzer). Nr. 53 der »Felder« ist eine Zeit-
aufnahme aus einer Kölner Kneipe in der Nähe des Domes.
Der Blick des ungenannten und verborgenen Beobachters
wendet sich vom Tresen zu einem jungen Mädchen, das die
Musikbox bedient, und weiter zu einem Gespräch über
Fußball, schließlich zum Tresen zurück und zu einem Spiel-
automaten; den verschiedenen Perspektiven sind unterschiedliche Sprachschichten zugeordnet. Nr. 89 schildert das
Kölner Einkaufszentrum Hohe Straße. Becker gelingt es,
mit der Evokation des Verkaufs zugleich die historische
Dimension dieses Stadtteils zu eröffnen: Chronistensprache
erinnert an das mittelalterliche Handelszentrum Köln,
französische Brocken lassen an die Besatzungszeiten denken.

Felder

53

im altfrommen Gedröhn vom dicken Pitter aus Petri
schwarzem Fels im fiesen aufgebrühten Morgen; nun wie
schmecket dann dein Bier, Jung, noch einen Kurzen dabei
damit daß das fluppt, was?; solo schafft sich ein schaues
Gestell rüber zur Wurlitzerbox und drückt sich eine Serie
weg, das sind ja die allerletzten Heuler; war denn beim
Schnellinger was andres drin als daß der die Flanke immer
abfing eh daß die kam, überhaupt, wo immer der stand
und der stand, Mann, du, der stand wo der ging nur am
Mann; ganz schön saftig aufgebaut was da am Zapfhahn

hantiert und mit naßroten Flossen gleich stangenweise das
Kölsch aufs Tablett stemmt, schön schwitzig untern Achseln
bis wo die steilen Ballons unterm fleckigen Perlon, wienert
die Stange jetzt über die Bürste im Spülblech als wenn der
Steife zu schaffen vom faulen Franzjosef; no beluur dr ens
wie se do widder stonn an dr Thek, dat sin mer jet nett
verfresse un versoffe Bölzjer, dr janze Dach nix wie dr Suff
em Kopp un ovens dann op dr ärm Mamm jesprunge dat
se nit mih weiß esse en Matratz odr en Pääd, oo nää, dr
ming is do anders, der kütt naaks erinn esu höösch wie dr
Här Pastuur selver, met dem kannste aanstelle wat de
wells, dä mäht nor op Selvsbedeenong met Teehnajers em
Kopp, Schäng, kummens bei mich bei; Groschen rein ins
Rotamint oder gleich mal zwei, hei wie das wieder glücklich
rotiert und stoppt schon auf Zwanzig bloß? Starter runter
und weiter zum nächsten Stop wieder auf Zwanzig, na so
eine Scheiße, das deckt sich ja nie, da fangen wir gleich
noch mal an; na Jung ein Bierchen noch?; nein

89
                              auf altstädtisch histo-
rischer Straße, die Hohe genannt seit französischer Zeit,
zuvor sie Namen führte zunftgemäß wie Unter Pfannen-
schläger, Unter Wappensticker, Unter Sporenmacher: wo
leistn wir ns immer ne Shouh auf aktuelle steile Zähne,
hey!, denn feinst und vürnehm wandeln Bürgersfraun einher und grüßend sittsam aneinander vorbei mit schlichten
Mägden hinterdrein, looß jonn, Madame, avecquoipeuxje-
vousservir? komm schau mit mir die Pracht, geflammt-ge-
fleckt, der Pelze von Malkowsky, denn eine jede Bürgerin
von Stand und Ehr pflegt auf der Straßen zu verhüllen,
was frecher Buben Augen wolln erspähn, doch jene Händ-
lerin, sie trägt ihr Obst auf einem flachen Korb auf dem
Kopfe: hie hastu so in der Reichsstat Cöllen allerlay War,
die auff den Straßen ausgerueftt und werden verkaufft:

der SPIEjEL heute neu! von Pestilenz, von Hexerey und
Kriegestreiben fern ruft Neuigkeit der Flugblatt und Ka-
lenderhändler, so HÖR auch ZU! onparlefrancais; Sie finden Ihr Revlon-Depot bei Dr. Bataille, ouh: NATURAL
WONDER! Weetschafte? fings do he kein, weil Handel
und Wandel herrschte schon je up deme steynwege de la
Rue Haute, für Kfz-Verkehr geöffnet nur von 5 bis 10 Uhr
in der Früh, wenn Volontäre, Scherenschleifer, Disponenten,
Schilderer, Propagandisten, Gerber, Kontakter, Spengler,
Stenotipsen, wer hier berufstätig im Job sein täglich Brot
verdienet, in solcherlei Thun denn sich reinschafft; oder
raucht in der Loge dunkel vom LUX, denn unser Julius die
Gildenkunst vom feinsten Schlag Hiroshima-Gebarm pro-
grammwiederholt: *Verschlinge mich.* es röhrt ein Hirsch,
die Alpen glühn, im Fenster schau ein altdeutsch Trinker-
antlitz wie die der Straßensinger: wann ich esu an ming
Heimat denke, wo trampeln wir die ersten Pfade in den
Schutt, und Budenhandel blüht im Dunst der Reibekuchen
auf, bis gläsern wieder funkelt das *Wunder* der Vitrinen
und Passagen, hach, NAPPA geht ins Sonderangebot und
feil für einen Schilling der Fliesensand aus Frechen; unds
Glockenspiel vom Rathausturm wies war und ist, in Ehr
und Würde, die schreitet öffentlich in denen Herren aus
Rat und Dom dahin, indessen glänzend Leder wippt und
schiebt bei Campi rein und raus: tschau Typ; Zylinder,
unter Schirmen, im schwarzen Regen wandeln, und schwin-
den da

IV. Kurzgeschichte

Die Anfänge der Kurzgeschichte liegen in der Spätromantik (E. T. A. Hoffmann), die ersten bedeutenden Realisationen stammen aus der zweiten Hälfte des 19. Jahrhunderts (Tschechow), und nach dem Ersten Weltkrieg begann Hemingway seine Kurzgeschichten zu schreiben, die nach 1945 vorbildhaft wirkten, als die Gattung in Westdeutschland ihre Blüte erlebte. Diese groben Daten erlangen ihre Signifikanz, wenn man sie im Zusammenhang mit der von Boccaccio geschaffenen Novellenform interpretiert, die im 19. Jahrhundert – eben damals beginnt die Kurzgeschichte sich durchzusetzen – einen letzten Höhepunkt erlebt. Die Novelle, als eine eng mit dem Aufstieg des Bürgertums verbundene Gattung, mußte fragwürdig werden, als die Industrialisierung und die Herausbildung des Industrieproletariats das bürgerliche Weltbild bedrohten, ein Prozeß, der intensiv an jener Wende einsetzte, den man literaturhistorisch als Übergang von der Spätromantik zum Realismus bezeichnet. Freilich, wenn die Kurzgeschichte auch oft antibürgerliche Züge trägt (noch einmal sei auf Tschechow verwiesen) und häufig Außenseiter ihre gar nicht heldenhaften Protagonisten sind, kann die Form doch nicht als eigentlich aufklärerisch-kämpferische gelten: Die Verlorenheit des einzelnen in einer undurchschaubaren Welt ist ihr inneres Gesetz, Mißstände überfälliger Sozialstrukturen werden meist einem anonymen Schicksal zugeschrieben. Diese wenigen Hinweise mögen erklären, warum die Kurzgeschichte nach dem Zweiten Weltkrieg, der definitiven Erschütterung des bürgerlichen Weltbildes, in Westdeutschland vorübergehend zu einer der beliebtesten Gattungen werden konnte – und zugleich, warum man diese Form in sozialistischen Ländern wiederholt als gefährlich, modernistisch abtat und warum sie seit wenigen Jahren auch im Westen an Attraktivität eingebüßt hat.

WOLFGANG BORCHERT

Geb. 20. Mai 1921 in Hamburg, gest. 20. November 1947 in Basel. Buchhändlerlehre, Schauspielunterricht. 1941 eingezogen, in den folgenden Jahren wiederholt in Haft wegen »staatsfeindlicher Äußerungen«, »Wehrzersetzung«; zum Tode verurteilt, dann »Frontbewährung«. 1943 mit Gelbsucht und Fleckfieber im Lazarett. Nach dem Krieg in Hamburg, wo er, schon schwerkrank, an Theater und Kabarett arbeitete.
Werke: *Laterne, Nacht und Sterne* G. (1946); *Die Hundeblume* En. (1947); *An diesem Dienstag* En. (1947); *Draußen vor der Tür* Hsp. u. Dr. (1947); *Das Gesamtwerk* (1949); *Die traurigen Geranien und andere Geschichten aus dem Nachlaß* (1962).

Wolfgang Borchert ist der Dichter der unmittelbaren Nachkriegszeit schlechthin; Krieg, Hunger und Gefangenschaft sind seine Themen. In dem Heimkehrerdrama »Draußen vor der Tür« zeigt er einen Soldaten, der die Verantwortung für den Tod von elf Kameraden an einen vorgesetzten Wehrmachtsoffizier zurückgeben will. Doch der, inzwischen wieder etabliert: »Ich habe [...] doch stark den Eindruck, daß Sie einer von denen sind, denen das bißchen Krieg die Begriffe und den Verstand verwirrt hat. Warum sind Sie nicht Offizier geworden? Sie hätten zu ganz anderen Kreisen Eingang gehabt. Hätten 'ne anständige Frau gehabt, und dann hätten Sie jetzt auch 'n anständiges Haus. Wärn ja ein ganz anderer Mensch.« Bringt Borchert hier die Ursachen der Kriegs- und Nachkriegsmisere andeutend mit der Kontinuität bestimmter Herrschaftsverhältnisse und Bewußtseinsstrukturen in Verbindung, so überwiegt bei ihm doch ein gewisses leidendes Pathos, das sich gegen den Krieg schlechthin, nicht gegen bestimmte gesellschaftliche Konstellationen, die ihn ermöglichen, richtet. Aus dieser Beschränkung läßt sich der große Erfolg des Dichters in den fünfziger Jahren erklären: Sein aufrichtiger und leidenschaftlicher Pazifismus bot den verschiedensten Gruppen die Möglichkeit der Identifikation; da er aber gesellschaftspolitisch nicht hinreichend begründet war, ging man, als die Wiederaufrüstung anstand, kurz entschlossen zur Tagesordnung

über. Jenes leidende Pathos deutet auf Borcherts Grenzen,
doch hat es der Dichter immer wieder verstanden, prä-
gnante Bilder des geschlagenen Deutschland zu entwerfen.
Die ihm kongeniale Form war die Kurzgeschichte. Der
Hunger, der heutigen »Wohlstandsgesellschaft« nur aus der
Dritten Welt bekannt, zerstört in »Das Brot« das Ver-
trauen zwischen einem älteren Ehepaar. Unter dem Druck
äußerer Not pervertiert das Zusammenleben, nur im Ge-
wand der Lüge kann sich die menschliche Haltung der Frau
zeigen. Meisterhaft ist Borcherts lakonische Sprache, mei-
sterhaft die Hervorhebung des Brotes als des eigentlichen
Handlungsgrundes der Menschen.

Das Brot

Plötzlich wachte sie auf. Es war halb drei. Sie überlegte,
warum sie aufgewacht war. Ach so! In der Küche hatte jemand gegen einen Stuhl gestoßen. Sie horchte nach der
Küche. Es war still. Es war zu still, und als sie mit der
Hand über das Bett neben sich fuhr, fand sie es leer. Das
war es, was es so besonders still gemacht hatte: sein Atem
fehlte. Sie stand auf und tappte durch die dunkle Wohnung
zur Küche. In der Küche trafen sie sich. Die Uhr war halb
drei. Sie sah etwas Weißes am Küchenschrank stehen. Sie
machte Licht. Sie standen sich im Hemd gegenüber. Nachts.
Um halb drei. In der Küche.
Auf dem Küchentisch stand der Brotteller. Sie sah, daß er
sich Brot abgeschnitten hatte. Das Messer lag noch neben
dem Teller. Und auf der Decke lagen Brotkrümel. Wenn sie
abends zu Bett gingen, machte sie immer das Tischtuch sauber. Jeden Abend. Aber nun lagen Krümel auf dem Tuch.
Und das Messer lag da. Sie fühlte, wie die Kälte der Fliesen
langsam an ihr hochkroch. Und sie sah von dem Teller
weg.
»Ich dachte, hier wär was«, sagte er und sah in der Küche

umher.

»Ich habe auch was gehört«, antwortete sie, und dabei fand sie, daß er nachts im Hemd doch schon recht alt aussah. So alt wie er war. Dreiundsechzig. Tagsüber sah er manchmal jünger aus. Sie sieht doch schon alt aus, dachte er, im Hemd sieht sie doch ziemlich alt aus. Aber das liegt vielleicht an den Haaren. Bei den Frauen liegt das nachts immer an den Haaren. Die machen dann auf einmal so alt.

»Du hättest Schuhe anziehen sollen. So barfuß auf den kalten Fliesen. Du erkältest dich noch.«

Sie sah ihn nicht an, weil sie nicht ertragen konnte, daß er log. Daß er log, nachdem sie neununddreißig Jahre verheiratet waren.

»Ich dachte, hier wäre was«, sagte er noch einmal und sah wieder so sinnlos von einer Ecke in die andere, »ich hörte hier was. Da dachte ich, hier wäre was.«

»Ich hab auch was gehört. Aber es war wohl nichts.« Sie stellte den Teller vom Tisch und schnippte die Krümel von der Decke.

»Nein, es war wohl nichts«, echote er unsicher.

Sie kam ihm zu Hilfe: »Komm man. Das war wohl draußen. Komm man zu Bett. Du erkältest dich noch. Auf den kalten Fliesen.«

Er sah zum Fenster hin. »Ja, das muß wohl draußen gewesen sein. Ich dachte, es wäre hier.«

Sie hob die Hand zum Lichtschalter. Ich muß das Licht jetzt ausmachen, sonst muß ich nach dem Teller sehen, dachte sie. Ich darf doch nicht nach dem Teller sehen. »Komm man«, sagte sie und machte das Licht aus, »das war wohl draußen. Die Dachrinne schlägt immer bei Wind gegen die Wand. Es war sicher die Dachrinne. Bei Wind klappert sie immer.«

Sie tappten sich beide über den dunklen Korridor zum Schlafzimmer. Ihre nackten Füße platschten auf den Fußboden.

»Wind ist ja«, meinte er. »Wind war schon die ganze Nacht.«

Als sie im Bett lagen, sagte sie: »Ja, Wind war schon die ganze Nacht. Es war wohl die Dachrinne.«

»Ja, ich dachte, es wäre in der Küche. Es war wohl die Dachrinne.« Er sagte das, als ob er schon halb im Schlaf wäre.

Aber sie merkte, wie unecht seine Stimme klang, wenn er log. »Es ist kalt«, sagte sie und gähnte leise, »ich krieche unter die Decke. Gute Nacht.«

»Nacht«, antwortete er und noch: »ja, kalt ist es schon ganz schön.«

Dann war es still. Nach vielen Minuten hörte sie, daß er leise und vorsichtig kaute. Sie atmete absichtlich tief und gleichmäßig, damit er nicht merken sollte, daß sie noch wach war. Aber sein Kauen war so regelmäßig, daß sie davon langsam einschlief.

Als er am nächsten Abend nach Hause kam, schob sie ihm vier Scheiben Brot hin. Sonst hatte er immer nur drei essen können.

»Du kannst ruhig vier essen«, sagte sie und ging von der Lampe weg. »Ich kann dieses Brot nicht so recht vertragen. Iß du man eine mehr. Ich vertrag es nicht so gut.«

Sie sah, wie er sich tief über den Teller beugte. Er sah nicht auf. In diesem Augenblick tat er ihr leid.

»Du kannst doch nicht nur zwei Scheiben essen«, sagte er auf seinen Teller.

»Doch. Abends vertrag ich das Brot nicht gut. Iß man. Iß man.«

Erst nach einer Weile setzte sie sich unter die Lampe an den Tisch.

HEINRICH BÖLL

Geb. 21. Dezember 1917 in Köln. Nach dem Abitur Buchhändlerlehre. 1939–45 Soldat, vorwiegend in der Sowjetunion; Gefangenschaft. Nach dem Krieg Hilfsarbeiter, Büroangestellter; seit 1951 freier Schriftsteller.

In den letzten Jahren wegen seines christlich begründeten sozialen Engagements Zielscheibe der rechten Presse. 1971–74 Präsident des internationalen PEN-Clubs. 1972 Nobelpreis für Literatur.
Werke: *Der Zug war pünktlich* E. (1949); *Wanderer, kommst du nach Spa . . .* En. (1950); *Wo warst du, Adam?* R. (1951); *Und sagte kein einziges Wort* R. (1953); *Haus ohne Hüter* R. (1954); *Das Brot der frühen Jahre* E. (1955); *Billard um halbzehn* R. (1959); *Ansichten eines Clowns* R. (1963); *Ende einer Dienstfahrt* E. (1966); *Aufsätze, Kritiken, Reden* (1967); *Erzählungen 1950–1970* (1970); *Gruppenbild mit Dame* R. (1971); *Neue politische und literarische Schriften* (1973); *Geschichten aus zwölf Jahren* (1973); *Die verlorene Ehre der Katharina Blum oder: Wie Gewalt entstehen und wohin sie führen kann* E. (1974); *Berichte zur Gesinnungslage der Nation. Bericht zur Gesinnungslage des Staatsschutzes* (mit G. Wallraff, 1975); *Einmischung erwünscht. Schriften zur Zeit 1973–1976* (1977).

Seit Böll im Gründungsjahr der Bundesrepublik Deutschland und der DDR mit »Der Zug war pünktlich« debütierte, haben seine literarischen Arbeiten die deutsche Entwicklung kontinuierlich begleitet. Böll schrieb Hörspiele, Essays, Dramen, die besten Arbeiten aber lieferte er mit seinen Romanen und Kurzgeschichten. In erzählender Prosa konnten sich sein Talent des charakteristischen Details und sein bitterer Humor am ungehindertsten entfalten; sosehr man freilich Romane wie »Billard um halbzehn« und »Gruppenbild mit Dame« schätzen mag – besser noch als die komplizierte Romanfabel gelang Böll die meist einsträngige Handlungsführung bzw. die eindimensionale Situationsschilderung der Kurzgeschichte. »Die Waage der Baleks« (1952) ist eine seiner bekanntesten. Schon im Titel wird das Symbol der Gerechtigkeit genannt; das Privileg der Waage, das die wirtschaftlich und indirekt auch politisch Herrschenden für sich beanspruchen, deutet auf den Zusammenhang von Macht und Rechtsnormen: Wer die Macht besitzt, macht auch das Recht (legt es zu seinen Gunsten aus), oder aber er versteht es, gegen das Recht sein Interesse gewaltsam durchzusetzen. Für den engagierten Christen Böll bezeichnend ist die Darstellung des Dorfpfarrers und der Rolle, die die Religion in einem Klima brutaler Aus-

beutung spielt. Bölls eher pessimistische Position hat sich seit der »Waage der Baleks« nicht entscheidend verändert. Nach wie vor stellt er sich die Aufgabe, die wahre Gerechtigkeit auch dort zu fordern, wo niemand von ihr hören will. Damit ist er zwangsläufig auf das Gebiet der Politik geraten; seine Gegner werfen ihm vor, von ihr verstünde er nichts, er solle sich aufs Schreiben beschränken; dabei verkennen sie, daß politische Publizistik und Literatur für Böll zwei Ausdrucksweisen des einen Verlangens nach »Gerechtigkeit« sind.

Die Waage der Baleks

In der Heimat meines Großvaters lebten die meisten Menschen von der Arbeit in den Flachsbrechen. Seit fünf Generationen atmeten sie den Staub ein, der den zerbrochenen Stengeln entsteigt, ließen sich langsam dahinmorden, geduldige und fröhliche Geschlechter, die Ziegenkäse aßen, Kartoffeln, manchmal ein Kaninchen schlachteten; abends spannen und strickten sie in ihren Stuben, sangen, tranken Pfefferminztee und waren glücklich. Tagsüber brachen sie den Flachs in altertümlichen Maschinen, schutzlos dem Staub preisgegeben und der Hitze, die den Trockenöfen entströmte. In ihren Stuben stand ein einziges, schrankartiges Bett, das den Eltern vorbehalten war, und die Kinder schliefen ringsum auf Bänken. Morgens waren ihre Stuben vom Geruch der Brennsuppen erfüllt; an den Sonntagen gab es Sterz, und die Gesichter der Kinder röteten sich vor Freude, wenn an besonders festlichen Tagen sich der schwarze Eichelkaffee hell färbte, immer heller von der Milch, die die Mutter lächelnd in ihre Kaffeetöpfe goß.

Die Eltern gingen früh zur Arbeit, den Kindern war der Haushalt überlassen: sie fegten die Stube, räumten auf, wuschen das Geschirr und schälten Kartoffeln, kostbare gelbliche Früchte, deren dünne Schale sie vorweisen mußten,

um den Verdacht möglicher Verschwendung oder Leicht-
fertigkeit zu zerstreuen.

Kamen die Kinder aus der Schule, mußten sie in die Wälder
gehen und – je nach der Jahreszeit – Pilze sammeln und
Kräuter: Waldmeister und Thymian, Kümmel und Pfeffer-
minz, auch Fingerhut, und im Sommer, wenn sie das Heu
von ihren mageren Wiesen geerntet hatten, sammelten sie
die Heublumen. Einen Pfennig gab es fürs Kilo Heublumen, die in der Stadt in den Apotheken für zwanzig Pfennig das Kilo an nervöse Damen verkauft wurden. Kostbar
waren die Pilze: sie brachten zwanzig Pfennig das Kilo und
wurden in der Stadt in den Geschäften für eine Mark zwanzig gehandelt. Weit in die grüne Dunkelheit der Wälder
krochen die Kinder im Herbst, wenn die Feuchtigkeit die
Pilze aus dem Boden treibt, und fast jede Familie hatte ihre
Plätze, an denen sie Pilze pflückte, Plätze, die von Geschlecht zu Geschlecht weitergeflüstert wurden.

Die Wälder gehörten den Baleks, auch die Flachsbrechen,
und die Baleks hatten im Heimatdorf meines Großvaters
ein Schloß, und die Frau des Familienvorstandes jeweils
hatte neben der Milchküche ein kleines Stübchen, in dem
Pilze, Kräuter, Heublumen gewogen und bezahlt wurden.
Dort stand auf dem Tisch die große Waage der Baleks, ein
altertümliches, verschnörkeltes, mit Goldbronze bemaltes
Ding, vor dem die Großeltern meines Großvaters schon gestanden hatten, die Körbchen mit Pilzen, die Papiersäcke
mit Heublumen in ihren schmutzigen Kinderhänden, gespannt zusehend, wieviel Gewichte Frau Balek auf die
Waage werfen mußte, bis der pendelnde Zeiger genau auf
dem schwarzen Strich stand, dieser dünnen Linie der Gerechtigkeit, die jedes Jahr neu gezogen werden mußte. Dann
nahm Frau Balek das große Buch mit dem braunen Leder-
rücken, trug das Gewicht ein und zahlte das Geld aus, Pfennige oder Groschen und sehr, sehr selten einmal eine Mark.
Und als mein Großvater ein Kind war, stand dort ein großes Glas mit sauren Bonbons, von denen, die das Kilo eine

Mark kosteten, und wenn die Frau Balek, die damals über
das Stübchen herrschte, gut gelaunt war, griff sie in dieses
Glas und gab jedem der Kinder einen Bonbon, und die
Gesichter der Kinder röteten sich vor Freude, so wie sie sich
röteten, wenn die Mutter an besonders festlichen Tagen
Milch in ihre Kaffeetöpfe goß, Milch, die den Kaffee hell
färbte, immer heller, bis er so blond war wie die Zöpfe der
Mädchen.

Eines der Gesetze, die die Baleks dem Dorf gegeben hatten,
hieß: Keiner darf eine Waage im Hause haben. Das Gesetz
war schon so alt, daß keiner mehr darüber nachdachte,
wann und warum es entstanden war, und es mußte geachtet
werden, denn wer es brach, wurde aus den Flachsbrechen
entlassen, dem wurden keine Pilze, kein Thymian, keine
Heublumen mehr abgenommen, und die Macht der Baleks
reichte so weit, daß auch in den Nachbardörfern niemand
ihm Arbeit gab, niemand ihm die Kräuter des Waldes ab-
kaufte. Aber seitdem die Großeltern meines Großvaters als
kleine Kinder Pilze gesammelt, sie abgeliefert hatten, damit
sie in den Küchen der reichen Prager Leute den Braten würz-
ten oder in Pasteten verbacken werden konnten, seitdem
hatte niemand daran gedacht, dieses Gesetz zu brechen: fürs
Mehl gab es Hohlmaße, die Eier konnte man zählen, das
Gesponnene wurde nach Ellen gemessen, und im übrigen
machte die altertümliche, mit Goldbronze verzierte Waage
der Baleks nicht den Eindruck, als könne sie nicht stimmen,
und fünf Geschlechter hatten dem auspendelnden schwarzen
Zeiger anvertraut, was sie mit kindlichem Eifer im Walde
gesammelt hatten.

Zwar gab es zwischen diesen stillen Menschen auch welche,
die das Gesetz mißachteten, Wilderer, die begehrten, in
einer Nacht mehr zu verdienen, als sie in einem ganzen
Monat in der Flachsfabrik verdienen konnten, aber auch
von diesen schien noch niemand den Gedanken gehabt zu
haben, sich eine Waage zu kaufen oder sie zu basteln. Mein
Großvater war der erste, der kühn genug war, die Gerech-

tigkeit der Baleks zu prüfen, die im Schloß wohnten, zwei
Kutschen fuhren, die immer einem Jungen des Dorfes das
Studium der Theologie im Prager Seminar bezahlten, bei
denen der Pfarrer jeden Mittwoch zum Tarock war, denen
der Bezirkshauptmann, das kaiserliche Wappen auf der
Kutsche, zu Neujahr seinen Besuch abstattete, und denen
der Kaiser zu Neujahr des Jahres 1900 den Adel verlieh.
Mein Großvater war fleißig und klug: er kroch weiter in
die Wälder hinein, als vor ihm die Kinder seiner Sippe ge-
krochen waren, er drang bis in das Dickicht vor, in dem
der Sage nach Bilgan, der Riese, hausen sollte, der dort den
Hort der Balderer bewacht. Aber mein Großvater hatte
keine Furcht vor Bilgan: er drang weit in das Dickicht vor,
schon als Knabe, brachte große Beute an Pilzen mit, fand
sogar Trüffeln, die Frau Balek mit dreißig Pfennig das
Pfund berechnete. Mein Großvater trug alles, was er den
Baleks brachte, auf die Rückseite eines Kalenderblattes ein:
jedes Pfund Pilze, jedes Gramm Thymian, und mit seiner
Kinderschrift schrieb er rechts daneben, was er dafür bekommen hatte; jeden Pfennig kritzelte er hin, von seinem
siebten bis zu seinem zwölften Jahr, und als er zwölf war,
kam das Jahr 1900, und die Baleks schenkten jeder Familie
im Dorf, weil der Kaiser sie geadelt hatte, ein Viertelpfund
echten Kaffee, von dem, der aus Brasilien kommt; es gab
auch Freibier und Tabak für die Männer, und im Schloß
fand ein großes Fest statt; viele Kutschen standen in der
Pappelallee, die vom Tor zum Schloß führt.
Aber am Tage vor dem Fest schon wurde der Kaffee ausgegeben in der kleinen Stube, in der seit fast hundert Jahren die Waage der Baleks stand, die jetzt Balek von Bilgan
hießen, weil der Sage nach Bilgan, der Riese, dort ein großes Schloß gehabt haben soll, wo die Gebäude der Baleks
stehen.
Mein Großvater hat mir oft erzählt, wie er nach der Schule
dort hinging, um den Kaffee für vier Familien abzuholen:
für die Cechs, die Weidlers, die Vohlas und für seine eigene,

die Brüchers. Es war der Nachmittag vor Silvester: die Stuben mußten geschmückt, es mußte gebacken werden, und man wollte nicht vier Jungen entbehren, jeden einzeln den Weg ins Schloß machen lassen, um ein Viertelpfund Kaffee zu holen.

Und so saß mein Großvater auf der kleinen, schmalen Holzbank im Stübchen, ließ sich von Gertrud, der Magd, die fertigen Achtelkilopakete Kaffee vorzählen, vier Stück, und blickte auf die Waage, auf deren linker Schale der Halbkilostein liegengeblieben war; Frau Balek von Bilgan war mit den Vorbereitungen fürs Fest beschäftigt. Und als Gertrud nun in das Glas mit den sauren Bonbons greifen wollte, um meinem Großvater eines zu geben, stellte sie fest, daß es leer war: es wurde jährlich einmal neu gefüllt, faßte ein Kilo von denen zu einer Mark.

Gertrud lachte, sagte: »Warte, ich hole die neuen«, und mein Großvater blieb mit den vier Achtelkilopaketen, die in der Fabrik verpackt und verklebt waren, vor der Waage stehen, auf der jemand den Halbkilostein liegengelassen hatte, und mein Großvater nahm die vier Kaffeepaketchen, legte sie auf die leere Waagschale, und sein Herz klopfte heftig, als er sah, wie der schwarze Zeiger der Gerechtigkeit links neben dem Strich hängenblieb, die Schale mit dem Halbkilostein unten blieb und das halbe Kilo Kaffee ziemlich hoch in der Luft schwebte; sein Herz klopfte heftiger, als wenn er im Walde hinter einem Strauch gelegen, auf Bilgan, den Riesen, gewartet hätte, und er suchte aus seiner Tasche Kieselsteine, wie er sie immer bei sich trug, um mit der Schleuder nach den Spatzen zu schießen, die an den Kohlpflanzen seiner Mutter herumpickten – drei, vier, fünf Kieselsteine mußte er neben die vier Kaffeepakete legen, bis die Schale mit dem Halbkilostein sich hob und der Zeiger endlich scharf über dem schwarzen Strich lag. Mein Großvater nahm den Kaffee von der Waage, wickelte die fünf Kieselsteine in sein Sacktuch, und als Gertrud mit der großen Kilotüte voll saurer Bonbons kam, die wieder für ein

Jahr reichen mußte, um die Röte der Freude in die Gesichter der Kinder zu treiben, als Gertrud die Bonbons rasselnd ins Glas schüttete, stand der kleine blasse Bursche da, und nichts schien sich verändert zu haben. Mein Großvater nahm nur drei von den Paketen, und Gertrud blickte erstaunt und erschreckt auf den blassen Jungen, der den sauren Bonbon auf die Erde warf, ihn zertrat und sagte: »Ich will Frau Balek sprechen.«

»Balek von Bilgan, bitte«, sagte Gertrud.

»Gut, Frau Balek von Bilgan«, aber Gertrud lachte ihn aus, und er ging im Dunkeln ins Dorf zurück, brachte den Cechs, den Weidlers, den Vohlas ihren Kaffee und gab vor, er müsse noch zum Pfarrer.

Aber er ging mit seinen fünf Kieselsteinen im Sacktuch in die dunkle Nacht. Er mußte weit gehen, bis er jemand fand, der eine Waage hatte, eine haben durfte; in den Dörfern Blaugau und Bernau hatte niemand eine, das wußte er, und er schritt durch sie hindurch, bis er nach zweistündigem Marsch in das kleine Städtchen Dielheim kam, wo der Apotheker Honig wohnte. Aus Honigs Haus kam der Geruch frischgebackener Pfannkuchen, und Honigs Atem, als er dem verfrorenen Jungen öffnete, roch schon nach Punsch, und er hatte die nasse Zigarre zwischen seinen schmalen Lippen, hielt die kalten Hände des Jungen einen Augenblick fest und sagte: »Na, ist es schlimmer geworden mit der Lunge deines Vaters?«

»Nein, ich komme nicht um Medizin, ich wollte ...« Mein Großvater nestelte sein Sacktuch auf, nahm die fünf Kieselsteine heraus, hielt sie Honig hin und sagte: »Ich wollte das gewogen haben.« Er blickte ängstlich in Honigs Gesicht, aber als Honig nichts sagte, nicht zornig wurde, auch nicht fragte, sagte mein Großvater: »Es ist das, was an der Gerechtigkeit fehlt«, und mein Großvater spürte jetzt, als er in die warme Stube kam, wie naß seine Füße waren. Der Schnee war durch die schlechten Schuhe gedrungen, und im Wald hatten die Zweige den Schnee über ihn geschüttelt,

der jetzt schmolz, und er war müde und hungrig und fing
plötzlich an zu weinen, weil ihm die vielen Pilze einfielen,
die Kräuter, die Blumen, die auf der Waage gewogen worden waren, an der das Gewicht von fünf Kieselsteinen an
der Gerechtigkeit fehlte. Und als Honig, den Kopf schüttelnd, die fünf Kieselsteine in der Hand, seine Frau rief,
fielen meinem Großvater die Geschlechter seiner Eltern,
seiner Großeltern ein, die alle ihre Pilze, ihre Blumen auf
der Waage hatten wiegen lassen müssen, und es kam über
ihn wie eine große Woge von Ungerechtigkeit, und er fing
noch heftiger an zu weinen, setzte sich, ohne dazu aufgefordert zu sein, auf einen der Stühle in Honigs Stube, über-
sah den Pfannkuchen, die heiße Tasse Kaffee, die die gute
und dicke Frau Honig ihm vorsetzte, und hörte erst auf zu
weinen, als Honig selbst aus dem Laden vorn zurückkam
und, die Kieselsteine in der Hand schüttelnd, leise zu seiner
Frau sagte: »Fünfeinhalb Deka, genau.«
Mein Großvater ging die zwei Stunden durch den Wald
zurück, ließ sich prügeln zu Hause, schwieg, als er nach dem
Kaffee gefragt wurde, sagte kein Wort, rechnete den ganzen Abend an seinem Zettel herum, auf dem er alles notiert
hatte, was er der jetzigen Frau Balek von Bilgan geliefert
hatte, und als es Mitternacht schlug, vom Schloß die Böller
zu hören waren, im ganzen Dorf das Geschrei, das Klap-
pern der Rasseln erklang, als die Familie sich geküßt, sich
umarmt hatte, sagte er in das folgende Schweigen des neuen
Jahres hinein: »Baleks schulden mir achtzehn Mark und
zweiunddreißig Pfennig.« Und wieder dachte er an die vielen Kinder, die es im Dorf gab, dachte an seinen Bruder
Fritz, der viele Pilze gesammelt hatte, an seine Schwester
Ludmilla, dachte an die vielen hundert Kinder, die alle für
die Baleks Pilze gesammelt hatten, Kräuter und Blumen,
und er weinte diesmal nicht, sondern erzählte seinen Eltern,
seinen Geschwistern von seiner Entdeckung.
Als die Baleks von Bilgan am Neujahrstage zum Hochamt
in die Kirche kamen, das neue Wappen – einen Riesen, der

unter einer Fichte kauert – schon in Blau und Gold auf
ihrem Wagen, blickten sie in die harten und blassen Gesichter der Leute, die alle auf sie starrten. Sie hatten im Dorf
Girlanden erwartet, am Morgen ein Ständchen, Hochrufe
und Heilrufe, aber das Dorf war wie ausgestorben gewesen,
als sie hindurchfuhren, und in der Kirche wandten sich die
Gesichter der blassen Leute ihnen zu, stumm und feindlich,
und als der Pfarrer auf die Kanzel stieg, um die Festpre-
digt zu halten, spürte er die Kälte der sonst so stillen und
friedlichen Gesichter, und er stoppelte mühsam seine Pre-
digt herunter und ging schweißtriefend zum Altar zurück.
Und als die Baleks von Bilgan nach der Messe die Kirche
wieder verließen, gingen sie durch ein Spalier stummer,
blasser Gesichter. Die junge Frau Balek von Bilgan aber
blieb vorn bei den Kinderbänken stehen, suchte das Gesicht
meines Großvaters, des kleinen blassen Franz Brücher, und
fragte ihn in der Kirche: »Warum hast du den Kaffee für
deine Mutter nicht mitgenommen?« Und mein Großvater
stand auf und sagte: »Weil Sie mir noch so viel Geld schulden, wie fünf Kilo Kaffee kosten.« Und er zog die fünf
Kieselsteine aus seiner Tasche, hielt sie der jungen Frau hin
und sagte: »So viel, fünfeinhalb Deka, fehlen auf ein halbes Kilo an Ihrer Gerechtigkeit«; und noch ehe die Frau
etwas sagen konnte, stimmten die Männer und Frauen in
der Kirche das Lied an: »Gerechtigkeit der Erden, o Herr,
hat Dich getötet . . .«
Während die Baleks in der Kirche waren, war Wilhelm
Vohla, der Wilderer, in das kleine Stübchen eingedrungen,
hatte die Waage gestohlen und das große, dicke, in Leder
eingebundene Buch, in dem jedes Kilo Pilze, jedes Kilo
Heublumen, alles eingetragen war, was von den Baleks im
Dorf gekauft worden war, und den ganzen Nachmittag des
Neujahrtages saßen die Männer des Dorfes in der Stube
meiner Urgroßeltern und rechneten, rechneten ein Zehntel
von allem, was gekauft worden – aber als sie schon viele
tausend Taler errechnet hatten und noch immer nicht zu

Ende waren, kamen die Gendarmen des Bezirkshauptmanns, drangen schießend und stechend in die Stube meines Urgroßvaters ein und holten mit Gewalt die Waage und das Buch heraus. Die Schwester meines Großvaters wurde getötet dabei, die kleine Ludmilla, ein paar Männer verletzt, und einer der Gendarmen wurde von Wilhelm Vohla, dem Wilderer, erstochen.

Es gab Aufruhr nicht nur in unserem Dorf, auch in Blaugau und Bernau, und fast eine Woche lang ruhte die Arbeit in den Flachsfabriken. Aber es kamen sehr viele Gendarmen, und die Männer und Frauen wurden mit Gefängnis bedroht, und die Baleks zwangen den Pfarrer, öffentlich in der Schule die Waage vorzuführen und zu beweisen, daß der Zeiger der Gerechtigkeit richtig auspendelte. Und die Männer und Frauen gingen wieder in die Flachsbrechen – aber niemand ging in die Schule, um den Pfarrer anzusehen: er stand ganz allein da, hilflos und traurig mit seinen Gewichtssteinen, der Waage und den Kaffeetüten.

Und die Kinder sammelten wieder Pilze, sammelten wieder Thymian, Blumen und Fingerhut, aber jeden Sonntag wurde in der Kirche, sobald die Baleks sie betraten, das Lied angestimmt: »Gerechtigkeit der Erden, o Herr, hat Dich getötet«, bis der Bezirkshauptmann in allen Dörfern austrommeln ließ, das Singen dieses Liedes sei verboten.

Die Eltern meines Großvaters mußten das Dorf verlassen, das frische Grab ihrer kleinen Tochter; sie wurden Korbflechter, blieben an keinem Ort lange, weil es sie schmerzte, zuzusehen, wie in allen Orten das Pendel der Gerechtigkeit falsch ausschlug. Sie zogen hinter dem Wagen, der langsam über die Landstraße kroch, ihre magere Ziege mit, und wer an dem Wagen vorbeikam, konnte manchmal hören, wie drinnen gesungen wurde: »Gerechtigkeit der Erden, o Herr, hat Dich getötet.« Und wer ihnen zuhören wollte, konnte die Geschichte hören von den Baleks von Bilgan, an deren Gerechtigkeit ein Zehntel fehlte. Aber es hörte ihnen fast niemand zu.

V. Hörspiel

Das in den zwanziger Jahren unseres Jahrhunderts entstandene Hörspiel ist eine literarische Form, die sich zunächst der Technik verdankt. Brecht, Döblin, Kästner und Benjamin, dessen Schrift »Das Kunstwerk im Zeitalter seiner technischen Reproduzierbarkeit« in diesem Zusammenhang erwähnt werden muß, haben sich ihrer schon früh bedient. Der raschen Entwicklung der neuen Gattung setzten die Nationalsozialisten bald Grenzen, doch nach dieser Unterbrechung sah Westdeutschland in den fünfziger Jahren eine ungeahnte Ausbreitung des Hörspiels. Fast alle bedeutenden Autoren dieser Zeit haben sich in ihm versucht, von den in diesem Band zu Wort kommenden unter anderen Böll, Dürrenmatt, Frisch, Bachmann. Ob freilich das Hörspiel der fünfziger Jahre den Begriff der Kunst selbst veränderte, ob es ihm gelang, durch die neue Rezeptionsform die »Aura« (Benjamin) der traditionellen Kunstwerke zu zerstören, muß bezweifelt werden. Zu sehr waren die lyrische Höhenlage, die gutgemeinte, doch recht unkritische Läuterungstendenz und das individualistische Hörerlebnis noch der Tradition verpflichtet. Das schmälert freilich nicht die Leistung eines Autors wie Eich, der in den »Träumen« das lyrische Hörspiel vervollkommnete und das geistige Klima der frühen fünfziger Jahre gültig fixierte. Einer anderen Zeit gehört, um nur ein Beispiel zu nennen, Hildesheimers Hörspiel »Herrn Walsers Raben« an; es ist härter, doppeldeutiger, noch der versöhnliche Schluß erscheint ins Licht der Ironie getaucht. Hier manifestierte sich um die Wende der sechziger Jahre ein Lebensgefühl, das den Emotionen zu mißtrauen begann, ohne doch Möglichkeiten zu benennen, eine als desolat erfahrene Welt zu verändern (die Hörspiele der Deutschschweizer Dürrenmatt und Frisch stehen diesem Typ nahe). Nicht nur Überdruß, sondern

*wiederum ein neues Medium, das Fernsehen, führten gegen
Ende der fünfziger Jahre zu theoretischer Besinnung. Friedrich Knilli lieferte das Stichwort vom »totalen Schallspiel«;
der konkreten Poesie verpflichtete Autoren wie Franz Mon,
Ernst Jandl, Gerhard Rühm und Max Bense versuchten,
das Hörspiel seiner abbildenden, illusionistischen Dimension
zugunsten einer strengen Besinnung auf das sprachliche Material zu entheben. Arbeiten wie Handkes »Hörspiel«,
Beckers »Häuser« und Mons »das gras wie's wächst« zielten
in diese Richtung. Hier betrieb man wohl am konsequen-
testen die Zerstörung der »Aura«, ohne daß diese Destruk-
tion doch, wie Benjamin es prognostiziert hatte, aus dem
Medium selbst entsprang; denn ähnliche Tendenzen verfolgten die Genannten auch in ihren »Texten« und »Sprechstücken«. Der weitgehende Verzicht auf die mimetische
Funktion bzw. die rein über das semantische Potential ver-
mittelte Abbildung drohen inzwischen freilich in einen Er-
kenntnisverzicht umzuschlagen, der die Negation der von
Benjamin betriebenen Politisierung der Kunst wäre. Eine
Repolitisierung, die sich zunächst durchaus noch des lieb-
gewordenen Zitats und der Montage bedienen könnte,
zeichnet sich beispielsweise in Ludwig Harigs umstrittenem
Hörspiel »Staatsbegräbnis« ab.*

GÜNTER EICH

Geb. 1. Februar 1907 in Lebus a. d. Oder, gest. 20. Dezember 1972 in
Salzburg. Wuchs in der Mark Brandenburg auf, lebte zuletzt bei Salz-
burg. Studium der Volkswirtschaft und Sinologie. Seit 1932 freier
Schriftsteller; Mitarbeit an der Zeitschrift *Kolonne* und am Funk. 1939
bis 1945 Soldat, gegen Kriegsende in Gefangenschaft. Seit 1953 mit der
Schriftstellerin Ilse Aichinger verheiratet.
Werke: *Gedichte* (1930); *Abgelegene Gehöfte* G. (1948); *Untergrund-
bahn* G. (1949); *Träume* Hsp. (1953); *Botschaften des Regens* G. (1955);
Stimmen Hsp. (1958); *In anderen Sprachen* Hsp. (1964); *Unter Wasser.
Böhmische Schneider* Marionettenspiele (1964); *Zu den Akten* G. (1964);

Anlässe und Steingärten G. (1966); *Maulwürfe* (1968); *Kulka, Hilpert, Elefanten* (1968); *Ein Tibeter in meinem Büro* (1970); *Ein Lesebuch* (1972); *Gesammelte Maulwürfe* (1972); *Gesammelte Werke in 4 Bänden* (1973).

Der Name Günter Eich ist mit den Anfängen deutscher Nachkriegsliteratur eng verbunden. Sein Gedicht »Inventur« wird häufig als Beleg dafür zitiert, wie man sich nach der faschistischen Wortinflation und dem Zusammenbruch sprachlich neu zu orientieren versuchte. Seine Hörspiele – sie haben ihn mehr als seine Lyrik bekannt gemacht – zählen zu den besten der Gattung. Erst gegen Ende der sechziger Jahre versuchte Eich in den »Maulwürfen«, sich gattungsmäßig neu zu orientieren; diese Entwürfe einer ironisch-phantastischen Kurzprosa blieben freilich umstritten. Das Hörspiel »Träume«, zuerst 1951, während des Korea-Krieges, gesendet, besteht aus fünf alptraumartigen Szenen, deren jede in einem anderen Kontinent spielt. Im Gedicht-Vorspann zu diesen fünf Szenen heißt es: »Alles, was geschieht, geht dich an.« – ein Appell, der sich in seiner Allgemeinheit (er zielt gleichermaßen auf natürliche wie auf gesellschaftliche Zwänge) in einer ziellosen Sensibilisierung des Hörers zu verlieren droht. Wie der einzelne schuldhaft in das von Menschen veranstaltete Grauen verstrickt ist – Eich gestaltet es nicht, weil er es nicht erkennt, sondern lediglich fühlt. »Der erste Traum« zeigt das Verlorensein in einer als undurchschaubar erfahrenen Welt; wie den Existentialisten Sartre und Camus bleibt Eich nur der Appell an den einzelnen. Die »Träume« bewegen sich zwischen lyrischer Schönheit und nüchterner Härte. Deren Verschmelzung, die dem Dichter hier noch gelingt, wohnt freilich schon der Widerspruch inne. Daher nimmt es nicht wunder, daß bei Eich immer wieder ein aggressiver Ton durchbricht, der, einem traditionalistischen Literaturbegriff zum Trotz, durchaus poetisch ist. So im berühmten Gedicht »Latrine«, das die idealistisch-verlogene und nationalistische Hölderlin-Rezeption ad absurdum führt, so auch, zwanzig Jahre

später, in dem Prosastück »Sammlerglück«, in dem von
einer »Sammlung historischer Gummiknüppel aus Ost und
West« erzählt wird.

Der erste Traum

In der Nacht vom 1. zum 2. August 1948 hatte der Schlosser-
meister Wilhelm Schulz aus Rügenwalde in Hinterpommern, jetzt
Gütersloh in Westfalen, einen nicht sonderlich angenehmen Traum,
den man insofern nicht ernst nehmen muß, als der inzwischen ver-
storbene Schulz nachweislich magenleidend war. Schlechte Träume
kommen aus dem Magen, der entweder zu voll oder zu leer ist.

Ein langsam fahrender Zug. Die Stimmen im Waggon.

U r a l t e r. Es war vier Uhr nachts, als sie uns aus den
  Betten holten. Die Standuhr schlug vier.
E n k e l. Du erzählst immer dasselbe. Das ist langweilig,
  Großvater.
U r a l t e r. Aber wer war es, der uns holte?
E n k e l. Vier Männer mit undurchdringlichen Gesichtern,
  nicht wahr? So wärmst du uns deine Vergangenheit jeden
  Tag auf. Sei still und schlaf!
U r a l t e r. Aber wer waren die Männer? Gehörten sie zur
  Polizei? Sie trugen eine Uniform, die ich nicht kannte. Es
  war eigentlich keine Uniform, aber sie hatten alle vier die
  gleichen Anzüge.
U r a l t e. Ich glaube bestimmt, daß es die Feuerwehr war.
U r a l t e r. Das sagst du immer. Aber warum sollte einen
  die Feuerwehr nachts aus dem Bett holen und in einen
  Güterwagen sperren?
U r a l t e. Es ist nicht merkwürdiger, als wenn es die Poli-
  zei gewesen wäre.
U r a l t e r. Mit der Zeit gewöhnt man sich daran. Das
  Leben, das wir bis zu jenem Tag geführt hatten, war
  eigentlich viel merkwürdiger.

F r a u. Weiß Gott, es muß ziemlich merkwürdig gewesen sein.

U r a l t e r. Am Ende ist das Dasein im Güterwagen das gewöhnliche?

U r a l t e. Still, das darfst du nicht sagen.

F r a u. Ja, seid still da! Dieses dumme Geschwätz!
(*Leiser.*) Komm näher, Gustav, wärme mich.

E n k e l. Ja.

U r a l t e r. Es ist kalt. Rück auch näher, Alte!

U r a l t e. Ich tauge nicht mehr viel zum Wärmen.

U r a l t e r. Wie lange ist es her, daß wir unser Haus verlassen mußten? Wie lange ist es her, daß wir in diesem Wagen fahren?

U r a l t e. Keine Uhr, kein Kalender, – aber die Kinder sind inzwischen groß geworden, und die Enkel sind groß geworden, und wenn es etwas heller ist –

U r a l t e r. Du meinst, wenn Tag draußen ist.

U r a l t e. – wenn es etwas heller ist und ich dein Gesicht sehen kann, lese ich aus den Falten, daß du ein alter Mann bist und ich eine alte Frau.

U r a l t e r. Es sind sicher an die vierzig Jahre her.

U r a l t e. Ja, so lange ungefähr. Leg deinen Kopf auf meinen Arm. Du liegst so hart.

U r a l t e r. Ja, danke.

U r a l t e. Kannst du dich erinnern: Es gab etwas, was wir Himmel nannten und Bäume.

U r a l t e r. Hinter unserm Haus stieg der Weg etwas an bis zum Waldrand. Auf den Wiesen blühte im April der Löwenzahn.

U r a l t e. Löwenzahn, – was du für merkwürdige Wörter gebrauchst!

U r a l t e r. Löwenzahn, erinnere dich doch, eine gelbe Blume, die Wiesen waren gelb davon, in den Stengelwänden war ein milchiger weißer Saft. Und wenn er abgeblüht war, saßen wollige weiße Kugeln auf den Stengeln, und der gefiederte Same flog davon, wenn man hineinblies.

U r a l t e. Ich hatte das ganz vergessen, aber jetzt erinnere ich mich.

U r a l t e r. Und erinnerst du dich an die Ziege, die wir im Stall hatten?

U r a l t e. Die weiß ich noch. Ich molk sie jeden Morgen.

U r a l t e r. Im Schlafzimmer stand der Kleiderschrank, und ich hatte einen dunkelblauen guten Anzug darin. Warum denke ich daran? Als ob der dunkelblaue Anzug das Wichtigste, das Beste gewesen wäre!

U r a l t e. Was war das Beste?

U r a l t e r. Alles war gut, die Akazie vorm Haus und die Himbeeren am Zaun.

U r a l t e. Das Beste war, daß wir glücklich waren.

U r a l t e r. Aber wir wußten es nicht.

U r a l t e. Wie hieß die Blume, von der du vorhin sprachst, die gelbe?

U r a l t e r. Löwenzahn.

U r a l t e. Löwenzahn, ja, ich erinnere mich.

(Ein Kind beginnt zu weinen.)

U r a l t e. Was hat die Kleine?

F r a u. Was hast du, Frieda?

K i n d. Sie sprechen immer von gelben Blumen.

E n k e l. Sie sprechen immer von Sachen, die es nicht gibt.

K i n d. Ich möchte eine gelbe Blume haben.

E n k e l. Das kommt von deinem Gerede, Großvater. Das Kind will eine gelbe Blume haben. Niemand von uns weiß, was das ist.

F r a u. Es gibt keine gelben Blumen, mein Kind.

K i n d. Aber sie erzählen es immer.

F r a u. Das sind Märchen, mein Kind.

K i n d. Märchen?

F r a u. Märchen sind nicht wahr.

U r a l t e r. Das solltest du dem Kind nicht sagen. Es ist doch wahr.

E n k e l. Dann zeig sie her, die gelbe Blume!

U r a l t e r. Ich kann sie nicht zeigen, das weißt du.

E n k e l. Es ist also Lüge.

U r a l t e r. Muß es deswegen Lüge sein?

E n k e l. Nicht nur die Kinder, uns alle machst du ver-
rückt mit deinen Erzählungen. Wir wollen diese Märchen
nicht kennen, wollen nicht wissen, was du dir Tag und
Nacht zusammenträumst.

U r a l t e r. Es ist nicht geträumt. Es ist das Leben, das ich
früher geführt habe. Stimmt das nicht, Alte?

U r a l t e. Ja, es stimmt.

E n k e l. Gleichgültig, ob es stimmt oder nicht, meinst du,
wir werden glücklicher davon, wenn du uns erzählst, daß
es einmal schöner war und daß es irgendwo schöner ist als
bei uns? Daß es etwas geben soll, was du gelbe Blume
nennst, und irgendwelche Wesen, die du Tiere nennst,
und daß du auf etwas geschlafen hast, was du Bett
nennst, und daß du etwas getrunken hast, was du Wein
nennst? Alles Wörter, Wörter, – was sollen wir damit?

U r a l t e r. Man muß es wissen, man kann nicht aufwach-
sen ohne eine Ahnung von der wirklichen Welt.

E n k e l. Es gibt keine andere Welt außer dieser hier.

U r a l t e r. Außer diesem Käfig, in dem wir leben? Außer
diesem ewig rollenden Eisenbahnwagen?

E n k e l. Einen schwachen Wechsel von Hell und Dunkel,
sonst nichts.

U r a l t e. Und dieser schwache Lichtschein, woher kommt
er?

E n k e l. Durch die Klappe, durch die man uns das Brot
hereinschiebt.

U r a l t e r. Das schimmelige Brot.

E n k e l. Brot ist immer schimmelig.

U r a l t e r. Weil du kein anderes kennst.

U r a l t e. Nun hör zu, mein Enkel: Wer aber schiebt das
Brot herein?

E n k e l. Ich weiß es nicht.

U r a l t e. Also gibt es doch etwas außer diesem Raum, wo wir sind.

E n k e l. Gewiß: aber es wird nicht besser sein als das hier.

U r a l t e r. Es ist besser.

E n k e l. Wir wissen nichts davon und wollen keine Phantasien darüber hören. Das hier ist unsere Welt, in der leben wir. Sie besteht aus vier Wänden und Dunkelheit und rollt irgendwohin. Ich bin sicher, daß draußen nichts anderes ist als die gleichen dunklen Räume, die sich durch die Finsternis bewegen.

F r a u. Er hat recht.

S t i m m e n. Ja, er hat recht.

F r a u. Wir glauben nicht an die Welt, von der ihr immer redet. Ihr habt sie nur geträumt.

U r a l t e r. Haben wir nur geträumt, Alte?

U r a l t e. Ich weiß nicht.

F r a u. Schaut euch um: keine Spur von eurer Welt.

U r a l t e r. Wenn sie nun recht hätten? Mein Gott, es ist lange her. Vielleicht habe ich wirklich alles geträumt, den blauen Anzug, die Ziege, den Löwenzahn –

U r a l t e. – und ich weiß das alles nur von dir –

U r a l t e r. Aber wie kamen wir in diesen Wagen? War es nicht vier Uhr nachts, als sie uns aus den Betten holten? Ja, die Standuhr schlug vier.

E n k e l. Jetzt fängst du die Geschichte von vorn an, Großvater.

(Das Kind beginnt wieder zu weinen.)

F r a u. Was ist, mein Kind?

K i n d. Da, schaut doch, da, am Boden!

E n k e l: Ein glühender, glänzender Stab. Aber – man kann ihn nicht anfassen. Er besteht aus nichts.

U r a l t e r. Ein Lichtstrahl. Irgendwo hat sich ein Loch in der Wand gebildet, und ein Sonnenstrahl fällt herein.

F r a u. Ein Sonnenstrahl, was ist das?

U r a l t e r. Glaubt ihr mir jetzt, daß draußen etwas anderes ist als hier?

U r a l t e. Wenn ein Loch in der Wand ist, müßte man hinausschauen können.

E n k e l. Gut, ich schaue hinaus.

U r a l t e. Was siehst du?

E n k e l. Ich sehe Dinge, die ich nicht verstehe.

F r a u. Beschreib sie.

E n k e l. Ich weiß nicht, welche Wörter dazu gehören.

F r a u. Warum schaust du nicht weiter hinaus?

E n k e l. Nein, ich habe Angst.

F r a u. Ist es nicht gut, was du siehst?

E n k e l. Es ist fürchterlich.

U r a l t e r. Weil es neu ist.

E n k e l. Wir wollen das Loch verschließen.

U r a l t e r. Wie? Wollt ihr die Welt nicht sehen, wie sie wirklich ist?

E n k e l. Nein, ich habe Angst.

U r a l t e r. Laßt mich hinaussehen.

E n k e l. Sieh hinaus, ob es die Welt ist, von der du immer sprichst.

(Pause.)

U r a l t e. Was siehst du?

U r a l t e r. Das ist die Welt draußen. Sie fährt vorbei.

U r a l t e. Siehst du den Himmel, siehst du Bäume?

U r a l t e r. Ich sehe den Löwenzahn, die Wiesen sind gelb davon. Da sind Berge und Wälder, – mein Gott!

E n k e l. Kannst du das ertragen zu sehen?

U r a l t e r. Aber – *(zögernd)* – aber etwas ist anders.

F r a u. Warum siehst du nicht mehr hinaus?

U r a l t e r. Die Menschen sind anders.

U r a l t e. Was ist mit den Menschen?

U r a l t e r. Vielleicht täusche ich mich. Sieh du hinaus!

U r a l t e. Ja.

(Pause.)

U r a l t e r. Was siehst du?

U r a l t e *(erschrocken).* Es sind keine Menschen mehr, wie
wir sie kannten.

U r a l t e r. Siehst du es auch?

U r a l t e. Nein, ich will nicht mehr hinaussehen.
(Flüsternd.) Es sind Riesen, sie sind so groß wie die Bäume. Ich habe Angst.

U r a l t e r. Wir wollen das Loch verschließen.

E n k e l. Ja, wir wollen es verschließen. So.

F r a u. Gott sei Dank, daß es wieder ist wie vorher.

U r a l t e r. Es ist nicht wie vorher.

U r a l t e. Der Gedanke an die gelben Blumen macht mich
frösteln.

U r a l t e r. An was können wir jetzt noch denken?

U r a l t e. Die Erinnerungen machen mir Angst.

E n k e l. Seid still! Merkt ihr nichts?
(Pause.)

F r a u. Was?
(Das Kind fängt wieder an zu weinen.)

U r a l t e. Was hast du, Frieda?

E n k e l. Merkt ihr es nicht? Etwas hat sich verändert.

U r a l t e r. Ja, die Welt draußen.

E n k e l. Nein, hier bei uns.
*(Pause, während der man deutlich das Rollen der Räder
hört.)*

F r a u. Warum hast du geweint, mein Kind?

K i n d. Ich weiß nicht.

E n k e l. Etwas hat sich verändert. Das Kind hat es ge-
merkt.

U r a l t e. Ich weiß, was es ist. Spürt ihr es nicht?

F r a u *(flüsternd, voll Entsetzen).* Wir fahren schneller.

U r a l t e. Ja, wir fahren schneller.
(Pause.
Das Rollen der Räder beschleunigt sich etwas.)

U r a l t e r. Was kann das bedeuten?

F r a u. Ich weiß nicht was, aber bestimmt nichts Gutes.

U r a l t e r. Ihr müßt herausfinden, ob die Geschwindigkeit nun so bleibt.

E n k e l. Oder?

U r a l t e r. Oder ob sie noch größer wird.

U r a l t e. Horcht!

(Pause.

Das Rollen der Räder beschleunigt sich weiter.)

U r a l t e r (flüsternd). Es wird immer schneller.

F r a u. Ja, es wird immer schneller.

(Das Rollen der Räder beschleunigt sich und wird lauter.)

U r a l t e r. Ich glaube, es geschieht ein Unglück. Hilft uns
denn niemand?

E n k e l. Wer?

(Das Zuggeräusch schwillt zu höchster Lautstärke an, entfernt sich dann in großer Geschwindigkeit und verklingt
immer ferner.)

Denke daran, daß der Mensch des Menschen Feind ist
und daß er sinnt auf Vernichtung.
Denke daran immer, denke daran jetzt,
während eines Augenblicks im April,
unter diesem verhangenen Himmel,
während du das Wachstum als ein feines Knistern zu hören
                                        glaubst,
die Mägde Disteln stechen
unter dem Lerchenlied,
auch in diesem Augenblick denke daran!

Während du den Wein schmeckst in den Kellern von Randersacker
oder Orangen pflückst in den Gärten von Alicante,
während du einschläfst im Hotel Miramar nahe dem Strand von
                                        Taormina,
oder am Allerseelentage eine Kerze entzündest auf dem Friedhof
                                        in Feuchtwangen,
während du als Fischer das Netz aufholst über der Doggerbank,
oder in Detroit eine Schraube vom Fließband nimmst,
während du Pflanzen setzt in den Reis-Terrassen von Szetschuan,
auf dem Maultier über die Anden reitest, –
denke daran!

Denke daran, wenn eine Hand dich zärtlich berührt,
denke daran in der Umarmung deiner Frau,
denke daran beim Lachen deines Kindes!

Denke daran, daß nach den großen Zerstörungen
jedermann beweisen wird, daß er unschuldig war.

Denke daran:
Nirgendwo auf der Landkarte liegt Korea und Bikini,
aber in deinem Herzen.
Denke daran, daß du schuld bist an allem Entsetzlichen,
das sich fern von dir abspielt —

VI. Roman

Die Brüder Mann, Döblin, Musil, Broch, Seghers – mit Ausnahme des früh verstorbenen Kafka verbrachten die bedeutendsten deutschen Romanciers des 20. Jahrhunderts die Zeit faschistischer Herrschaft im Exil. Ihre Werke wurden in Hitler-Deutschland verboten, ebenso wie man die gerade einsetzende Rezeption von Joyce und die durch Benjamin und Hessel unternommene Proust-Übersetzung unterband. Für die jungen Romanciers bedeutete dies nach dem Krieg, in den viele noch hineingeraten waren, das Fehlen unmittelbarer Tradition. Man versuchte, sie nachzuholen, man las die modernen Amerikaner und Franzosen. Daß die romanhafte Bewältigung der Zeitprobleme zunächst freilich nur ausnahmsweise gelang (Koeppen), dafür ist unter anderem jener Kontinuitätsbruch verantwortlich. Zwischen den in den siebziger, achtziger und neunziger Jahren des 19. Jahrhunderts geborenen Romanciers einerseits und Autoren wie Grass (geb. 1927), Walser (geb. 1927) und Johnson (geb. 1934) andererseits klafft trotz Koeppen (geb. 1906), Frisch (geb. 1911) und Böll (geb. 1917) eine Lücke. Die stark emotionalen Kriegs- und Nachkriegserlebnisse konnten zunächst eher in den Gattungen der Lyrik, der Kurzgeschichte und des Hörspiels bewältigt werden. Bölls Entwicklung von »Wanderer, kommst du nach Spa ...«, einem Kurzgeschichten-Band (1949), bis zu »Billard um halbzehn« (1959) und »Gruppenbild mit Dame« (1971), beides mehrsträngige Romane, ist in dieser Hinsicht aufschlußreich. Ebenso wie Böll kam Grass regelmäßig auf die Themen des Kriegs und der faschistischen Gewaltherrschaft zurück, zuletzt in den fiktiven Einschüben im »Tagebuch einer Schnecke«. Immerhin, langsam schoben sich andere Sujets in den Vordergrund: bei Johnson die deutsche Teilung, bei Walser die Kritik an der bundesrepublikanischen Wohlstandsgesell-

schaft, bei Frisch das Problem der entgleitenden Identität. Formale – stilistische wie kompositorische – Neuerungen hat der deutsche Roman der Nachkriegszeit, vergleicht man ihn mit dem von Joyce oder Proust in der ersten Jahrhunderthälfte Geschaffenen, zunächst nur zaghaft aufgegriffen: die Verbindung von Erzählerbericht, erlebter Rede und innerem Monolog bei Koeppen, dialektale Verfremdung und perspektivische Radikalisierung bei Johnson, Verschärfung des bei Musil zentralen Begriffs der Möglichkeit zum konstitutiven Erzählprinzip bei Frisch. Auch Walser und Grass haben sich häufig moderner Techniken bedient; bei ihnen allerdings denkt man eher an entferntere Vorbilder: an den Schelmenroman und die spezifisch barocke Kunst des inventarisierenden Katalogs. Entscheidend freilich, gleich welcher Tradition der einzelne Autor sich anschließt, bleibt die Frage nach der Funktion seiner Mittel im historischen Kontext. Sie wäre auch an jene neueren Romanciers zu richten, die, durch den »nouveau roman« oder linguistische Theoreme beeinflußt, radikal zu experimentieren begannen.

WOLFGANG KOEPPEN

Geb. 23. Juni 1906 in Greifswald. Arbeitete als Schauspieler, Dramaturg, Filmautor, freier Journalist und Redakteur. Im Zweiten Weltkrieg »stellte« er sich »unter«, wie es in einem autobiographischen Nachwort heißt. Lebt als freier Schriftsteller in München.
Werke: *Eine unglückliche Liebe* R. (1934); *Die Mauer schwankt* R. (1935; u. d. T. *Die Pflicht* 1939); *Tauben im Gras* R. (1951); *Das Treibhaus* R. (1953); *Der Tod in Rom* R. (1954); *Nach Rußland und anderswohin* (1958); *Amerikafahrt* (1959); *Reisen nach Frankreich* (1961); *Romanisches Café* (1972); *Jugend* Prosa (1976).

Mit den Romanen »Tauben im Gras«, »Das Treibhaus« und »Der Tod in Rom« profilierte sich Wolfgang Koeppen schon Anfang der fünfziger Jahre als entschiedener Kritiker

*der westdeutschen Restauration. Daß er in einer Zeit, als
Benns Kunstmetaphysik allenthalben kritiklos rezipiert
wurde und der Antikommunismus Triumphe feierte, eine
entschieden demokratische Literatur schrieb, hat ihm feind-
selige Kritiken eingetragen; daß er seit dieser Zeit, mit
Ausnahme von Reiseberichten und des Skizzenbändchens
»Romanisches Café«, nichts mehr veröffentlichte, hat freilich eher persönliche Gründe. »Der Tod in Rom« ist eine
Abrechnung mit der faschistischen Vergangenheit, die, in
der Gestalt des SS-Generals Judejahn und seines Vetters,
des opportunistischen Oberbürgermeisters einer westdeutschen Großstadt, unheilvoll in die Gegenwart hineinreicht.
Judejahn hält sich in Rom auf, um für eine arabische Macht
Waffen zu kaufen. Er trifft seine Familie und begegnet
einer Jüdin, die er einst mit ihrem Mann zur Emigration
gezwungen hatte und nun, im Wahn, die Mission des
»Führers« zu vollenden, erschießt. Der folgende Auszug
schildert den SS-Mann bei den Vorbereitungen zum Wiedersehen mit der Familie, die ihn tot geglaubt hatte. Naht-
los verbindet Koeppen die Sprache des Erzählers mit der
Judejahns; erst in dieser doppelten Optik lassen sich, über
das Entsetzen hinaus, Ansätze zum Verständnis des Grauen-
vollen entwickeln. Das Psychogramm des faschistischen
Mörders ist das der autoritären Persönlichkeit: Unter Forsch-
heit verbirgt sich Lebensangst, Zuneigung vermag er
nur gegenüber dem Tier zu äußern, Infantilität und Min-
derwertigkeitsgefühle sind konstitutiv.*

Der Tod in Rom (Auszug)

Es war Zeit, er mußte hinübergehen, jetzt hatte er sich an-
gesagt, es war die verabredete Stunde, sie erwarteten ihn,
und da wollte er nicht, er zögerte, er fürchtete sich. Er,
Judejahn, ängstigte sich, und was war sein Leib- und Lebens-

spruch? »Ich weiß nicht, was Furcht ist!« Die Phrase hatte viele verschlungen, sie hatten ins Gras gebissen, die andern natürlich, er hatte befohlen, sie waren bei sinnlosen Angriffen gefallen, hatten, um einem irrsinnigen Ehrbegriff zu genügen, von vornherein verlorene Stellungen gehalten, hatten sie bis zum letzten Mann gehalten, wie Judejahn dann brustgeschwellt seinem Führer meldete, und wer sich fürchtete, hing, baumelte an Bäumen und Laternen, schaukelte mit dem Prangerschild um den zugeschnürten Hals »Ich war zu feige mein Vaterland zu verteidigen« im kalten Wind der Toten. Wessen Vaterland war zu verteidigen? Judejahns? Judejahns Zwingreich und Marschverband, sie waren in die Hölle zu wünschen, man hing nicht nur, man wurde auch geköpft, man wurde gemartert, erschossen, starb hinter Mauern und vor Wällen, der Feind zielte, natürlich, der Feind schoß auch, aber hier sandte der Kamerad die Kugel, einen bessern findst du nit, hier raste der Volksgenosse, der verehrte und hochgepriesene, und der junge Verurteilte konnte sich's zu spät überlegen, wer nun Feind war und wer Kamerad war; Judejahn sprach väterlich »meine Jungens«, und Judejahn sprach ordinär latrinenschnäuzig »killt die Sau«, immer war er volksnah und immer ein Prachtkerl, humorgesegnet, alter Fememörder von Landsberg, Blutprofos der schwarzen Heerlager auf Mecklenburgs Gütern, Totenkopf am Stahlhelm, doch selbst sie, die alten Götter, hatten Verrat gepflogen, Ehrhardt, der Kapitän, tafelte mit Literaten und Hirnscheißern, und Roßbach zog mit milchwangigen Knaben durchs Land, führte Mysterienspiele auf zu der Schulmeister und Pfaffen Freude, aber er, Judejahn, er war den rechten Weg gegangen, stur und immer geradeaus, den Weg zu Führer und Reich und vielen Ehren.
Er schritt durch das Zimmer, wanderte über den weichen Teppich, die Wände waren stoffbespannt, Seide schirmte die Lichter der Ampeln, auf dem Damast des Bettes lag Benito, der räudige Kater, schaute Judejahn an, blinzelnd,

höhnisch, wollte wohl knurren »du lebst noch« und blickte
dann angeekelt auf die gebratene Leber zu Füßen des Bettes
auf silbernem Tablett. Warum hatte er das Biest herge-
bracht? War Magie im Spiel? Judejahn sah nie Gespenster.
Er war bloß ein sentimentaler Hund, konnte es nicht mit-
ansehen, hatte sich geärgert, daß so ein Staatstier geneckt
wurde. Benito! Diese Rotznasen! Judejahn wohnte in der
Via Veneto, er wohnte in einem Botschafter- und Minister-
Hotel, in einem Atlantikpaktgeneralsquartier, einem US-
Steelpräsidentenhaus, in einem Farbenaufsichtsratsheim,
einer Filmbrüstepreisausstellung, Hochstapler und Kokotten
hatten hier ihre Käfige, was für Vögel kamen nicht nach
Rom, modische Bärte aller Schnitte und Schneidertaillen,
mit einer Hand zu umspannen, märchenteure Kostüme,
man konnte die Mädchen in der Taille erwürgen, doch griff
man fester nach festem Busen und festem Popo, spürte das
lockende erregende wippende Fleisch unter der Nylonhaut,
den schmalen Reizgürtel, der straff über Bauch und Schen-
kel zum Schleiergespinst der Strümpfe hinunterstieg – Kar-
dinäle wohnten nicht im Haus.

Er hatte seine blaue Brille abgenommen. Wässerige Augen,
blauweiß zerronnen. War es leichtsinnig von ihm, hier zu
wohnen? Da mußte er lachen. Erstens war er im Recht und
war immer im Recht gewesen, und zweitens, wie wehte
denn der Wind: Vergeben und vergessen. Es war ein Scherz
von Judejahn, und Judejahn scherzte gern, gerade in diesem Hotel abgestiegen zu sein, wenn auch mit einem Paß,
in dem sein Name nicht sein Name und sein Geburtsland
nicht sein Geburtsland war, aber das Dokument war im
übrigen echt, war diplomatisch visiert, er war wer, Judejahn, war immer wer gewesen und war es wieder. Er konnte
es sich leisten, hier zu hausen und die Erinnerung an seine
großen Tage zu genießen: unter diesem Dach hatte er resi-
diert, von hier hatte er Botschaften in den Palazzo Venezia
geschickt, in der Halle des Hauses hatte er befohlen, die
Geiseln zu erschießen.

Was sollte er anziehen? Er war gut in Schale, er besaß Anzüge von geschickten arabischen Schneidern aus englischem Geweb gebaut, er war weltmännisch geworden, parfümierte sich sogar, bevor er ins Bordell ging, Kraft abzustoßen, das hatte er von den Scheichs gelernt, aber in jedem Tuch blieb er unverkennbar der alte Judejahn, ein infantiler Typ, ein düsterer Knabenheld, der nicht vergessen konnte, daß sein Vater, ein Volksschullehrer, ihn geprügelt hatte, weil er nichts lernen wollte. Vielleicht den dunklen Anzug? Man mußte das Wiedersehen feierlich gestalten. Aber es war wohl nicht angebracht, sich in diesem Fall zu parfümieren. Man stank nicht nach Moschus, wo er hinging. Man verbarg den Bock. Die deutschen Bürger hatten sich wiedergefunden. Waren wieder feine Leute. Ob man ihm ansah, wo er herkam? All die Blutwege und jetzt, das letzte Bild, die Hitze, die Dürre, den Sand?

Er kam von den Schakalen. Nachts heulten sie. Fremde Sterne leuchteten am Himmel. Was gingen sie ihn an? Sie waren Richtungszeichen über der Geländekarte. Sonst sah er sie nicht. Er hörte auch die Schakale nicht. Er schlief. Er schlief ruhig, friedlich, traumlos. Er fiel jeden Abend in den Schlaf wie ein Stein in den tiefen Brunnen. Kein Alp, kein Gewissen drückte ihn, kein Gerippe erschien ihm. Erst die Reveille weckte den Schläfer. Das war vertraute willkommene Musik. Aus der Wüste wehte Sturm. Der Ton des Horns flatterte und starb. Der Hornist war ein schlapper Hund; er war auf Vordermann zu bringen. Sand prasselte gegen die Wand der Baracke. Judejahn erhob sich vom schmalen Feldbett. Er liebte das harte Lager. Er liebte die getünchte Kammer mit dem Schrank aus Eisenblech, dem Klapptisch, dem Waschgestell, den angerosteten klappernden Kannen und Schüsseln. Er hätte in der Königsstadt in einer Villa hausen können, Chefausbilder, Heeresreorganisator, gesuchter hochbezahlter Fachmann, der er war. Aber er liebte die Kaserne. Sie verlieh ihm Selbstbewußtsein, sie allein gab ihm Sicherheit. Die Kaserne war Heimat, sie war

Kameradschaft, sie war Halt und Ordnung. In Wahrheit
hielten ihn Phrasen zusammen, die Phrasen eines Pennälers.
Wem war Judejahn Kamerad? Er liebte den Blick in die
Wüste. Es war nicht ihre Unendlichkeit, die ihn anzog, es
war ihre Kahlheit. Die Wüste war für Judejahn ein großer
Exerzierplatz, sie war die Front, ein fortwährender prik-
kelnder Reiz, der einen mannbar erhielt. In der Königsstadt
hätten ihn leichtsohlige Diener umhuscht, er hätte warm-
bäuchige Mädchen beschlafen, sich in Schößen verloren, er
hätte, ein Pascha, in gewürztem Wasser baden können. Er
seifte sich aber im Camp ein, schrubbte sich die Haut mit
der Wurzelbürste rot, rasierte sich mit dem alten deutschen
Apparat, den er in der Hosentasche von der Weidendam-
mer Brücke bis in die Wüste gebracht hatte. Er fühlte sich
wohl. Er dachte: Wie eine gesengte Wildsau. Er hatte gute
Witterung. Er hörte Männergeräusch, Waschgeplätscher,
Kübelklimpern, Pfiffe, Zoten, Flüche, Kommandos, Stiefel-
scharren, Türenschlagen. Er roch den Kasernenmief aus Gefangenschaft, Knechtung, Lederfett, Waffenöl, scharfer
Seife, süßer Pomade, saurem Schweiß, Kaffee, heißem Alu-
miniumgeschirr und Urin. Es war der Geruch der Angst;
aber Judejahn wußte nicht, daß es der Geruch der Angst
war. Er kannte ja die Furcht nicht. Er prahlte es seinem
Spiegelbild vor; nackt, dickwanstig stand er vor dem flie-
genschmutzverdreckten Glas. Er schnallte um. Hierin war er
alte Schule. Überdies drückte der Gürtel den Bauch zurück,
und der Arsch war wie aufgehängt. Trick alter Generale.
Judejahn trat in den Gang hinaus. Menschen schnellten gegen die Wand, machten sich flach, ergebene Schatten. Er sah
sie nicht. Er drängte ins Freie. Die Sonne schwebte blutrot,
wie vom Sandsturm getragen. Judejahn schritt die Front
ab. Sturm zerrte am Khaki der Uniformen. Sand schnitt
wie scharfe Glassplitter ins Fleisch und peitschte wie Hagel
gegen die Panzer. Judejahn belustigte der Anblick. Die Pa-
rade der Wüstensöhne! Er schaute sie an. Was er sah, waren
Mandelaugen, dunkle, glänzende, verräterische, war braune

Haut, waren gesengte Gesichter, Mohrenvisagen, Semiten-
nasen. Seine Männer! Seine Männer waren tot. Sie lagen
unter Gras, unter Schnee, unter Stein und Sand, sie ruhten
am Polarkreis, in Frankreich, in Italien, auf Kreta, am
Kaukasus, und einige lagen in Kisten unterm Zuchthaushof.
Seine Männer! Nun waren es diese hier. Judejahn hatte
wenig Sinn für die Ironie des Schicksals. Er schritt den alten
Frontabnahmetrott und schaute ihnen streng und fest in die
Mandelaugen, die glänzenden, die verräterischen, die träu-
menden. Judejahn sah keinen Vorwurf in diesen Augen. Er
las keine Anklagen. Judejahn hatte diesen Männern die
Sanftmut genommen, die Sanftmut der Kreatur. Er hatte
ihnen den Stolz genommen, das natürliche Selbstgefühl der
männlichen Haremskinder. Er hatte sie gebrochen, indem er
sie eines lehrte: Gehorchen. Er hatte sie gut geschliffen, auch
das nach alter Schule. Nun standen sie aufrecht und ausge-
richtet wie Zinnsoldaten vor ihm, und ihre Seele war tot.
Sie waren Soldaten. Sie waren Menschenmaterial. Sie waren
einsatzbereit und konnten verheizt werden. Judejahn hatte
seine Zeit nicht vergeudet. Er hatte seine Brotherren nicht
enttäuscht. Wo Judejahn befahl, war Preußens alte Gloria,
und wo Judejahn hinkam, war sein Großdeutschland. Der
Sand der Wüste war noch immer der Sand der Mark. Judejahn war verjagt, aber er war nicht entwurzelt; er trug sein
Deutschland, an dem die Welt noch immer genesen mochte,
in seinem Herzen. Der Flaggenmast reckte sich hoch in den
Sturm, er reckte sich einsam gegen die sandverschleierte
Sonne, er reckte sich hoch und einsam in das gottlose Nichts.
Es wurde kommandiert. Schreie schlugen wie elektrische
Kontakte durch die Soldaten. Sie strafften sich noch straffer, und die Fahne ging wieder einmal hoch! Welch herr-
liches Symbol der Sinnlosigkeit! Auf grünem Tuch leuchtete
nun rot der Morgenstern. Hier konnte man noch Ladenhüter verkaufen, Nationalstaattrug, Mark der Treue und
Feindschaft den Israelis, diesen immer nützlichen Brüdern,
denen Judejahn auch heute wieder Geld, Ansehen und Stel-

lung verdankte.

Der dunkle Anzug war auch nicht der richtige. Judejahn sah wie ein fetter Konfirmand aus, und es erboste ihn, wie er nun daran dachte, daß sein Vater, der Volksschullehrer, ihn gezwungen hatte, so brav gekleidet zum Altar des Herrn zu schreiten. Das war neunzehnhundertfünfzehn gewesen, er wollte ins Feld, von der Schule fort, aber man nahm den kleinen Gottlieb nicht, und dann hatte er sich gerächt, das Notabitur warf man ihm neunzehnhundertsiebzehn nach, und er kam zum Offizierskurs, nicht ins Feld, und dann wurde er Leutnant, nicht im Feld, aber dann pfiffen doch noch Kugeln um Judejahn, Freikorpskrieg, Annabergschlachten, Spartakuskämpfe, Kapptage, Ruhrmaquis und schließlich die Genickschußpatrouille im Femewald. Das war seine Boheme, das war seine Jugend, und schön ist die Jugend, sagte das Lied, und sie kam nicht wieder. In Hitlers Dienst wurde Judejahn bürgerlich, arrivierte, setzte Speck an, trug hohe Titel, heiratete und verschwägerte sich mit dem Märzveilchen, dem immerhin Kappwaffenbruder, dem Nutznießer und Karriereschleicher, dem Oberpräsidenten und Oberbürgermeister, dem Führergeldverwalter und Spruchkammermitläufer und jetzt wieder Obenauf, altes vom Volk wiedergewähltes Stadtoberhaupt, streng demokratisch wiedereingesetzt, das verstand sich bei dem von selbst, mit dem also verschwägerte er sich, mit Friedrich Wilhelm Pfaffrath, den er für ein Arschloch hielt und dem er sich in einer schwachen Stunde brieflich zu erkennen gegeben hatte, sie sollten nicht weinen, denn er sei gut im Kraut; und dann hatte er in dieses idiotische Wiedersehen in Rom gewilligt. Der Schwager schrieb, er wollt's ihm richten. Was wohl? Die Heimkehr, die Entsühnung, die Begnadigung und schließlich ein Pöstchen? Gab mächtig an der Mann. Wollte Judejahn denn heimkehren? Brauchte er den Schein der Entsühnung, die Freiheit der Begnadigung? Er war frei; hier lag die Liste seiner Geschäfte. Er hatte Waffen zu kaufen, Panzer, Kanonen,

Flugzeuge, Restbestände, für das kommende große Morden
schon unrationell gewordene Maschinen, aber für den kleinen Wüstenkrieg, für Putsch und Aufstand noch schön ver-
wendbar. Judejahn war bei Banken akkreditiert, er war
bevollmächtigt. Er hatte mit Waffenschiebern aus beiden
Hemisphären zu handeln. Er hatte alte Kameraden anzu-
werben. Er saß im Spiel. Es machte ihm Spaß. Was galt da
die Familie? Eine Kackergesellschaft. Man mußte hart sein.
Aber Eva war ihm treu gewesen, eine treue deutsche Frau,
das Musterexemplar, für das zu leben und zu kämpfen
man vorgab; und manchmal glaubte man daran. Er fürchtete sich. Er fürchtete sich vor Eva, der ungeschminkten und
haargeknoteten, dem Frauenschaftsweib, der Endsieggläubi-
gen; sie war in Ordnung, gewiß, aber nichts zog ihn zu ihr.
Überdies war sie wohl abgekämpft. Und sein Sohn? Eine
sonderbare Ratte. Was verbarg sich hinter der unglaublichen
Maskerade? In Briefen wurden Wandlungen angedeutet. Er
konnte sie nicht fassen. Er breitete einen Stadtplan von
Rom wie eine Generalstabskarte vor sich aus. Er mußte die
Via Ludovisi hinuntergehen, dann die Spanische Treppe,
von deren Höhe er mit einem Geschütz die Stadt beherr-
schen würde, ja und dann in die Via Condotti, zu dem
spießbürgerlichen Hotel, in dem sie alle untergekrochen
waren und auf ihn warteten. Natürlich hatte er auch dort
wohnen sollen, im von Deutschen bevorzugten Haus, wie es
die Reiseführer nannten, in Heimatenge und Familiendunst,
und Friedrich Wilhelm Pfaffrath, der allzeit vernünftige
Vertreter vernünftiger und durchsetzbarer nationaler An-
sprüche, Pfaffrath, der es wieder geschafft hatte und sich
vielleicht gar als der Klügere fühlte, weil er wieder an der
Krippe saß und bereit war zu neuem deutschem Aufstieg,
Schwager Pfaffrath, Oberbürgermeister und angesehener
Bundesbürger, hatte ihn wohl unter Dach und Schutz nehmen wollen, ihn, den vermeintlich Gejagten, so hatte er es
sich wohl ausgemalt, den Umhergetriebenen wollte er an die
Brust ziehen, und ausdrücklich vergeben sei das angerichtete

Ungemach, Fragebogenangst und Spruchkammerwäsche. Was husten würde Judejahn ihm, er war zu weit gereist für dieses Idyll, der Tote oder Totgesagte, der Zertrümmerte von Berlin, der Vermißte des großen Aufräumens, der in Nürnberg Verurteilte, in contumaciam und von Zweifels wegen, versteht sich, denn der Hohe Gerichtshof, der über Schicksal, Verhängnis, Menschenlos und blindes Walten der Geschichte urteilte und selber im Irrgarten der Historie taumelte, nicht eine Justitia mit verbundenen Augen, sondern eine Blinde Kuh spielende Törin, die, da sie Recht auf rechtlosem Grund sprach, mitgegangen mitgefangen und mitversunken war im Morast des morallosen Geschehens, der Hohe Gerichtshof hätte keinen Zeugen für Judejahns Tod und keinen für sein irdisches Fortbestehen beigebracht, und so hatte der Hohe Richter über den vor aller Welt als Scheusal angeklagten Judejahn, sorgsam, falls der Unhold im Verborgenen atme, den Stab gebrochen, das Todeslos ausgeworfen, in Abwesenheit, wie gesagt, was klug und glücklich war, der Verworfene entkam klug und glücklich dem Strick, mit dem man in jenen Tagen allzu voreilig umging, und für das Gericht war am Ende, daß Judejahn nicht gehängt war, ein klug und glücklich vermiedener Fehler, denn Judejahn war als Scheusal zur Wiederverwendung vorgemerkt, und Krieg ist ein böses Handwerk. Der Oberbürgermeister war wahrscheinlich mit eigenem Wagen nach Rom gereist, zu einem Mercedes reichte es wohl wieder, oder die Stadt stellte das Vehikel zur schönen Fahrt, Italien Land der Sehnsucht Land der Deutschen, und Pfaffrath, der Deutsche, hatte seinen ledergebundenen Goethe im Bücherschrank, und die Steuerkommentare, die neben dem Weimarer standen, einem verdächtigen Burschen, aus Weimar kam nie Gutes, las er genau, und jedenfalls ärgerte es Judejahn, daß er sich den Schwager schon wieder im Fett vorstellen mußte – war doch Verrat, hundsföttischer Verrat, der Kerl hätte krepieren sollen. Aber auch Judejahn konnte mit einem Wagen aufwarten, so war es nicht, daß er

zu Fuß gehen mußte, nein, er ging freiwillig, er wollte zu
Fuß hinüberwandern, zu Fuß ins bürgerliche Leben pilgern,
das war hier wohl angemessen, angebracht in der Situation
und der Stadt, er wollte Zeit gewinnen, und Rom, hieß es
doch, Rom, wo die Pfaffen sich niedergelassen hatten und
in den Straßen die Priesterröcke wimmelten, Rom, hieß es,
sei eine schöne Stadt, auch Judejahn konnte sie sich einmal
ansehen, das hatte er bisher versäumt, er hatte hier nur re-
präsentiert, er hatte hier nur befohlen, er hatte hier ge-
wütet, jetzt konnte er Rom zu Fuß durchstreifen, konnte
mitnehmen, was die Stadt bot an Klimadunst, an Geschichts-
stätten, an raffinierten Huren und reicher Tafel. Warum
sollte er es sich versagen? Er war lange in der Wüste gewesen, und Rom stand noch und lag nicht in Trümmern.
Ewig nannte man Rom. Das waren Pfaffen und Professo-
ren, die so schwärmten. Judejahn zeigte sein Mordgesicht.
Er wußte es besser. Er hatte viele Städte verschwinden
sehen.

GÜNTER GRASS

Geb. 16. Oktober 1927 in Danzig, deutsch-polnisches Elternhaus. 1944
bis 1946 Luftwaffenhelfer, Soldat, Kriegsgefangenschaft. Arbeitete als
Landarbeiter, Bergmann, Steinmetz; studierte Bildhauerei. Lebt seit
1960 in West-Berlin. Seit dem Bundestagswahlkampf 1965 für die SPD
engagiert.
Werke: *Die Blechtrommel* R. (1959); *Katz und Maus* N. (1961); *Hundejahre* R. (1963); *Örtlich betäubt* R. (1969); *Theaterspiele* (1970); *Gesammelte Gedichte* (1971); *Aus dem Tagebuch einer Schnecke* (1972); *Maria
zuehren* (1973); *Der Bürger und seine Stimme* (1974); *Der Butt* R. (1977).

*Günter Grass, neben Böll der erfolgreichste Autor der deut-
schen Nachkriegsliteratur, ist wie dieser ein politisch um-
strittener Mann. Angriffsflächen bietet er seinen Kritikern
von links (von den rechten Eiferern gegen »Pornographie«
lohnt es sich nicht zu reden) gerade durch Eigenschaften, die*

seinen Ruhm als Schriftsteller begründet haben: Er ist kein
systematischer Denker, sondern zieht es vor, sich über be-
grenzte, genau umschriebene Sachverhalte auszulassen. Melancholie ist im »Tagebuch einer Schnecke« Ausdruck der Trauer
über die Langsamkeit des Fortschritts, mit ihr korrespondiert
die Versenkung ins realistische Detail; und die Grotesken und
Phantasmen in Grass' Büchern sind allegorische Deutungen
des skeptisch betrachteten Alltags, nicht Visionen, die Zukunfts-
perspektiven eröffnen. Das abgedruckte Kapitel bildet den
Schluß des ersten Buchs der »Blechtrommel«. Ein Bibelwort ist
als Folie dem Berichteten unterlegt: »Nun aber bleibt Glaube,
Hoffnung, Liebe, diese drei; aber die Liebe ist die größte
unter ihnen.« Der Anspruch einer sich christlich nennenden
Kultur wird mit der Wirklichkeit konfrontiert, die in der
Ermordung von Millionen Juden ihren krassesten Ausdruck
fand. Wie eine Übertreibung mutet es an – und ist doch
Wahrheit: daß einer bestraft wurde, weil er seine Katzen
erschlug, während sich die Mordlust an Menschen ungehin-
dert austoben durfte. In der Darstellung dieser Paradoxie
gründet die Brillanz des Kapitels. Der hier abwechselnd in
der ersten und dritten Person erzählt, ist der Blechtrommler
Oskar, eine im Wachstum stehengebliebene Figur. Indem
Grass aus deren Perspektive erzählt, gelingt es ihm, die
deutsche Geschichte des 20. Jahrhunderts am Leitfaden eines
kuriosen Außenseiterschicksals erzählerisch aufzuarbeiten.
Das unterschiedliche Gelingen der einzelnen Partien, insbesondere der Abfall von der Schilderung der Danziger
Vorkriegszeit zu jener der westdeutschen Nachkriegsent-
wicklung, der von der Kritik zu Recht hervorgehoben
wurde, hängt damit zusammen, daß Grass wie viele andere
Autoren in hohem Maße aus der Erlebniswelt seiner Kind-
heit und Jugend schöpft; er gründet aber auch in jenen
»Schwierigkeiten beim Schreiben der Wahrheit«, von denen
Heißenbüttel in bezug auf die frühen sechziger Jahre
sprach: Während die Weimarer Republik im Jahre 1933

Selbstporträt mit Schnecken nach einer Radierung von Günter Grass

*und der NS-Staat im Jahre 1945 ihr Telos haben, entzieht
sich ein solcher Bezugspunkt für die Gegenwart. Von un-
dogmatischem Ort aus läßt sich der Gesellschaftsroman
unserer Zeit nur mühsam schreiben. In diesem Zusammenhang ist auch Grass' Wendung zur politischen Aktivität zu
sehen, die sich im »Tagebuch einer Schnecke« als weitgehende Aufgabe des Fiktionalen niedergeschlagen hat.*

Glaube Hoffnung Liebe
(Die Blechtrommel, Auszug)

Es war einmal ein Musiker, der hieß Meyn und konnte ganz
wunderschön Trompete blasen. In der vierten Etage unter
dem Dach eines Mietshauses wohnte er, hielt sich vier Katzen, deren eine Bismarck hieß, und trank von früh bis spät
aus einer Machandelflasche. Das tat er solange, bis das Unglück ihn nüchtern werden ließ.
Oskar will heute noch nicht so recht an Vorzeichen glauben.
Dennoch gab es damals Vorzeichen genug für ein Unglück,
das immer größere Stiefel anzog, mit immer größeren Stiefeln größere Schritte machte und das Unglück umherzutra-
gen gedachte. Da starb mein Freund Herbert Truczinski an
einer Brustwunde, die ihm ein hölzernes Weib zugefügt
hatte. Das Weib starb nicht. Das wurde versiegelt und im
Museumskeller, angeblich wegen Restaurationsarbeiten, auf-
bewahrt. Doch man kann das Unglück nicht einkellern. Mit
den Abwässern findet es durch die Kanalisation, es teilt sich
den Gasleitungen mit, kommt allen Haushaltungen zu, und
niemand, der da sein Suppentöpfchen auf die bläulichen
Flammen stellt, ahnt, daß da das Unglück seinen Fraß zum
Kochen bringt.
Als Herbert auf dem Friedhof Langfuhr beerdigt wurde,
sah ich Schugger Leo, dessen Bekanntschaft ich auf dem
Brenntauer Friedhof gemacht hatte, zum zweitenmal. Uns

allen, Mutter Truczinski, Guste, Fritz und Maria Truczinski, der dicken Frau Kater, dem alten Heilandt, der an den Festtagen Fritzens Kaninchen für Mutter Truczinski schlachtete, meinem mutmaßlichen Vater Matzerath, der, großzügig wie er sich geben konnte, die gute Hälfte der Begräbniskosten trug, auch Jan Bronski, der Herbert kaum kannte, der nur gekommen war, um Matzerath, womöglich auch mich auf neutralem Friedhofsboden wiederzusehen – uns allen sagte sabbernd und zitternde, weiß schimmelnde Handschuhe reichend, Schugger Leo sein wirres, Freud und Leid nicht unterscheidendes Beileid.

Als Schugger Leos Handschuhe dem Musiker Meyn, der halb in Zivil, halb in SA-Uniform gekommen war, zuflatterten, geschah ein weiteres Zeichen künftigen Unglücks.

Aufgescheucht warf sich Leos bleicher Handschuhstoff hoch, flog davon und zog Leo mit sich über Gräber hinweg. Schreien hörte man ihn; doch war es kein Beileid, was da als Wortfetzen in der Friedhofsbepflanzung hängenblieb.

Niemand rückte von dem Musiker Meyn ab. Dennoch stand er vereinzelt, durch Schugger Leo erkannt und gezeichnet, zwischen der Trauergemeinde und hantierte verlegen mit seiner Trompete, die er extra mitgebracht, auf der er zuvor über Herberts Grab hinweg ganz wunderschön geblasen hatte. Wunderschön, weil Meyn, was er seit langem nicht mehr tat, vom Machandel getrunken hatte, weil ihm Herberts Tod, mit dem er in einem Alter war, nahe ging, während mich und meine Trommel Herberts Tod stumm machte.

Es war einmal ein Musiker, der hieß Meyn und konnte ganz wunderschön Trompete blasen. In der vierten Etage unter dem Dach unseres Mietshauses wohnte er, hielt sich vier Katzen, deren eine Bismarck hieß, und trank von früh bis spät aus einer Machandelflasche, bis er, ich glaube, Ende sechsunddreißig oder Anfang siebenunddreißig in die Reiter-SA eintrat, dort als Trompeter im Musikerkorps zwar viel fehlerloser, aber nicht mehr wunderschön Trompete

blies, weil er, in die gelederten Reiterhosen schlüpfend, die
Machandelflasche aufgegeben hatte und nur noch nüchtern
und laut in sein Blech stieß.
Als dem SA-Mann Meyn der Jugendfreund Herbert Truczinski starb, mit dem er während der zwanziger Jahre
zuerst einer kommunistischen Jugendgruppe, dann den Roten Falken Mitgliederbeiträge gezahlt hatte, als der unter
die Erde gebracht werden sollte, griff Meyn zu seiner Trompete und zugleich zu einer Machandelflasche. Denn er wollte
wunderschön blasen und nicht nüchtern, hatte sich auch auf
braunem Pferd reitend das Musikerohr bewahrt und nahm
deshalb noch auf dem Friedhof einen Schluck und behielt
auch beim Trompeteblasen den Mantel aus Zivilstoff über
der Uniform an, obgleich er sich vorgenommen hatte, über
die Friedhofserde hinweg in Braun, wenn auch ohne Kopf-
bedeckung, zu blasen.
Es war einmal ein SA-Mann, der behielt, als er am Grabe
seines Jugendfreundes ganz wunderschön und machandel-
hell Trompete blies, den Mantel über der Reiter-SA-Uni-
form an. Als jener Schugger Leo, den es auf allen Fried-
höfen gibt, der Trauergemeinde sein Beileid sagen wollte,
bekamen auch alle Schugger Leos Beileid zu hören. Nur der
SA-Mann durfte den weißen Handschuh Leos nicht fassen,
weil Leo den SA-Mann erkannte, fürchtete und ihm laut
schreiend den Handschuh und das Beileid entzog. Der SA-
Mann aber ging ohne Beileid und mit kalter Trompete nach
Hause, wo er in seiner Wohnung unter dem Dach unseres
Mietshauses seine vier Katzen fand.
Es war einmal ein SA-Mann, der hieß Meyn. Aus Zeiten,
da er tagtäglich Machandel getrunken und ganz wunderschön Trompete geblasen hatte, bewahrte sich Meyn in seiner Wohnung vier Katzen auf, deren eine Bismarck hieß.
Als der SA-Mann Meyn eines Tages vom Begräbnis seines
Jugendfreundes Herbert Truczinski zurückkam und traurig
und schon wieder nüchtern war, weil ihm jemand das Beileid verweigert hatte, fand er sich ganz alleine mit seinen

vier Katzen in der Wohnung. Die Katzen rieben sich an seinen Reiterstiefeln, und Meyn gab ihnen ein Zeitungspapier voller Heringsköpfe, was die Katzen von seinen Stiefeln weglockte. Es roch an jenem Tage besonders stark in der Wohnung nach den vier Katzen, die alle Kater waren, deren einer Bismarck hieß und schwarz auf weißen Pfoten ging. Meyn aber hatte keinen Machandel in der Wohnung. Deshalb roch es immer mehr nach den Katzen oder Katern. Vielleicht hätte er in unserem Kolonialwarengeschäft welchen gekauft, wenn er seine Wohnung nicht in der vierten Etage unter dem Dach gehabt hätte. So aber fürchtete er die Treppen und fürchtete auch die Leute der Nachbarschaft, vor denen er oft genug geschworen hatte, daß kein Tröpfchen Machandel mehr über seine Musikerlippen komme, daß ein neues, stocknüchternes Leben beginne, daß er sich fortan der Ordnung verschreibe und nicht mehr den Räuschen einer verpfuschten und haltlosen Jugend.

Es war einmal ein Mann, der hieß Meyn. Als der sich eines Tages mit seinen vier Katern, deren einer Bismarck hieß, alleine in seiner Wohnung unter dem Dach fand, mißfiel ihm der Katergeruch besonders, weil er am Vormittag etwas Peinliches erlebt hatte, auch weil es keinen Machandel im Hause gab. Da jedoch Peinlichkeit und Durst zunahmen und den Katergeruch steigerten, griff Meyn, der Musiker von Beruf war und Mitglied der Reiter-SA-Kapelle, nach dem Feuerhaken neben dem kalten Dauerbrandofen und schlug solange auf die Kater ein, bis er annehmen konnte, alle vier, auch der Kater namens Bismarck, seien tot und fertig; wenn auch der Katergeruch in der Wohnung nichts von seiner Eindringlichkeit verloren hatte.

Es war einmal ein Uhrmacher, der hieß Laubschad und wohnte in der ersten Etage unseres Mietshauses in einer Zweizimmerwohnung, deren Fenster zum Hof sahen. Der Uhrmacher Laubschad war unverheiratet, Mitglied der NS-Volkswohlfahrt und des Tierschutzvereins. Ein gutes

Herz hatte Laubschad und half allen müden Menschen,
kranken Tieren und kaputten Uhren wieder auf die Beine.
Als der Uhrmacher eines nachmittags besinnlich und das am
Vormittag erlebte Begräbnis eines Nachbarn bedenkend am
Fenster saß, sah er, wie der Musiker Meyn, der in der vierten Etage desselben Mietshauses seine Wohnung hatte, einen
halbvollen Kartoffelsack, der unten feucht zu sein schien
und tropfte, auf den Hof trug und in einem der beiden
Müllkästen versenkte. Da aber der Müllkasten dreiviertel
voll war, gelang es dem Musiker nur mit Mühe, den Deckel
zu schließen.

Es waren einmal vier Kater, deren einer Bismarck hieß.
Diese Kater gehörten einem Musiker namens Meyn. Da die
Kater, die nicht kastriert waren, streng und vorherrschend
rochen, erschlug der Musiker eines Tages, da ihm aus besonderen Gründen der Geruch besonders unangenehm war,
die vier Kater mit einem Feuerhaken, versorgte die Kadaver in einem Kartoffelsack, trug den Sack die vier Treppen
hinunter und hatte es eilig, das Bündel im Müllkasten auf
dem Hof neben der Teppichklopfstange zu versenken, weil
das Sacktuch durchlässig war und schon in der zweiten
Etage zu tropfen anfing. Da jedoch der Müllkasten ziemlich gefüllt war, mußte der Musiker den Müll mit dem
Sack zusammendrücken, um den Deckel des Kastens schließen zu können. Er mochte das Mietshaus zur Straßenseite
hin kaum verlassen haben – denn in die nach Katzen rie-
chende aber katzenlose Wohnung wollte er nicht zurückkehren – da begann der zusammengedrückte Müll sich wieder auszudehnen, hob den Sack und mit dem Sack den
Müllkastendeckel.

Es war einmal ein Musiker, der erschlug seine vier Katzen,
begrub die im Müllkasten, verließ das Haus und suchte
seine Freunde auf.

Es war einmal ein Uhrmacher, der saß nachdenklich am
Fenster und beobachtete, wie der Musiker Meyn einen halbvollen Sack in den Müllkasten stopfte, sodann den Hof

verließ, auch daß der Müllkastendeckel sich wenige Augenblicke nach Meyns Abgang hob und immer noch ein bißchen mehr hob.

Es waren einmal vier Kater, die wurden, weil sie an einem besonderen Tag besonders stark rochen, totgeschlagen, in einen Sack gestopft und im Müllkasten vergraben. Die Katzen aber, deren eine Bismarck hieß, waren noch nicht ganz tot, sondern zäh, wie Katzen eben zäh sind. Sie bewegten sich in dem Sack, brachten den Müllkastendeckel in Bewegung und stellten dem Uhrmacher Laubschad, der immer noch sinnend am Fenster saß, die Frage: rate mal, was in dem Sack ist, den der Musiker Meyn in den Müllkasten gesteckt hat?

Es war einmal ein Uhrmacher, der konnte nicht ruhig ansehen, daß sich etwas im Müllkasten bewegte. So verließ er seine Wohnung in der ersten Etage des Mietshauses, begab sich auf den Hof des Mietshauses, öffnete den Müllkastendeckel und den Sack, nahm die vier zerschlagenen, aber immer noch lebenden Kater an sich, um sie zu pflegen. Aber sie starben ihm noch während der folgenden Nacht unter den Uhrmacherfingern, und es blieb ihm nichts anderes zu tun übrig, als beim Tierschutzverein, dessen Mitglied er war, eine Anzeige zu machen und auch die Ortsgruppenleitung von der das Ansehen der Partei schädigenden Tierquälerei zu benachrichtigen.

Es war einmal ein SA-Mann, der tötete vier Kater und wurde, da die Kater noch nicht ganz tot waren, von den Katern verraten und von einem Uhrmacher angezeigt. Es kam zu einem gerichtlichen Verfahren, und der SA-Mann mußte Strafe zahlen. Doch auch bei der SA wurde über den Fall gesprochen, und der SA-Mann sollte wegen unwürdigen Verhaltens aus der SA ausgestoßen werden. Selbst als sich der SA-Mann während der Nacht vom achten zum neunten November achtunddreißig, die man später die Kristallnacht nannte, besonders mutig hervortat, die Langfuhrer Synagoge im Michaelisweg mit anderen in Brand

steckte, auch kräftig mittat, als am folgenden Morgen mehrere, zuvor genau bezeichnete Geschäfte geräumt werden
mußten, konnte all sein Eifer seine Entfernung aus der
Reiter-SA nicht verhindern. Wegen unmenschlicher Tierquälerei wurde er degradiert und von der Mitgliederliste
gestrichen. Erst ein Jahr später gelang ihm der Eintritt in
die Heimwehr, die später von der Waffen-SS übernommen
wurde.

Es war einmal ein Kolonialwarenhändler, der schloß an
einem Novembertag sein Geschäft, weil in der Stadt etwas
los war, nahm seinen Sohn Oskar bei der Hand und fuhr
mit der Straßenbahn Linie Fünf bis zum Langasser Tor,
weil dort wie in Zoppot und Langfuhr die Synagoge
brannte. Die Synagoge war fast abgebrannt, und die Feuerwehr paßte auf, daß der Brand nicht auf die anderen Häuser übergriff. Vor der Ruine schleppten Uniformierte und
Zivilisten Bücher, sakrale Gebrauchsgegenstände und merkwürdige Stoffe zusammen. Der Berg wurde in Brand gesteckt, und der Kolonialwarenhändler benutzte die Gelegenheit und wärmte seine Finger und seine Gefühle über
dem öffentlichen Feuer. Sein Sohn Oskar jedoch, der den
Vater so beschäftigt und entflammt sah, verdrückte sich
unbeobachtet und eilte in Richtung Zeughauspassage davon,
weil er um seine Trommeln aus weißrot gelacktem Blech
besorgt war.

Es war einmal ein Spielzeughändler, der hieß Sigismund
Markus und verkaufte unter anderem auch weißrot ge-
lackte Blechtrommeln. Oskar, von dem soeben die Rede
war, war der Hauptabnehmer dieser Blechtrommeln, weil
er von Beruf Blechtrommler war und ohne Blechtrommel
nicht leben konnte und wollte. Deshalb eilte er auch von
der brennenden Synagoge fort zur Zeughauspassage, denn
dort wohnte der Hüter seiner Trommeln; aber er fand ihn
in einem Zustand vor, der ihm das Verkaufen von Blechtrommeln fortan oder auf dieser Welt unmöglich machte.

Sie, dieselben Feuerwerker, denen ich, Oskar, davongelaufen zu sein glaubte, hatten schon vor mir den Markus besucht, hatten Pinsel in Farbe getaucht und ihm quer übers Schaufenster in Sütterlinschrift das Wort Judensau geschrieben, hatten dann, vielleicht aus Mißvergnügen an der eigenen Handschrift, mit ihren Stiefelabsätzen die Schaufensterscheibe zertreten, so daß sich der Titel, den sie dem Markus angehängt hatten, nur noch erraten ließ. Die Tür verachtend, hatten sie durch das aufgebrochene Fenster in den Laden gefunden und spielten nun dort auf ihre eindeutige Art mit dem Kinderspielzeug.

Ich fand sie noch beim Spiel, als ich gleichfalls durch das Schaufenster in den Laden trat. Einige hatten sich die Hosen heruntergerissen, hatten braune Würste, in denen noch halbverdaute Erbsen zu erkennen waren, auf Segelschiffe, geigende Affen und meine Trommeln gedrückt. Sie sahen alle aus wie der Musiker Meyn, trugen Meyns SA-Uniform, aber Meyn war nicht dabei; wie ja auch diese, die hier dabei waren, woanders nicht dabei waren. Einer hatte seinen Dolch gezogen. Puppen schlitzte er auf und schien jedesmal enttäuscht zu sein, wenn nur Sägespäne aus den prallen Rümpfen und Gliedern quollen.

Ich sorgte mich um meine Trommeln. Meine Trommeln gefielen denen nicht. Mein Blech hielt ihren Zorn nicht aus, mußte still halten und ins Knie brechen. Markus aber war ihrem Zorn ausgewichen. Als sie ihn in seinem Büro sprechen wollten, klopften sie nicht etwa an, brachen die Tür auf, obgleich die nicht verschlossen war.

Hinter seinem Schreibtisch saß der Spielzeughändler. Ärmelschoner trug er wie gewöhnlich über seinem dunkelgrauen Alltagstuch. Kopfschuppen auf den Schultern verrieten seine Haarkrankheit. Einer, der Kasperlepuppen an den Fingern hatte, stieß ihn mit Kasperles Großmutter hölzern an, aber Markus war nicht mehr zu sprechen, nicht mehr zu kränken. Vor ihm auf der Schreibtischplatte stand ein Wasserglas, das auszuleeren ihm ein Durst gerade in jenem Augenblick geboten haben mußte, als die splitternd aufschreiende Schaufensterscheibe seines Ladens seinen Gaumen trocken werden ließ.

Es war einmal ein Blechtrommler, der hieß Oskar. Als man ihm den Spielzeughändler nahm und des Spielzeughändlers Laden verwüstete, ahnte er, daß sich gnomhaften Blechtrommlern, wie er einer war, Notzeiten ankündigten. So klaubte er sich beim Verlassen des Ladens eine heile und zwei weniger beschädigte Trommeln aus den Trümmern, verließ so behängt die Zeughauspassage, um auf dem Kohlenmarkt seinen Vater zu suchen, der womöglich ihn suchte. Draußen war später Novembervormittag. Neben dem Stadttheater, nahe der Straßenbahnhaltestelle standen religiöse Frauen und frierende häßliche Mädchen, die fromme Hefte austeilten, Geld in Büchsen sammelten und zwischen zwei Stangen ein Transparent zeigten, dessen Aufschrift den ersten Korintherbrief, dreizehntes Kapitel zitierte. »Glaube – Hoffnung – Liebe« konnte Oskar lesen und mit den drei Wörtchen umgehen wie ein Jongleur mit Flaschen: Leichtgläubig, Hoffmannstropfen, Liebesperlen, Gutehoffnungshütte, Liebfrauenmilch, Gläubigerversammlung. Glaubst du, daß es morgen regnen wird? Ein ganzes leichtgläubiges Volk glaubte an den Weihnachtsmann. Aber der Weihnachtsmann war in Wirklichkeit der Gasmann. Ich glaube, daß es nach Nüssen riecht und nach Mandeln. Aber es roch nach Gas. Jetzt haben wir bald, glaube ich, den ersten Advent, hieß es. Und der erste, zweite bis vierte Advent wurden aufgedreht, wie man Gashähne aufdreht, damit es glaubwürdig nach Nüssen und Mandeln roch, damit alle Nußknacker getrost glauben konnten:

Er kommt! Er kommt! Wer kam denn? Das Christkindchen, der Heiland? Oder kam der himmlische Gasmann mit der Gasuhr unter dem Arm, die immer ticktick macht? Und er sagte: Ich bin der Heiland dieser Welt, ohne mich könnt ihr nicht kochen. Und er ließ mit sich reden, bot einen günstigen Tarif an, drehte die frischgeputzten Gashähnchen auf und ließ ausströmen den Heiligen Geist, damit man die Taube kochen konnte. Und verteilte Nüsse und Knackmandeln, die dann auch prompt geknackt wurden, und gleichfalls strömten sie aus: Geist und Gase, so daß es den Leichtgläubigen leicht fiel, inmitten dichter und bläulicher Luft in all den Gasmännern vor den Kaufhäusern Weihnachtsmänner zu sehen und Christkindchen in allen Größen und Preislagen. Und so glaubten sie an die alleinseligmachende Gasanstalt, die mit steigenden und fallenden Gasometern Schicksal versinnbildlichte und zu Normalpreisen eine Adventszeit veranstaltete, an deren vorauszusehende Weihnacht zwar viele glaubten, deren anstrengende Feiertage aber nur jene überlebten, für die der Vorrat an Mandeln und Nüssen nicht ausreichen wollte – obgleich alle geglaubt hatten, es sei genug da.

Aber nachdem sich der Glaube an den Weihnachtsmann als Glaube an den Gasmann herausgestellt hatte, versuchte man es, ohne auf die Reihenfolge des Korintherbriefes zu achten, mit der Liebe: Ich liebe dich, hieß es, oh, ich liebe dich. Liebst du dich auch? Liebst du mich, sag mal, liebst du mich wirklich? Ich liebe mich auch. Und aus lauter Liebe nannten sie einander Radieschen, liebten Radieschen, bissen sich, ein Radieschen biß dem anderen das Radieschen aus Liebe ab. Und erzählten sich Beispiele wunderbarer himmlischer, aber auch irdischer Liebe zwischen Radieschen und flüsterten kurz vorm Zubeißen frisch, hungrig und scharf: Radieschen, sag, liebst du mich? Ich liebe mich auch.

Aber nachdem sie sich aus Liebe die Radieschen abgebissen hatten und der Glaube an den Gasmann zur Staatsreligion erklärt worden war, blieb nach Glaube und vorweggenommener Liebe nur noch der dritte Ladenhüter des Korintherbriefes: die Hoffnung. Und während sie noch an Radieschen, Nüssen und Mandeln zu knabbern hatten, hofften sie schon, daß bald Schluß sei, damit sie neu anfangen konnten oder fortfahren, nach der Schlußmusik oder schon während der Schlußmusik hoffend, daß bald Schluß sei mit dem Schluß. Und wußten immer noch nicht, womit Schluß.

Hofften nur, daß bald Schluß, schon morgen Schluß, heute hoffentlich noch nicht Schluß; denn was sollten sie anfangen mit dem plötzlichen Schluß. Und als dann Schluß war, machten sie schnell einen hoffnungsvollen Anfang daraus; denn hierzulande ist Schluß immer Anfang und Hoffnung in jedem, auch im endgültigsten Schluß. So steht auch geschrieben: Solange der Mensch hofft, wird er immer wieder neu anfangen mit dem hoffnungsvollen Schlußmachen.

Ich aber, ich weiß nicht. Ich weiß zum Beispiel nicht, wer sich heute unter den Bärten der Weihnachtsmänner versteckt, weiß nicht, was Knecht Ruprecht im Sack hat, weiß nicht, wie man die Gashähne zudreht und abdrosselt; denn es strömt schon wieder Advent, oder immer noch, weiß nicht, probeweise, weiß nicht, für wen geprobt wird, weiß nicht, ob ich glauben kann, daß sie hoffentlich liebevoll die Gashähne putzen, damit sie krähen, weiß nicht, an welchem Morgen, an welchem Abend, weiß nicht, ob es auf Tageszeiten ankommt; denn die Liebe kennt keine Tageszeiten, und die Hoffnung ist ohne Ende, und der Glaube kennt keine Grenzen, nur das Wissen und das Nichtwissen sind an Zeiten und Grenzen gebunden und enden meistens vorzeitig schon bei den Bärten, Rucksäcken, Knackmandeln, daß ich wiederum sagen muß: Ich weiß nicht, oh, weiß nicht, womit sie, zum Beispiel, die Därme füllen, wessen Gedärm nötig ist, damit es gefüllt werden kann, weiß nicht, womit, wenn auch die Preise für jede Füllung, fein oder grob, lesbar sind, weiß ich dennoch nicht, was im Preis miteinbegriffen, weiß nicht, aus welchen Wörterbüchern sie Namen für Füllungen klauben, weiß nicht, womit sie die Wörterbücher wie auch die Därme füllen, weiß nicht, wessen Fleisch, weiß nicht, wessen Sprache: Wörter bedeuten, Metzger verschweigen, ich schneide Scheiben ab, du schlägst die Bücher auf, ich lese, was mir schmeckt, du weißt nicht, was dir schmeckt: Wurstscheiben und Zitate aus Därmen und Büchern – und nie werden wir erfahren, wer still werden mußte, verstummen mußte, damit Därme gefüllt, Bücher laut werden konnten, gestopft, gedrängt, ganz dicht beschrieben, ich weiß nicht, ich ahne: Es sind dieselben Metzger, die Wörterbücher und Därme mit Sprache und Wurst füllen, es gibt keinen Paulus, der Mann hieß Saulus und war ein Saulus und erzählte als Saulus den Leuten aus Korinth etwas von ungeheuer preiswerten Würsten, die er Glaube, Hoffnung und Liebe nannte, als leicht verdaulich pries, die er heute noch, in immer wechselnder Saulusgestalt an den Mann bringt.

Mir aber nahmen sie den Spielzeughändler, wollten mit ihm das Spielzeug aus der Welt bringen.

Es war einmal ein Musiker, der hieß Meyn und konnte ganz wunderschön Trompete blasen.

Es war einmal ein Spielzeughändler, der hieß Markus und verkaufte weißrotgelackte Blechtrommeln.

Es war einmal ein Musiker, der hieß Meyn und hatte vier Katzen, deren eine Bismarck hieß.

Es war einmal ein Blechtrommler, der hieß Oskar und war auf den Spielzeughändler angewiesen.

Es war einmal ein Musiker, der hieß Meyn und erschlug seine vier Katzen mit dem Feuerhaken.

Es war einmal ein Uhrmacher, der hieß Laubschad und war Mitglied im Tierschutzverein.

Es war einmal ein Blechtrommler, der hieß Oskar, und sie nahmen ihm seinen Spielzeughändler.

Es war einmal ein Spielzeughändler, der hieß Markus und nahm mit sich alles Spielzeug aus dieser Welt.

Es war einmal ein Musiker, der hieß Meyn, und wenn er nicht gestorben ist, lebt er heute noch und bläst wieder wunderschön Trompete.

UWE JOHNSON

Geb. 20. Juli 1934 in Kammin (Pommern). Bei Kriegsende in einer NS-Heimschule in Polen, von wo er floh. 1952–56 studierte er in Leipzig und Rostock Germanistik. Seit 1959 in West-Berlin.
Werke: *Mutmaßungen über Jakob* R. (1959); *Das dritte Buch über Achim* R. (1961); *Karsch, und andere Prosa* (1964); *Zwei Ansichten* E. (1965); *Jahrestage. Aus dem Leben der Gesine Cresspahl* R. (Bd. 1: 1970, Bd. 2: 1971, Bd. 3: 1973, Bd. 4: 1975); *Eine Reise nach Klagenfurt* (1974); *Berliner Sachen* Aufsätze (1975).

Uwe Johnson gehört zu der großen Zahl der literarischen »Grenzgänger« zwischen den beiden deutschen Staaten. Als ihm 1959 der ostdeutsche Staatsverlag das Manuskript der »Mutmaßungen über Jakob« mit Änderungswünschen zurückschickte, übersiedelte er nach West-Berlin. Die »Mutmaßungen« sind ein schwieriges Buch, ebenso thematische wie formale Gründe mochten zu jener Ablehnung geführt haben. In den wechselnden Medien von Erzählerbericht, anonymem Dialog und innerem Monolog (dreier Figuren!), in einer kaleidoskopartigen, perspektivenreichen Erzählweise voller Zeitverschränkungen skizziert Johnson das Leben eines Mannes, der zwischen den Mächten der Zeit zerrieben wird. Die exponierte Erzählweise ist nicht manieriert, aufgesetzt, sondern Äquivalent einer Position, die »Wirklichkeit« weder auf subjektives Empfinden noch auf Gesellschaftstheorie begrenzen will und sich den Widersprüchen der deutschen Situation bedingungslos offen nach beiden Seiten hingibt: »Die Mutmaßungen über seinen [Jakobs] Tod sind die Mutmaßungen über sein Leben, das im Westen fremd und im Osten nicht mehr heimisch war« (Klappentext der Erstausgabe). Der wiedergegebene Ausschnitt ist der innere Monolog eines östlichen Geheimdienstlers, der über Jakob Einfluß auf die aus dem Osten stammende NATO-Sekretärin Gesine Cresspahl zu nehmen sucht. In seiner Perspektive wird ein Gespräch mit Jakob erinnert, in dem Vorzüge und Mängel des DDR-Systems diskutiert worden waren. Als zeitlichen Hintergrund hat

man sich das Jahr 1956 mit der Suez-Krise und der unga-
rischen Erhebung zu denken. Damals kam es auch in der
DDR zu Bestrebungen um einen »menschlichen Sozialismus«,
wie es zwölf Jahre später in Prag hieß. In einer Neben-
handlung thematisiert Johnson das Scheitern dieser Bestre-
bungen.

Mutmaßungen über Jakob (Auszug)

Ich stellte mich auf den Boden der Tatsachen. Ich sagte ihm
daß die Sowjetunion da, wo sie uns vom Faschismus befreit
hat, das große private Eigentum an Maschinen und Roh-
stoffen und Lohngeld abgeschafft hat, von den großen Bo-
denflächen ganz zu schweigen, das weiß er ja wohl selber,
und nach all diesem Schmutz ist unglaublich ein neuer Staat
entstanden, der die Arbeit gerecht verwaltet, den Über-
schuß zwischen Lohn und Wert der Arbeit dem gemeinen
Wohl nützlich zukommen läßt, in dieser Zeit können noch
ganz andere als Jakob glücklich werden. Ob es sich etwa
nicht lohnt: fragte ich ihn, er mit seinem großen müden
Gesicht nickt mich höflich an, ich war nicht sicher ob er
überhaupt zugehört hatte, so sah er bloß vor sich hin, war
aber nachdenklich. Und eine Weile haben wir bloß dem
verdammten Radio von nebenan zugehört, gelauscht haben
wir, ein verblödeter Mädchenchor in ewiger neckischer Wie-
derkehr, das quoll so sehnsüchtig ohne Ende aus der Wand
als wär das wunder was: ein Kuß ein Gruß ein Blumenstrauß, die haben ihnen das Glück ins Haus gebracht, ein
Kuß ein Gruß ein Blumenstrauß: das singen die nun. »Ich
habe gewiß einen Überblick« fing Jakob nach einer Zeit an,
ohne Eile und wie er wohl immer redet, er mochte aber
nicht der Musik gegenan sprechen, vielleicht fehlte ihm nun
auch schon Schlaf oder Abendessen, nach solchem Unbeha-
gen sah er aus, wo sollte ich hier was zu essen herkriegen.
Und eben diese Möglichkeit von Überblick: sagte er: be-

schwert die Arbeit. Denn er meint: sagte er: daß die Menschen in jeder Art von Leben sich mit Dingen beschicken und das Reisen unternehmen, und die gesellschaftliche Ordnung (wenn er so sagen darf –; mit einem Mal saß ich fest vor ihm und konnte mich nicht rühren vor Spannung, irgend etwas an seiner Art zu denken kam mir untergründig bei, allmählich verfiel ich auf Ähnlichkeit: als seien das Argument und die Stelle des Einwands mir bekannt gewesen, nicht daß ich je dies benutzt haben würde! aber so sitze ich vielleicht auch da und höre freundlich zu und lasse das Gespräch ankommen bis zu einem nur vom Gefühl bestimmbaren Punkt, dann sage ich meins und drehe ich die andere Richtung; nicht das Was aber das Wie muß mir bekannt gewesen sein muß mir aufgefallen sein, obwohl ich es erst viel später begriff vielleicht gerade eben, darum versäumte ich jede Zurechtweisung. Sah ihn an als könnt ich mich nicht bewegen, wenn er so sagen darf –;) die gesellschaftliche Ordnung ändere Anlaß und Umstände des Verkehrs nur äußerlich. Das war gesetzt auf meinen Boden der Tatsachen, nicht wahr. Die Umstände des von Jakob beaufsichtigten Streckenabschnitts sind im allgemeinen also die aller anderen, nämlich das dritte und mitunter das zweite Gleis sind von der Roten Armee abgerissen worden und fehlen. Das haben die Franzosen auch gemacht: dachte ich, aber so hatte Jakob das nun wieder gar nicht gemeint, ich hielt still wie der Vogel im Netz. Zum anderen hat die Deutsche Demokratische Republik im Verfolg ihres ersten Fünfjahrplans 1950–1955 eine eigene Schwerindustrie aufbauen müssen zu Lasten des Schienentransports, »wir haben Strecken, da liegen die Schienen seit 1929, neue kriegen wir nicht genug, und jetzt haben wir den zweiten Fünfjahrplan«, was einer nicht alles erfahren kann, ich habe viele Leute gefragt, darauf kam es keinem an, und er sagt es so beiläufig wie eine Auskunft; ja ist ihm denn alles gleichgültig! »Wir machen einen Fahrplan in jedem Sommer und in jedem Winter und lassen uns die Las melden – die Langsamfahrstellen, und wir teilen die Minuten in immer kleinere Stücke daß es doch einigermaßen stimmen soll, und dann melden sie uns in einer Woche drei neue Las«, ich hör ihn noch. Es war als ob er jemand einen kleinen einführenden Vortrag über den Stand des hiesigen Eisenbahnwesens hält, der Jemand sitzt ihm gegenüber und weiß sich vor Neuigkeiten nicht zu lassen. Ja und überhaupt ist zu beachten hingegen und im besonderen daß der Verkehr im Vergleich zur Vorkriegszeit etwa dreifach dichter ist, denn die Strecke hat im Schienennetz des ungeteilten Deutschland natürlich sehr andere und im ganzen geringere Aufgaben gehabt. Über seine Strecke kommt: erklärt er mir: die Überzahl der internationalen Güterzüge in Richtung der skandinavischen Fährschiffe und des Hamburger Hafens, deren Pünktlichkeit sei wichtig für das Ansehen der Deutschen Demokratischen Republik, er sprach den Namen immer ungekürzt aus wie ich das auch tu, und was meine ich damit, und was meint er damit? und über seine Strecke geht der einzige direkte Zuglauf zwischen Norden und Süden des Staates, der übliche Verkehr von gewöhnlichen und eiligen Gütern und von Arbeiterzügen und Vorortverbindungen ist bei dieser Stadt nicht unerheblich, der erste Elbehafen hinter der Grenze: was nimmt er sich raus dachte ich, das hatte ich lange gesehen, bis ich begriff, das war also der hinderliche Überblick: »komme ich so zurecht daß ich die Züge in beiden Richtungen nicht pünktlich über meine Strecke kriege in diesem Herbst. Oberhalb ist noch die Kreuzung mit den westdeutschen Schnellzügen von Hamburg nach Berlin, die müssen pünktlich sein, und ich muß meine Züge warten lassen vor der Brücke«, die Pünktlichkeit ist kein Gegenstand des Ehrgeizes mehr und nicht des Diensts am Kunden sondern sie ist die Voraussetzung für einen so prallen Betrieb überhaupt, jetzt: beim übersichtlichen Betrachten sei manchmal nicht zu begreifen daß der Betrieb vor sich gehen könne: sagte er. »Wir haben zu wenig Kohle« fügte er hinzu, nun zögerte er zum ersten Mal, mochte sich nicht einlassen auf eine Erklärung. Wie kann man seinem Freund die Kohle kündigen, nur weil er keine Dollars hat. So sieht dein Sozialismus nun aus mein Lieber. Er schwieg aber kaum aus Mißtrauen, er hatte mich nicht ärgern wollen. Er hat ja keinen Augenblick lang gedacht ich könnte etwas anderes meinen als seinen Dienst, da gehörte dies nicht zur Sache. Er hatte den Druck seiner Arbeit immer noch nicht vergessen. Wenn er einmal sich gehen läßt und schickt seine Gedanken auf die Wiese, sind dreißig Menschen am Ende oder zwanzigtausend Mark im Eimer, dafür muß er aufkommen vor sich, die Arbeit muß getan werden aber verantworten muß er sie auch. Und seine Arbeit bedeutet nur diese Verantwortung und nichts darüber hinaus: dachte ich, ich hätte ihn gern gefragt wie er denn lebt. Was ein ernsthafter Mensch dachte ich.

MAX FRISCH

Geb. 15. Mai 1911 in Zürich. 1933 Abbruch des Germanistik-Studiums; Journalist. 1936–41 Studium der Architektur. 1939–45 Militärdienst. 1942 Architekturbüro in Zürich. Seit 1954 freier Schriftsteller. 1960–65 in Rom, danach im Tessin. Ausgedehnte Reisen.
Werke: *Nun singen sie wieder* Dr. (1945); *Die Chinesische Mauer* Dr. (1947); *Tagebuch 1946–1949* (1950); *Don Juan oder Die Liebe zur Geometrie* K. (1953); *Stiller* R. (1954); *Homo Faber* R. (1957); *Biedermann und die Brandstifter* Hsp. u. Dr. (1958); *Andorra* Dr. (1961); *Mein Name sei Gantenbein* R. (1964); *Biografie* Dr. (1967); *Wilhelm Tell für die Schule* (1971); *Tagebuch 1966–71* (1972); *Dienstbüchlein* (1974); *Montauk* E. (1975); *Triptychon* Dr. (1978).

Dem Individuum – im gesellschaftlichen Kontext, doch immer als Individuum gesehen – und der Problematik des Intellektuellen gilt Frischs besonderes Interesse. Davon zeugen unter anderem zwei berühmte Tagebücher; Reisebeschreibungen verbindet Frisch in ihnen zwanglos mit persönlichen Impressionen und der Beobachtung weltpolitischer Bewegungen; Reflexionen über den Schriftsteller und den

*Intellektuellen stehen neben theoretischen und fiktionalen
Entwürfen, die oftmals erst später ausgeführt wurden. Auch
in den Romanen »Stiller« und »Homo Faber« bediente sich
Frisch der Tagebuchform, hier allerdings handelte es sich
durchweg um Rollenprosa. »Stiller« – die Geschichte eines
Malers, der das Bild, das sich seine Umwelt von ihm macht,
zu leugnen versucht und sich schließlich doch zu seiner Vergangenheit bekennt; »Homo Faber« – ein seiner selbst und
der Wissenschaft sicherer Ingenieur erfährt die Liebe in der
Begegnung mit seiner ihm bislang unbekannten Tochter und
stirbt, bevor er die Erschütterung seines Weltbildes austragen kann. Auch zahlreiche dramatische Arbeiten Frischs sind
zu nennen, u. a. die Parodie »Don Juan oder Die Liebe zur
Geometrie«, die den klassischen Verführer als von den
Frauen Verfolgten zeigt und ihn im Ehestand enden läßt;
»Biedermann und die Brandstifter« – die Parabel vom fei-
gen und dummen Großbürger, der den Untergang seines
eigenen Hauses ermöglicht; »Andorra« – eine politische
Variante des Identitätsproblems: Der Protagonist nimmt,
obwohl er nicht Jude ist, die Rolle des jüdischen Außensei-
ters an, die ihm die Gesellschaft zudiktiert. Wieder stärker
im individuellen Bereich behandelt das Drama »Biografie«
das Problem des einzelnen, der Selbsterkenntnis im Medium
der Möglichkeit sucht. Auch im folgenden Auszug aus »Mein
Name sei Gantenbein« (schon im Konjunktiv des Titels
klingt die Kategorie »Möglichkeit« an) geht es um die Frage
der Identität. Der Text, den man als subtile Parodie auf
Rimbauds apokalyptisches Gedicht »Das trunkene Schiff«
lesen kann, bildet innerhalb der diskontinuierlich gestalteten
Fabel eines Menschen, der zu einer Erfahrung, die er gemacht hat, die Geschichte sucht, eine Binnenerzählung von
verwandter Problematik. Über sie sagte Frisch in einem
Gespräch, vielleicht müsse man schon Schriftsteller sein, »um
zu wissen, daß jedes Ich, das sich ausspricht, eine Rolle ist«.
Diese Konzeption, die den Dichter zu bewundernswerten
erzählerischen Variationen von Möglichem, möglicherweise*

Gewesenem geführt hat, gibt freilich auch zu Bedenken An-
laß: Zu ausschließlich wird die Kategorie »Möglichkeit«
auf die individuelle rückwärtsgewandte Lebensdeutung be-
zogen, die Dimension »gesellschaftliche Utopie« fehlt ihr
durchweg. In einer Zeit, deren Interesse sich zunehmend
auf Veränderung gesellschaftlicher Strukturen richtet, mag
allerdings die Intensität, mit der Frisch vom einzelnen
spricht, als Denkanstoß fruchtbar rezipiert werden.

Eine Geschichte für Camilla
(Mein Name sei Gantenbein, Auszug)

Ich bin blind. Ich weiß es nicht immer, aber manchmal.
Dann wieder zweifle ich, ob die Geschichten, die ich mir
vorstellen kann, nicht doch mein Leben sind. Ich glaub's
nicht. Ich kann nicht glauben, daß das, was ich sehe, schon
der Lauf der Welt ist.
Eine Geschichte für Camilla:
(nachdem der Kantonspolizist dagewesen ist)
»Ordnung muß sein«, sage ich. »Vor Jahren hatten sie einen
Fall, der sie sehr nervös machte. Hier in der Stadt. Plötzlich
ein Mensch, der nicht einmal einen Namen hinterlassen
wollte, geschweige denn eine Geschichte. Man wußte von
diesem Zeitgenossen nur, daß er gelebt haben mußte, das
bewies schließlich seine Leiche, die sie eines Morgens in der
Limmat fanden – eines sehr schönen Morgens, ich erinnere
mich, ich kam grade über die Helmhausbrücke, um dort die
Schwäne zu füttern. Damals stand dort eine große Weide,
vielleicht heute noch, eine Trauerweide im Gehege für Enten
und Schwäne, die ihre langen Zweige in die grüne Limmat
hängen ließ, Laub in rieselnden Girlanden, ein Idyll mit
Entlein bunt wie aus Glanzpapier, dazu die weiße Würde
der Schwäne, drüber das Großmünster, Karl der Große mit
Möwen auf der Krone, Elfuhrgeläute ... dort also hatte er
sich verfangen. Man hätte ihn noch lang nicht gefunden,

vielleicht nie, wären nicht jene Tonnen, die das Entengitter
tragen, mit den Jahren gerostet. Eine Sache des Tiefbau-
amtes, denke ich, oder des Gartenamtes, jedenfalls mußten
die verrosteten Tonnen unter dem Schwanenhaus einmal ersetzt werden. Als sie die morschen Bretter abdeckten, um
an die verschlammten Tonnen heranzukommen, und die
verschlammte Leiche sahen, stellten sie sofort ihre Arbeit
ein, unterrichteten die Polizei, die kurz darauf mit einem
grünen Weidling anruderte während des Elfuhrgeläutes, das
zehn Minuten dauerte – es gehört zu meinen frohesten Erinnerungen, dieses Elfuhrgeläute; am besten, finde ich, tönt
es, wenn man über die Helmhausbrücke schlendert, dann
mischt es sich von allen Türmen über dem Wasser ... Vielleicht hat sich drum die Leiche gerade dort verfangen.
Natürlich blieb ich nicht der einzige, der jetzt sehen wollte,
was da los war. Die beiden Polizisten in ihrem grünen
Weidling mit dem städtischen Wappen, einer am Stehruder,
der andere gerüstet mit einer langen Stange, beide in Uniform und Helm, als hätten sie eine Verhaftung vorzuneh-
men, erschienen etwas nervös, begafft von so vielen Leuten
auf der Brücke, und lange Zeit geschah überhaupt nichts.
Elfuhrgeläute. Besserwisser oben am Geländer meinten, die
Leiche wäre mit einem herzhaften Zugriff herauszuholen,
denn man wußte nun, daß es sich um eine Leiche handelte,
und die Öffentlichkeit, so schien es, hatte ein Anrecht zu
wissen, wer diese Leiche ist. Die Leiche war aber zwischen
den verrosteten Tonnen verklemmt. Je weniger geschah,
umso spannender wurde es, inzwischen war das Elfuhrgeläute verklungen, und es mußte endlich etwas geschehen,
wenn auch nicht der Leiche wegen, der es auf Stunden nicht
mehr ankam. Offenbar gab es kein anderes Verfahren: der
Polizist mit der Stange, beraten von dem andern, der voll-
beschäftigt gegen die Strömung arbeitete mit seinem langen
Ruder, stocherte zwischen den verrosteten und verschlammten Tonnen herum, nicht bedenkend, daß die Leiche, einmal
aus ihrer jahrelangen Verklemmung befreit, sofort flußab-

wärts ziehen würde. Und so geschah's, und die Zuschauer
auf der Brücke hatten das Nachsehen. Da schwamm etwas,
eine Leiche, langsam, aber als hätte sie noch einen Willen,
sogar einen sehr entschiedenen Willen: zu entkommen. Bis
der lange Weidling mit tüchtigen Ruderschlägen gedreht
war und die Verfolgung aufnehmen konnte, hatte sie schon
einen Vorsprung von etlichen Metern. Gesicht nach unten,
reglos natürlich, ohne mit den Armen nachzuhelfen,
schwamm sie, als hätte sie nur darauf gewartet schon immer, flußabwärts, begleitet jetzt von dem Weidling mit dem
städtischen Wappen, der bedenklich schaukelte unter den
stämmigen Ruderschlägen. Dabei war es jedem Einheimi-
schen klar, daß die Verfolgung nur bis zur Urania-Brücke
möglich sein würde; dort nämlich kommt kein Weidling
unten durch. Einige Zuschauer liefen der Limmat entlang,
liefen nicht eigentlich, gingen nur so rasch man halt gehen
kann. Die meisten jedoch, um die Würde der Stadt zu wahren, unterließen das, sie gingen ihres Weges, als wäre nichts
vorgefallen, würdig wie die Schwäne, die ihre Flügel gespreizt hatten, jetzt wieder zusammenfalteten, schwimmend
in Gelassenheit. Die Leiche kam indessen nicht weit. Schon
bei der Gemüse-Brücke, dieser vielstützigen, verfing sie sich
neuerdings, wobei die Strömung sie drehte, Gesicht nach
oben. Es war ein Mann. Ein paar Blumenverkäufer, die
dort ihre Stände haben, sahen das verweste Gesicht; die
Polizei, die dort gerade einen Posten hat, war sofort zur
Stelle und zahlreich genug, um die Fußgänger umzuleiten,
und wenigstens auf der Brücke war sie Herr der Lage, nicht
ohne Aufsehen zu erregen, versteht sich, die Leute hier
wußten nicht, was los war, und Fragen wurden nicht beantwortet, und es sah aus, als ginge es um die Blumenstände.
Aber den Blumenständen war nichts anzusehen. Es sah aus,
als dürften in Zürich plötzlich keine Blumen mehr gekauft
werden. Und wieder geschah lange Zeit nichts. Ein Polizei-
Inspektor, Leiter der weiteren Aktion, erschien zwar bald,
aber die Anordnungen, die er auf Grund eines Augen-

scheins gab, erforderten Zeit. Er rauchte einen Rössli-Stumpen, wartend, in Zivil. Die Leiche war in einem Zustand, daß sie, wenn man sie an den Gliedmaßen ziehen würde, sich kaum als Ganzes ergeben hätte. Inzwischen war's Mittag geworden, Stoßverkehr, nur die Leiche hatte keine Eile; Gesicht nach oben, taub für den Verkehrslärm, ließ sie die Limmat mit leise gurgelnden Wirbeln an ihren Schlammbärten vorbeiziehen, und es schien, daß sie jeden Gedanken an Flucht aufgegeben hatte. Doch der Polizei-Inspektor, ein umsichtiger Mann, ließ sie trotzdem bewachen, während er seinen Stumpen mehr kaute als rauchte; der Weidling war jetzt an eine Eisenstütze gebunden, gleichfalls von den Wirbeln der Strömung umgürtelt, eine Stangenlänge von der verfangenen Leiche entfernt, und der Polizist hatte ein dienstliches Auge auf sie. Es war ein warmer Mittag. August. Der Kadaver trug einen Wintermantel, Handschuhe, jedoch keine Mütze. Einmal nahm der Polizist seinen Helm ab, wischte den Schweiß aus und setzte den Helm wieder auf, allzeitbereit. Am liebsten, so schien es, wäre der Kadaver einfach gesunken, aber das gelang nur dem Kopf. Es wurde Zeit, daß endlich der schwarze Wagen vorfuhr mit einem Sarg. Nun gab's für die Neugierigen etwas zu sehen trotz Absperrung: ein Sarg, tannenholzroh. Als es darum ging, diesen Sarg mit Stricken zu versehen, griff der Polizei-Inspektor eigenhändig ein. Der Plan wurde klar: Unterwasser-Einsargung. So verwest mußte die Leiche schon sein, so schlammig, und die beiden Polizisten mit der städtischen Kokarde am Helm, die sie mit dem Sarg sozusagen herausschöpfen sollten, waren um ihre Arbeit nicht zu beneiden. Es dauerte denn auch lang, nachdem der Sarg an vier Stricken heruntergelassen war, und die Neugierigen, in Schranken gehalten, sahen nur den Polizei-Inspektor, wie er vom Geländer herab seine Weisungen gab, als wäre nichts dabei, sachlich und anfangs ohne Aufregung, später mit Kopfschütteln; der Kadaver schien sich nicht an seine Weisungen zu halten. Als die Neugierigen, einige schon gereizt, weil die stumme Polizei nach wie vor keine Fragen beantwortete, endlich einen Schrei hörten, einen kurzen Schrei, wußte niemand, was nun geschehen war; einige hätten vielleicht gelacht. Der Polizei-Inspektor schüttelte nur den Kopf wortlos, und kurz darauf sah man einen leeren Helm die grüne Limmat hinunterschwimmen, gefolgt von dem Sarg mit der Leiche drin, gefolgt von dem Weidling mit dem wackeren Stehruderer allein, während der andere, der ins Wasser gefallen war, in Uniform und Stiefeln gegen die Schipfe hinüber schwamm, ohne sich weiter um die Unternehmung zu kümmern. Der Weidling konnte auch nichts mehr ausrichten; das Geleit, das er dem langsam schwimmenden Sarg noch gab, endete bei der Urania-Brücke, wie erwartet. Danach schwamm der Sarg allein, einmal Füße voran, einmal Kopf voran, als müßte er erproben, was für eine lange Reise bequemer ist. Dabei trieb er rechtsab, so daß er alsbald gegen die Ufermauer kickte und zwar mehrere Male, zu kippen drohte, dies bei der Bahnhofbrücke, wo er nicht sogleich bemerkt wurde. Nicht jedermann, wenn er keine Polizei sieht, schaut übers Geländer hinunter. Während die Abschrankung auf der Gemüse-Brücke, obschon überflüssig, weiterhin gehalten wurde, fehlte hier jegliche Polizei, und der Kadaver hatte eine Rast, zumal die Ufermauer dort ziemlich hoch ist; man konnte ihn sehen, wie er da in dem Sarg schaukelte, aber konnte nicht eingreifen. Nachdem er mehrere Male gegen die Mauer gekickt war, hatte er Schlagseite, der Sarg; ein Arm hing heraus. Auch ein Verkehrspolizist, den man von seiner Kanzel gerufen hatte, konnte da nichts ausrichten; er zog seine weißen Handschuhe aus, offensichtlich selbst gespannt, was er danach tun werde, und dabei blieb es. Viele wandten sich ab. Vor allem die Hand, scheint es, entsetzte sie, weil sie sich im Wasser bewegte, wenn auch spärlich, ab und zu, aber immerhin. Nur der Verkehrspolizist, die weißen Handschuhe in der Faust, wandte sich nicht ab, als schuldete er's seiner Uniform. Sein Beschluß, die Hauptwache anzurufen und

Meldung zu erstatten, war der einzig vernünftige; der Kadaver selbst schien darauf zu warten. Kaum aber war der Verkehrspolizist gegangen, um von einer öffentlichen Kabine aus anzurufen, genügte ein Wirbel in der Strömung, und der Sarg kam wieder in Fahrt. Ohne zu kippen. In sanfter Kurve fand er die Öffnung unter der Bahnhofbrücke und kam auf der andern Seite dieser Brücke anstandslos heraus und zwar Kopf voran; jetzt nur noch Kopf voran; er hatte aufgehört sich zu drehen, wirkte entschlossen und schien, dort bei den Amtshäusern, seine Fahrt zu beschleunigen, als wollte er heute noch das Meer erreichen. Ob jemand in den Amtshäusern gerade zum Fenster hinausschaute, weiß ich nicht. Zwar streifte er einen Pfeiler der neuen Walche-Brücke, was ihn aber nicht lang aufhielt; er drehte sich bloß einmal herum, ohne zu kippen, und schwamm, jetzt mit gewechselter Schlagseite, an dem sommergrünen Park des Schweizerischen Landesmuseums vorbei, jetzt wieder Füße voran, schaukelnd, aber unaufhaltsam, und es machte schon den Eindruck, daß Zürich ihn wirklich nicht würde halten können – Zürich, das zur Tagesordnung zurückkehrte: die Schwäne gelassen-weiß unter der Trauerweide beim Helmhaus, hochoben die Möwen auf der Krone Karls des Großen, statt des Elfuhrgeläutes hörte man jetzt das Zeitzeichen von Beromünster, die Absperrung auf der Gemüse-Brücke war aufgehoben, der Weidling an seine Boje gekettet, der Verkehrspolizist winkte auf seiner Kanzel wieder mit weißen Handschuhen ... Es war eine Mutter mit Kinderwagen, die es später meldete, genötigt von ihrem Mann, der fand, das müsse man melden; sie fanden ihn beim sogenannten Draht-Schmiedli, wo ein Wehr ist, das ihn überrascht haben mußte: der offene Sarg stand ziemlich senkrecht aus dem gurgelnden Wasser, die Leiche lehnte drin.«

Camilla machte ein Uh-Gesicht.

»Ja«, sage ich, »so war das.«

»Scheußlich!«

»Dabei hätte er's beinah erreicht«, sage ich mit Blick auf meine Fingernägel, die wieder einmal in Ordnung sind, »beinah –«

»Was erreicht?«

»Abzuschwimmen ohne Geschichte.«

MARTIN WALSER[1]

Vor allem im epischen Genre ist Martin Walser als Chronist der westdeutschen Gesellschaft hervorgetreten. »Ehen in Philippsburg« – die negativ bewertete Integration eines jungen Journalisten in die großbürgerliche Gesellschaft, deren Verrottung am Verfall der Ehen demonstriert wird; »Halbzeit« – von der Kritik eingeschätzt als »Bestandsaufnahme unserer [bürgerlichen] Arbeitswelt der deutschen fünfziger Jahre«; im Mittelpunkt der wendige Vertreter, Verkaufsrepräsentant und Werbefachmann Anselm Kristlein, auch er geht einen zweifelhaften Weg nach oben. Walser läßt ihn in »Das Einhorn« (1966, dem zweiten Teil der »Kristlein-Trilogie«, die mit dem »Sturz« schließt) zum Schriftsteller werden, der im Auftrag einer Schweizer Verlegerin ein Buch über die Liebe schreiben soll, einige erotische Episoden erlebt, sich zuletzt verliebt und in dessen Erinnerung Frau und Geliebte schließlich verschmelzen. Der Autor variiert hier das in moderner Literatur so häufige Prinzip des »Romans im Roman«, freilich scheitert Kristleins Versuch, die Liebe erinnernd sprachlich zu fassen. Wieder ist Gesellschaftskritik mit im Spiel, die vielfältigen Beziehungen des Protagonisten, seine Reisen, die Feste, die er mitfeiert, bieten dazu willkommenen Anlaß. Im folgenden Auszug zeichnet sich die Krise schon ab, in die Walser nach diesem Roman geriet (»Fiction«, »Die Gallistl'sche Krankheit«): Die Kulturindustrie wird als kapitalistische Appara-

1. Bio-Bibliographie s. S. 34.

tur dargestellt, die noch die widersprüchlichsten, einschließ-
lich der sie negierenden Beiträge zu assimilieren vermag.
Darin impliziert ist als utopische Hoffnung das Gegenbild
eines Gesellschaftssystems, in dem Kultur ihres Waren-
charakters enthoben und das Argument als Argument ge-
hört wird. Hervorzuheben an dem gewählten Ausschnitt ist
der vokabuläre Reichtum, der es ermöglicht, ein Kultur-
und Informationssystem bis in seine Verästelungen zu zi-
tieren.

Was darf es sein?
(Das Einhorn, Auszug)

Muß es, fragte ich telephonisch, ein Roman sein? Melanie
sagte: Ja, schon, das heißt Nein, nichts Erdachtes, etwas
Genaues (öppis Gnaus), nach dem Leben. Also sowohl als
auch nicht. Und ich rannte in die Küche. Birga, es muß
kein Roman sein, ich fange gleich an. Der Gott des 138.
Psalms sah mich im blanken Münchner Märzlicht sitzen und
schreiben:
LIEBE (Arbeitstitel)
Entwurf eines Sachromans (im Folgenden auch Sachrom
genannt) im Auftrag von Frau Melanie Sugg. Sie will kein
Hohes, eher ein Genaues Lied. *Ist ein Held nötig?* Ja. Aber
wer ist kein Held? Was durch eine Oberhaut zusammen-
gehalten wird, ist ein Held. Eingesperrt in seine Haut, sieht
er dem Tod entgegen. Das hält er aus. Nur der Unsterbliche
wäre kein Held. Jetzt noch einen Namen für die Versamm-
lung sonst unvereinbarer Einzelheiten. Daß eine Stelle entsteht. Kein Aufenthalt im Dahintreiben, sondern eine da-
hintreibende Stelle. Der Name ein Fähnchen, man kann die
Stelle verfolgen. Kristlein, Anselm. Herzklopfen. Ich als
Held auf eigene Rechnung. Das Problem: der Regisseur als
Hauptdarsteller. Er wird parteiisch sein. Darauf achten.
Ihm immer wieder nachweisen, daß er ein häufig vorkom-

mender Mensch ist. Trost: je verwechselbarer er ist, desto
größer sein Heldentum. *Was für eine Art Held ist Anselm?*
Das Nächste immer goldgelb dicht vor der Nase, alle Ver-
heißung gerinnt im Nächsten, er sagt immer: empfinde ich
mich schon? nein, noch nicht, nicht bevor ... nicht bis ...
dann aber gleich. Erfüllungsdaten. Nähert sich das Nächste,
springt die Erwartung zum Übernächsten. Wird er sich nie
empfinden? Oder nur wie vorübergehend? Undurchsichtig
wie eine Norm. Eigentlich will er anders sein. Meint er, er
ändere sich? Aber dadurch, daß er sich ändert, wird er kein
anderer. Die Zukunft stellt sich ein. Andauernd. Ein Mittelalter löst das andere ab. Darstellen, wie er sich gegen Abend
oft ganz unbekannt wird. Die Abende werden sowieso immer wichtiger. Abends herrscht etwas. Nur jetzt keinen
Mut, Anselm, das könnte Dich das Leben kosten. Anselm
darauf hinweisen, wie selten einer schreiend auf die Straße
rennt. Kannst Du vielleicht klipp und klar sagen, was auf-
hören soll? In Stuttgart, in der Sonnenbergstraße, lief eine,
den Mund weit offen, aufs Trottoir, lief ein Stück auf-
wärts, ohne einen Laut zu geben. Versuche, ihr den Mund
wieder zu schließen, mißlangen. Ärzte verschiedener Art
bemühten sich um diesen offenen Mund. Der Mund blieb
offen. Und lautlos. Die Frau machte aber, bevor man sie
wegbrachte, Tanzbewegungen, auch mit den Händen. Eine
Art Reiseschmerz wird wohl jeder dann und wann empfinden. Die Konzentration der Empfindung in einem enger
werdenden Körper. Wie bei zu großer Geschwindigkeit. Jeder
reist mit seiner Spezialaufgabe. A. K. wird sich also an seine
Mitreisenden wenden: betrachten Sie bitte meine versteppen-
de Leber, bevor sie von mir Gehör für Ihr flattriges
Herz verlangen. *Unter welchen Umständen* ist Anselm
Held eines Sachroms handelnd von Liebe? Kann er das
zuhause sein? Muß er dazu unterwegs sein? Natürlich
unterwegs. Wie selbstverständlich. Kommt also Liebe lieber
unterwegs vor? Darf A. K. dann überhaupt verheiratet
sein? Oder muß das verschwiegen werden? (Melanie, muß

das verschwiegen werden?) Darf er beruflich unterwegs sein? (Oder muß das auch verschwiegen werden?) Wer kann es sich leisten, ohne beruflichen Anlaß unterwegs zu sein? Wäre das noch ein Held? Und für Liebe? (Das Schlimmste, Melanie, ist das Wort. Die Liebe. Mir fällt die Tasse vom Henkel, Melanie. Mir zerbröselt das Ohr. Ich denke das Wort und habe schon lauter Wackersteine im Bauch, nehme statt des Huts den Kopf ab, die Zunge rutscht mir ins Weinglas und läßt sich nicht mehr fangen, also, liebe Melanie, ich übernehme das Wort auf Treu und Glauben und vom Hörensagen, aber verlange nicht, daß ich der Liebe zuliebe imposanten Rumor fabriziere etc. Sorgfältig will ich Anselm nach rückwärts verfolgen, vielleicht war Liebe vor, und er hat es nicht bemerkt. Schön wär's. Vorerst zähl ich das Wort zu den bloßen Wörtern.) *Datierung:* 1960 ff. *Beruf:* geht der, den er hat? Aber was ist er eigentlich? Oder: ist er eigentlich was? O ja. Anno 60 hat er schon seine kleine Karriere hinter sich. Der Vertreter für Diesunddas ist schon Werbemann, Texter, Berater, Ideologe. Gewesen. In Amerika war er auch schon. Dort schreiben Texter frühzeitig ein Buch über sich und die Erfahrung. Hat er auch schon hinter sich. Das private Sachbuch. Gilt deshalb bei einigen als Fachmann. Wird eingeladen. Hält Vorträge. Kommt viel herum. Fragt sich schon: sollte das ein neuer Beruf sein? Lebt er von seinen vier Vorträgen. (1. Familie, Jagdwild der Werbung. 2. Werbung: Information oder Psychagogik? 3. Verdirbt das Image die Politik? 4. Braucht Gott public relations?) Soll man ihm in alle Städte folgen? Kann man Wertheim an der Tauber einfach weglassen? Ist es für die Nacht in Saarbrücken ohne Bedeutung, daß er die Nacht davor in Leer (Ostfriesland) war? Andererseits: ist es gleichgültig, ob er die Baltin in Viersen oder in Goslar kriegt? Wodurch unterscheiden sich Städte von einander? Städte, in denen er drei oder vier Vorträge hielt (Lieblingsstädte): Erkelenz, Leer, Jülich, Viersen, Krefeld, Wuppertal, Solingen, Hagen, Burscheid, Lüdenscheid, Remscheid,

Dorsten, Marl, Goslar, Soest, Hildesheim, Osnabrück, Itze-
hoe, Brunsbüttelkoog, Heide, Homburg/Saar, Wetzlar,
Wertheim, Würzburg, Bad Nauheim, Dornbirn, Feldkirch,
Kreuzlingen, Rheinfelden, Weinfelden, Winterthur, Biber-
ach. Hinweis: die Landkarte zeigt, daß die Aufgeschlossen-
heit für seine Vorträge an bestimmte Landschaften gebunden ist. Städte, in denen er zwei Vorträge hielt, ganz allgemeine Städte also: Oberhausen, Kassel, Mainz, Bremen,
Duisburg, Dortmund, Lübeck, Kiel, Braunschweig, Wiesbaden, Mannheim, Karlsruhe, Freiburg, Rotterdam, Düsseldorf, St. Gallen, Nürnberg, Bochum, Basel, Ulm. Nur einen
Vortrag hielt er in Berlin, Bad Wildungen, Hamburg, Au-
rich, Frankfurt, Cloppenburg, Stuttgart, Gunzenhausen,
München und Rötz. Nicht zu vergessen: die Diskussionen!
Wichtige Spielart des neuen Berufs. A. K. in allen Städten,
die Universitäten oder Rundfunkstudios, oder Universitä-
ten und Rundfunkstudios haben. Und in den Akademien
Bad Boll, Tutzing, Arnoldshain, Loccum. Religiöse Stätten.
Glashäuser. Abgelegen. Ebenso abgelegen: die sozialdemo-
kratischen Besinnungsstätten im Schwarzwald, im Bergischen
Land und am Niederrhein. Selbstbedienung, Ententeiche,
Nebeltannen, Exerzitien-Flure, Trainingsanzüge, gezielte
Bibliotheken. An zweihundert Abenden spendet A. K. seinen Beitrag zur Besinnung auf jede Art von moderner Gefahr. Er wird Gesprächsteilnehmer. Anfangs war er vielleicht ein Anfänger. Zeigen, wie schnell er eine Sprache
lernt. Zuerst ist es eine Fremdsprache. Seine Lehrer: die
Rundtischpartner, Podiumsbrüder, Forenasse. In Mainz ist
er schon besser als in Freiburg und in Arnoldshain schon
besser als in Mainz. In Göttingen hält ihn ein Soziologe
schon für einen Soziologen und in Bergneustadt wird er
von einem Parteisoziologen für einen Parteisoziologen gehalten. Der Speaker, der Master, der Moderator stellt immer die Teilnehmer vor. A. K. hört, daß man ihn vorstellt
als Schriftsteller oder gar als Intellektuellen. Sein Erstau-
nen, Erröten. Sobald ihm das Wort erteilt wird, korrigiert

er: Werbetexter. Das wird aufgenommen wie ironisch gemeinte Bescheidenheit. Schließlich bringt er seine Korrektur tatsächlich bloß noch so vor. Ab Düsseldorf unterläßt er sie ganz. Er will keinen Lacher dafür. Hotelformulare. Immer weniger Herzklopfen, wenn er sich einträgt. Mal als Schriftsteller, mal als Intellektueller. Keine Behörde fragt zurück, kein Nachweis wird verlangt.

Nicht zu vergessen: die öffentlichen Fragen, die ins Haus kommen. Offenbar gehört das zum neuen Berufsstand. Der Schriftsteller ein Fachmann für fast alles. Konnte er da zurückschreiben: ich weiß es doch auch nicht!

Oder fühlte er sich schon geschmeichelt, weil Leute glaubten, er wisse, wann die Wiedervereinigung fällig, wie sie überhaupt zu bewirken sei, und wie man die Atombombe abschaffen könnte? Offenbar glaubten mehrere, er hätte die Lösung, hätte sie aber bisher aus Bescheidenheit oder vor lauter Reichtum in der Schublade liegen gelassen. Sollte er also sich hinsetzen und schreiben: die Notstandsgesetze sind ein Verbrechen, hochachtungsvoll A. K. Die Ehe ist heute noch... Der Kommunismus wird... Das Abendland war... Die SPD wird immer wieder... Da ihn die Fragenden für einen Schriftsteller halten und Schriftsteller Schicksalsfragen offenbar ohne Zögern beantworten können, gibt er sich Mühe. Fragt einer nach der Hochschulreform, kann der ja nicht wissen, daß am selben Tag die Frage nach der Mischehe eintrifft. Also über Hochschulreform muß er was wissen, denkt der Fragende, das kann man verlangen. Das denkt der, der nach der Päderastie fragt, der nach den Weltjugendfestspielen fragt, der nach Pharmawerbung fragt... Also ein Kapitel: Wie Anselm schnell ein Schriftsteller wird. Anlegung eines Registers. Besondere Erfahrung: Der Schriftsteller als Schnellwisser hat auch die Pflicht, selber aufzupassen und nötigenfalls tätig zu werden. Es gibt zwar welche, die als eine Art Oberschriftsteller nicht nur auf sich und die Zeit, sondern auch noch auf die anderen Schriftsteller aufpassen und jeden heftig anstubbsen, der einen Augenblick in der Wachsamkeit nachläßt; aber dieses Aufgewecktwerden ist eher peinlich; die Oberschriftsteller benützen dazu nämlich Zeitungsartikel; deshalb will Anselm sich lieber selber anstrengen und alles Öffentliche dauernd bespähen: Kataloge von Versandhäusern (ob sie geschmackvoll sind), Wahljahre (ob auch alle Schriftsteller sich nicht zu fein sind für die Politik, die Heimatvertriebenen (ob sie nicht zu radikal sind), die SPD (ob sie nicht zu wenig radikal ist), die Goethe-Institute (ob sie nicht zu weit nach rechts rutschen), die Studentenverbände (ob sie nicht zu weit nach links rutschen), die Preisjurys (ob sie nicht zu sehr in der Mitte kleben) ... Man nennt das »das Engagement«. Anselm liest in der Zeitung darüber. Er fühlt, daß das verlangt wird. Sehnt er sich manchmal zurück in die Werbebranche, wo man monatelang singen durfte für ein einziges Produkt? Und erst die Vertreterzeit. Da wußte man halt: jetzt kommen drei Monate mit Schuhwichse.

Überlegen, wie man seine Scham darstellen soll. Anfangs geniert er sich ziemlich, will für Beantwortung von Schicksalsfragen kein Geld nehmen. Aber dann gewöhnt er sich daran und beantwortet die Frage, ob es jetzt eine Intellektuellenkrise gebe, lieber, wenn er weiß, es gibt zwei Mark pro Zeile. So wächst er in einen Beruf hinein, von dem er nichts weiß. Er glaubt, er sei immer noch, was er war. Zuerst reiste er mit Schuhwichse, Modeschmuck, Aussteuerwäsche, dann erfand er stationär Meinungen über Produkte, jetzt reist er mit vier Vorträgen und erfindet stationär Antworten auf Schicksalsfragen. Damals hieß es: die freie Marktwirtschaft, welche unserer Freiheit den Grund legt, braucht Dich. Anselm dagegen brauchte Geld. So kriegte jeder, was er brauchte. Jetzt heißt es: die Meinungsfreiheit, welche unserer Freiheit den Grund legt, braucht Dich. Anselm dagegen braucht immer noch Geld. So kriegt wieder jeder, was er braucht. Trotzdem kommt ihm manchmal vor, als sei die Rechtfertigungsmusik der Wirtschaft harmonischer gewesen zum Geschäft als die Musik, die die Produktion freier Meinungen begleitet. Aber er muß doch jeden Tag leben. Um es besser auszuhalten, nennt er sich selber ohne jeden Spott einen Vortragsreisenden und Meinungsverbreiter. Er will sich freuen dürfen, wenn das Geschäft ein bißchen geht, wenn da eine Zeitschrift namens *Dokumente* sich sogar glücklich schätzt (und sicher dementsprechend bezahlt), wenn er bloß die Frage beantwortet, wie es heute in Deutschland dem Patriotismus ergehe. Trotzdem: die Fragen auch darstellen als eine Serie von Versuchungen. Und als ein Beweis: auch zuhause ist A. K. vor Versuchung nicht sicher. Was ist schlimmer: mit einer Baltin in Goslar oder an die *Revue* (oder war es *Quick*?) eine Meinung verkaufen über den Paragraphen 218? Die Frage nach dem Paragraphen 175 beantwortet er gratis. *Westermanns Monatshefte* wollen etwas über die *Bedrohung der Familie* kaufen; die *Tribüne* will ihn an einer *Geistigen Bilanz* verdienen lassen; die *Esto* zahlt sehr gut für eine Meinung über das Manipulieren von Meinungen. Einem *Kuratorium für ein Unteilbares Deutschland* war gelegen an einer gültigen Aussage zum Thema Freiheit, Menschlichkeit, Selbstbestimmung. Der *Deutschlandsender* stellte die Frage so: Was halten Sie vom Berliner Abkommen? Der *Rheinische Merkur* fragte ihn, ob Kunst alles dürfe, zum Beispiel: sich hinwegsetzen über. *Wir* fragte: Was tun Sie für den Frieden der Welt? Das Haus Springer schickte Mauerreportagen, Bilder, Flüchtlingsprotokolle und hätte sich das gern zu einer Literatur verarbeiten lassen; die *Bunte Münchner* fragte nach seinen Noten im Deutschunterricht; *Christ und Welt* fragte, ob Gerhart Hauptmanns Werk noch lebendig sei, ob er glaube, im Nachlaß würden Entdeckungen gemacht, die sein Hauptmann-Bild negativ oder positiv verändern könnten etc.; der *Abend* fragte: warum sind Sie in einer oder keiner Partei? die *Abendzeitung* fragte, ob es den Kavalier noch gebe; *UPI* fragte, telephonisch, nach seiner Meinung zum Tod Robert Frosts; *Constanze* fragte, ob

er selber im Haushalt repariere, wenn nein, warum nicht;
der Junge Literatur-Kreis fragte nach der deutschen Teilung, ein Anthologist fragte schon wieder nach der Ehe
heute, ein anderer öfter nach der Wiedervereinigung; einer
nach Witzen; ein fünfter fragte nach dem Taschenbuch, ein
sechster nach der Abrüstung, ein siebenter nach der Todes-
strafe; ein Wissenschaftler, der mit Hilfe von Frequenz-
analyse, multidimensionalem Skalieren, Sequenzanalyse,
Korrelationsrechnung, Faktorenanalyse und Programmierung für den Elektronenrechner TR 4, ein Wissenschaftler,
sage ich, der, so ausgerüstet, Autoren von Texten durch
numerische Kennworte sprachlicher Merkmale beschreiben
wollte, dieser Wissenschaftler brauchte zur Aufstellung der
Hypothesen, die bestehen aus erwarteten Merkmalsauspra-
gungen, also für das, was man ex-post-design nennt, dafür
brauchte der Wissenschaftler die Meinung unseres Helden,
nämlich der Art: ob Mörike seltener als die meisten und
Kant häufiger als die meisten Adverbien verwendeten, ein
Antwortschema mit 16 grammatikalischen Kategorien liegt
bei, eine dringende Zeile mahnt: lieber raten als auslassen;
und der siebte Anthologist will etwas über Liebe kaufen,
im engeren oder weiteren Sinn; der achte etwas über Krieg
oder Frieden, weil, sagt er, de facto die Gefahr der Vernichtung der Menschheit jetzt bestehe... Und immer hat
A. K. die volle Freiheit, zweieinhalb bis zwölf Seiten, kann
kommen als Gedicht, Novelle, Essay, Betrachtung, Reflexion, Bericht, eineinhalbzeilig, curriculum vitae, eine
Mark, zwei Mark pro Zeile. Also bildete er zum raschen
Verkauf eine Meinung über alles, worüber offenbar noch zu
wenig Meinung vorhanden war. Nach einem Jahr durfte er
von sich sagen, daß es keine Meinung gab, die er nicht an
einem Vormittag formulieren konnte. Nach einem Jahr,
kam ihm keine Frage mehr ins Haus, die ihn noch erstaunt
oder gar verwirrt hätte. Die vielen Fragenden hatten, ohne
von einander zu wissen, zusammengearbeitet, hatten ihn zu
einem Fachmann gemacht in der Beantwortung von Schick-

salsfragen. Dieses Training kam seinen Auftritten auf den Podien zugute, weil dort zwillingshaft ähnliche Fragen diskutiert wurden, und der am besten wegkam, der am schnellsten eine Art Meinung sagen konnte. Andererseits kam das Training, das er auf den Podien absolvierte, auch wieder der Herstellung von Meinungen in Heimarbeit zugute. Manchmal, im Zug zwischen Hamburg und Stuttgart, sah er die Zukunft ganz hell. Offenbar gingen die Schicksalsfragen nicht aus. Und immer häufiger traf er auf den Podien Partner, mit denen er schon in Köln oder in Nürnberg diskutiert hatte. Man schüttelte einander die Hände. Was spielen wir heute? Beethovens Fünfte oder was von Richard Strauß? Wollen Sie heute mal Violine? Aber das war nur Geplänkel. Sobald man das Podium betrat, sich setzte, das Publikum sah, war es aus mit der Leichtigkeit. Jeder hatte Mühe, sein Bestes zu geben.

A. K. war also unterwegs. Das macht ihn geeignet zum Helden eines Sachroms über Liebe. Er war beteiligt an der Produktion jener Meinungsmenge, die nötig ist, um den Meinungsbedarf zu decken, den die Bevölkerung in der Freizeit nicht gerade anmeldet, aber doch hat oder ganz gewiß haben soll. Wer weiß das schon. Die Bevölkerung ist höflich.

Zur rechten Einschätzung A. K.s: er war keine Sekunde lang ein Star. Er konnte sich nicht darauf verlassen, daß ihn eine schon kannte. Als Kulturkritik-Produzent war er keinen Abend und keinen Vormittag lang vergleichbar mit Monsignore Hannsler, Arnold Gehlen, Arnold Laberlein, Holthusen, Schabsack-Lenz, Willy Ariel, Basil Schlupp, Arnold Brei oder gar Arnold Arnold. Wenn einer aus der ersten Riege plötzlich erkrankte oder selber einspringen durfte in der Weltriege in Perpignan oder Princeton, dann durfte A. K. auch schon mal in Riegen auftreten, in denen sonst nur die erstklassigen, die niet- und nagelfesten Denker, die wirklichen Meinungskönige auftraten, die Begriffschefs, Wörterkhans; jeder eine Fremdsprache für sich, jeder eine große Kläranlage, ein Rheinfall, ein Großglockner, eine Milchstraße, ja, jeder eine galaktische Spirale, ein Universum, wahrscheinlich leuchtend noch lang nach dem Erlöschen. Weil doch das Licht so lang braucht, bis es zu uns kommt, vor denen Licht etwas ganz anderes ist als Finsternis. (Soviel, Melanie, müßte wohl über den beruflichen Anselm mitgeteilt werden, bevor man ihn reisen läßt. Der Beruf ein Widerlager der Liebe. Oder was meinst Duu?)

VII. Drama

In der »Theorie des modernen Dramas« schrieb Peter Szondi über dessen Vorläufer, das in der Renaissance entstandene Drama der Neuzeit: »Es war das geistige Wagnis des nach dem Zerfall des mittelalterlichen Weltbildes zu sich gekommenen Menschen, die Werkwirklichkeit, in der er sich feststellen und spiegeln wollte, aus der Wiedergabe des zwischenmenschlichen Bezugs allein aufzubauen.« Eben das Fragwürdigwerden dieser Prämisse seit dem 19. Jahrhundert in der Struktur moderner Dramen nachzuweisen, hatte Szondi unternommen. Ein Autor und ein Begriff spielten hierbei eine besondere Rolle: Im Namen des epischen Theaters bekämpfte Brecht nicht nur die aristotelischen Identifikationseffekte Furcht und Mitleid, sondern er bestritt sogar, daß die gesellschaftliche Wirklichkeit seiner Zeit sich dramatisch »aus der Wiedergabe des zwischenmenschlichen Bezuges allein« aufbauen lasse; derartige Versuche seien eher dazu angetan, die Wirklichkeit mit ihren auf das Individuum einwirkenden Faktoren zu verstellen. Brecht führte seine Konzeption sowohl praktisch, in einer Reihe von »Versuchen«, als auch theoretisch, u. a. im »Kleinen Organon für das Theater«, durch. Nimmt man hinzu, daß das »Berliner Ensemble« nicht nur zur Ausbildungsstätte wichtiger Autoren und Regisseure der DDR wurde, sondern, in den fünfziger Jahren, zu einem der besten Theater der Welt, so scheint es gerechtfertigt, mit Marianne Kesting Brecht als Bezugspunkt für die gesamte deutsche dramatische Nachkriegsproduktion zu nehmen. Von den DDR-Autoren wird noch zu reden sein. Was die westdeutsche, schweizerische und österreichische Entwicklung betrifft, so zeigte sich, daß man auch hier – weniger ausschließlich, zudem das revolutionäre Element häufig zurücknehmend – an Brecht anknüpfte. Dürrenmatt und Frisch wären zu nennen; die Gesellschaftskritik in ihren Stücken ist freilich stark mit einem gewissen Fatalismus bzw. mit der eher privatistischen Individualitäts- und Identifikationsproblematik belastet. Nach einer Reihe unbeachteter surrealer Grotesken setzte Peter Weiss im »Marat/Sade« die Brechtsche Revolutionsthematik und Illusionszerstörung fort. Den Weg der Illusionszerstörung noch weiter ging Peter Handke in seinen »Sprechstücken«, konsequenten Negationen des Unterschieds zwischen Bühne und Publikum, die freilich nur gelangen, weil auf aufklärerische Beeinflussung des Publikums verzichtet wurde. Autoren, die auf eine solche abzielten, wandten sich denn auch, als sich das Mittel der Illusionszerstörung zu erschöpfen drohte, älteren Formen zu, sei es dem psychologisch-realistischen oder dem naturalistischen Stück (Martin Sperr, Franz Xaver Kroetz), sei es dem dokumentarischen Theater (Heinar Kipphardt, Tankred Dorst). Eine Sonderstellung beanspruchte Rolf Hochhuth, dessen Arbeiten von der Unmöglichkeit zeugen, politische Probleme des 20. Jahrhunderts in Form eines schillerschen Geschichtsdramas auf die Bühne zu bringen. War das epische Theater aus der Überlegung geboren worden, eine schwer durchschaubare Welt der Zwänge und Abhängigkeiten verlange nach intellektuellen, distanzierenden Arrangements, so ging das absurde Theater, wichtig vor allem in den fünfziger Jahren (Grass, Hildesheimer), von der Voraussetzung der grundsätzlichen Undurchschaubarkeit der Welt aus. Nur um den Preis dieses Erkenntnisverzichts gelangen ihm, vor allem in Frankreich, poetisch-geschlossene, zumindest theatralisch überzeugende Stücke.

FRIEDRICH DÜRRENMATT

Geb. 5. Januar 1921 in Konolfingen bei Bern. Studierte Theologie, Philosophie, Literaturwissenschaft. Arbeitete als Maler, Zeichner, Theaterkritiker, Kabarettautor. Weltruhm mit seiner Komödie *Der Besuch der alten Dame.* Zusammenarbeit mit verschiedenen Theatern, besonders Basel und Zürich. Lebt bei Neuchâtel.

Werke: *Die Ehe des Herrn Mississippi* K. (1952); *Der Richter und sein Henker* R. (1952); *Der Verdacht* R. (1953); *Ein Engel kommt nach Babylon* K. (1953); *Grieche sucht Griechin* R. (1955); *Der Besuch der alten Dame* K. (1956); *Die Panne* Hsp. (1956); *Romulus der Große* K. (1958); *Das Versprechen* R. (1958); *Der Doppelgänger* Hsp. (1960); *Frank der Fünfte* Dr. (1960); *Die Physiker* Dr. (1962); *Der Meteor* K. (1966); *Der Mitmacher* Dr. (1973); *Zusammenhänge. Essay über Israel* (1976).

In seiner Rede zur Verleihung des Hörspielpreises der Kriegsblinden 1957 sagte Dürrenmatt: »Erst hinter den Kulissen dessen, was von der Politik, vom Staat vernünftigerweise zu fordern ist und was auch zu leisten wäre, nämlich Freiheit und soziale Gerechtigkeit, beginnen die nicht selbstverständlichen, die entscheidenden Fragen, die nicht gemeinsam zu lösen sind, die aber jeder Einzelne zu lösen hat.« Dieser Satz impliziert die Weigerung, sich für eines der antagonistischen Weltsysteme zu entscheiden, und die »vernünftige«, freilich utopische und hier herabgespielte Forderung, ihre Vorzüge in einer Synthese zu vereinigen. Eines seiner Hauptanliegen, führte Dürrenmatt weiter aus, sei es, den mutigen Menschen zu zeigen. »Ich lehne es ab, das Allgemeine in einer Doktrin zu finden, ich nehme es als Chaos hin. Die Welt (die Bühne somit, die diese Welt bedeutet) steht für mich als ein Ungeheures da, als ein Rätsel an Unheil, das hingenommen werden muß, vor dem es jedoch kein Kapitulieren geben darf.« Die weltanschaulichen Nachfolger der verlorenen religiösen Weltordnung tut Dürrenmatt als doktrinär ab, nur individueller Sittlichkeit (einem zugleich protestantischen und existentialistischen »Dennoch«, könnte man explizieren) sei eine Verbindung mit jener Ordnung möglich. Aus dem angeblich chaotischen Charakter der Welt leitet Dürrenmatt die Notwendigkeit der Komödie ab, für die er einen an kabarettistischen, satirischen, grotesken Elementen reichen Theaterstil schuf. »Der Besuch der alten Dame« schildert die Rückkehr der schwerreichen Claire Zachanassian in ihr heruntergekommenes

*Heimatdorf. Sie hat es mit ihren Millionen aufgekauft, und
teils mit dem Versprechen einer riesigen Summe, teils unter
Androhung des wirtschaftlichen Ruins bringt sie die Bewohner dazu, ihren einstigen Geliebten Ill, der sie verlassen
und in einem Vaterschaftsprozeß betrogen hatte, zu ermorden. Das Opfer nimmt seinen Tod schließlich als gerechte
Sühne hin. In einer parodistischen Verkehrung der Sopho-
kleischen »Antigone« endet das Stück mit dem Lobpreis des
kriminell erworbenen Wohlstands. Die ausgewählte Szene
der »tragischen Komödie« bildet den Schluß des ersten Aktes. Die von der Zachanassian hinsichtlich ihres Erfolges
zynisch geäußerte Gewißheit präfiguriert das Ende des
Stückes. Nur vom »ernst genommenen Humor« her sei es
zu verstehen, sagte Dürrenmatt einmal; mit der humoristi-
schen Distanz untrennbar verbunden ist seine Überzeugung
von der nur begrenzten Wirkkraft aller Literatur: »Beun-
ruhigen« könne ein Dichter »im besten, beeinflussen im seltensten Fall – verändern nie«.*

Der Besuch der alten Dame
(Schlußszene des 1. Aktes)

*Blasmusik ertönt, feierlich getragen. Der Wirtshausapostel
senkt sich wieder herunter. Die Güllener tragen Tische herein, die Tischtücher erbärmlich zerfetzt. Gedeck, Speisen,
ein Tisch in der Mitte, einer links und einer rechts, parallel
zum Publikum. Der Pfarrer kommt aus dem Hintergrund.
Weitere Güllener strömen herein, einer im Turnerleibchen.
Der Bürgermeister, der Lehrer, der Polizist erscheinen wieder. Die Güllener klatschen Beifall. Der Bürgermeister
kommt zur Bank, wo Claire Zachanassian und Ill sitzen,
die Bäume sind wieder zu Bürgern geworden und haben
sich nach hinten begeben.*

Der Bürgermeister. Der Beifallssturm gilt Ihnen,
   verehrte gnädige Frau.

Claire Zachanassian. Er gilt der Stadtmusik, Bürgermeister. Sie bläst vortrefflich, und vorhin die Pyramide des Turnvereins war wunderschön. Ich liebe Männer in Leibchen und kurzen Hosen. Sie sehen so natürlich aus.

Der Bürgermeister. Darf ich Sie zum Tisch geleiten?

(Er führt Claire Zachanassian zum Tisch in der Mitte, stellt ihr seine Frau vor.)

Der Bürgermeister. Meine Gattin.

(Claire Zachanassian betrachtet die Gattin durch ihr Lorgnon.)

Claire Zachanassian. Annettchen Dummermuth, unsere Klassenerste.

(Nun stellt er eine zweite Frau vor, wie die seine ausgemergelt, verbittert.)

Der Bürgermeister. Frau Ill.

Claire Zachanassian. Mathildchen Blumhard. Erinnere mich, wie du hinter der Ladentüre auf Alfred lauertest. Mager bist du geworden und bleich, meine Gute.

(Von rechts stürzt der Arzt herein, ein fünfzigjähriger untersetzter Mensch mit Schnurrbart, borstigen schwarzen Haaren, Schmissen im Gesicht, alter Frack.)

Der Arzt. Noch zur rechten Zeit hergeflitzt mit meinem alten Mercedes.

Der Bürgermeister. Doktor Nüßlin, unser Arzt.

(Claire Zachanassian betrachtet den Arzt durch ihr Lorgnon, der ihr die Hand küßt.)

Claire Zachanassian. Interessant. Verfertigen Sie die Totenscheine?

Der Arzt *(stutzt).* Totenscheine?

Claire Zachanassian. Kommt jemand um?

Der Arzt. Allerdings, gnädige Frau. Meine Pflicht. Von der Behörde angeordnet.

Claire Zachanassian. Stellen Sie in Zukunft Herzschlag fest.

I l l *(lachend)*. Köstlich, einfach köstlich.
(Claire Zachanassian wendet sich vom Arzt ab und betrachtet den Turner in seinem Leibchen.)
C l a i r e   Z a c h a n a s s i a n. Turnen Sie nochmal.
(Der Turner beugt die Knie, schwingt die Arme.)
C l a i r e   Z a c h a n a s s i a n. Wundervoll diese Muskeln. Haben Sie schon jemand erwürgt mit Ihren Kräften?
D e r   T u r n e r   *(in Kniebeuge, starr vor Verwunderung)*. Erwürgt?
C l a i r e   Z a c h a n a s s i a n. Schwingen Sie jetzt noch einmal die Arme nach hinten, Herr Turner, und dann gehen Sie in die Liegestütz.
I l l *(lachend)*. Einen goldenen Humor besitzt die Klara! Sind zum Totlachen, diese Bonmots!
(Der Arzt ist immer noch bestürzt.)
D e r   A r z t. Ich weiß nicht! Solche Späße gehen durch Mark und Bein.
I l l *(heimlich)*. Millionen hat sie versprochen!
(Der Bürgermeister schnappt nach Luft.)
D e r   B ü r g e r m e i s t e r. Millionen?
I l l. Millionen.
D e r   A r z t. Donnerwetter.
(Die Milliardärin wendet sich vom Turner ab.)
C l a i r e   Z a c h a n a s s i a n. Nun habe ich Hunger, Bürgermeister.
D e r   B ü r g e r m e i s t e r. Wir warten nur auf Ihren Gatten, gnädige Frau.
C l a i r e   Z a c h a n a s s i a n. Sie brauchen nicht zu warten. Er angelt, und ich lasse mich scheiden.
D e r   B ü r g e r m e i s t e r. Scheiden?
C l a i r e   Z a c h a n a s s i a n. Auch Moby wird sich wundern. Heirate einen deutschen Filmschauspieler.
D e r   B ü r g e r m e i s t e r. Aber Sie sagten doch, Sie führten eine glückliche Ehe!
C l a i r e   Z a c h a n a s s i a n. Jede meiner Ehen ist glücklich. Aber es war mein Jugendtraum, im Güllener Mün-

ster getraut zu werden. Jugendträume muß man ausführen. Wird feierlich werden.

(Alle setzen sich. Claire Zachanassian nimmt zwischen dem Bürgermeister und Ill Platz. Neben Ill sitzt Frau Ill und neben dem Bürgermeister dessen Gattin. Rechts hinter einem anderen Tisch der Lehrer, der Pfarrer und der Polizist, links die Vier. Weitere Ehrengäste mit Gattinnen im Hintergrund, wo das Spruchband leuchtet: Willkommen Kläri. Der Bürgermeister steht auf, freudestrahlend, schon die Serviette umgebunden, und klopft an sein Glas.)

Der Bürgermeister. Gnädige Frau, meine lieben Güllener. Es sind jetzt fünfundvierzig Jahre her, daß Sie unser Städtchen verlassen haben, welches vom Kurfürsten Hasso dem Noblen gegründet, so freundlich zwischen dem Konradsweilerwald und der Niederung von Pückenried gebettet liegt. Fünfundvierzig Jahre, mehr als vier Jahrzehnte, eine Menge Zeit. Vieles hat sich inzwischen ereignet, viel Bitteres. Traurig ist es der Welt ergangen, traurig uns. Doch haben wir Sie, gnädige Frau – unsere Kläri – *(Beifall.)* – nie vergessen. Weder Sie, noch Ihre Familie. Die prächtige, urgesunde Mutter – *(Ill flüstert ihm etwas zu.)* – leider allzufrüh von einer Lungenschwindsucht dahingerafft, der volkstümliche Vater, der beim Bahnhof ein von Fachkreisen und Laien stark besuchtes – *(Ill flüstert ihm etwas zu.)* – stark beachtetes Gebäude errichtete, leben in Gedanken noch unter uns, als unsere Besten, Wackersten. Und gar Sie, gnädige Frau – als blond – *(Ill flüstert ihm etwas zu.)* – rotgelockter Wildfang tollten Sie durch unsere nun leider verlotterten Gassen – wer kannte Sie nicht. Schon damals spürte jeder den Zauber Ihrer Persönlichkeit, ahnte den kommenden Aufstieg zu der schwindelnden Höhe der Menschheit. *(Er zieht das Notizbüchlein hervor.)* Unvergessen sind Sie geblieben. In der Tat. Ihre Leistung in der Schule wird noch jetzt von der Lehrerschaft als Vorbild hingestellt, waren Sie doch besonders im wichtigsten Fach er-

staunlich, in der Pflanzen- und Tierkunde, als Ausdruck
Ihres Mitgefühls zu allem Kreatürlichen, Schutzbedürfti-
gen. Ihre Gerechtigkeitsliebe und Ihr Sinn für Wohltätigkeit erregten schon damals die Bewunderung weiter Kreise.
(Riesiger Beifall.) Hatte doch unsere Kläri einer armen
alten Witwe Nahrung verschafft, indem sie mit ihrem
mühsam bei Nachbarn verdienten Taschengeld Kartoffeln
kaufte und sie so vor dem Hungertode bewahrte, um nur
eine ihrer barmherzigen Handlungen zu erwähnen. *(Riesiger Beifall.)* Gnädige Frau, liebe Gülléner, die zarten
Keime so erfreulicher Anlagen haben sich denn nun kräftig entwickelt, aus dem rotgelockten Wildfang wurde eine
Dame, die die Welt mit ihrer Wohltätigkeit überschüttet,
man denke nur an ihre Sozialwerke, an ihre Müttersana-
torien und Suppenanstalten, an ihre Künstlerhilfe und
Kinderkrippen, und so möchte ich der nun Heimgefunde-
nen zurufen: Sie lebe hoch, hoch, hoch! *(Beifall.)*
(Claire Zachanassian erhebt sich.)

Claire Zachanassian. Bürgermeister, Gülléner.
Eure selbstlose Freude über meinen Besuch rührt mich.
Ich war zwar ein etwas anderes Kind, als ich nun in der
Rede des Bürgermeisters vorkomme, in der Schule wurde
ich geprügelt, und die Kartoffeln für die Witwe Boll
habe ich gestohlen, gemeinsam mit Ill, nicht um die alte
Kupplerin vor dem Hungertode zu bewahren, sondern
um mit Ill einmal in einem Bett zu liegen, wo es bequemer war als im Konradsweilerwald oder in der Peter-
schen Scheune. Um jedoch meinen Beitrag an eure Freude
zu leisten, will ich gleich erklären, daß ich bereit bin,
Güllen eine Milliarde zu schenken. Fünfhundert Millionen der Stadt und fünfhundert Millionen verteilt auf
jede Familie.
(Totenstille.)

Der Bürgermeister *(stotternd).* Eine Milliarde.
(Alle immer noch in Erstarrung.)

Claire Zachanassian. Unter einer Bedingung.

(Alle brechen in einen unbeschreiblichen Jubel aus. Tanzen herum, stehen auf die Stühle, der Turner turnt usw. Ill trommelt sich begeistert auf die Brust.)

Ill. Die Klara! Goldig! Wunderbar! Zum Kugeln! Voll und ganz mein Zauberhexchen!

(Er küßt sie.)

Der Bürgermeister. Unter einer Bedingung, haben gnädige Frau gesagt. Darf ich diese Bedingung wissen?

Claire Zachanassian. Ich will die Bedingung nennen. Ich gebe euch eine Milliarde und kaufe mir dafür die Gerechtigkeit.

(Totenstille.)

Der Bürgermeister. Wie ist dies zu verstehen, gnädige Frau?

Claire Zachanassian. Wie ich es sagte.

Der Bürgermeister. Die Gerechtigkeit kann man doch nicht kaufen!

Claire Zachanassian. Man kann alles kaufen.

Der Bürgermeister. Ich verstehe immer noch nicht.

Claire Zachanassian. Tritt vor, Boby.

(Der Butler tritt von rechts in die Mitte zwischen die drei Tische, zieht die dunkle Brille ab.)

Der Butler. Ich weiß nicht, ob mich noch jemand von euch erkennt.

Der Lehrer. Der Oberrichter Hofer.

Der Butler. Richtig. Der Oberrichter Hofer. Ich war vor fünfundvierzig Jahren Oberrichter in Güllen und kam dann ins Kaffiger Appellationsgericht, bis mir vor nun fünfundzwanzig Jahren Frau Zachanassian das Angebot machte, als Butler in ihre Dienste zu treten. Ich habe angenommen. Eine für einen Akademiker vielleicht etwas seltsame Karriere, doch die angebotene Besoldung war derart phantastisch ...

Claire Zachanassian. Komm zum Fall, Boby.

Der Butler. Wie ihr vernommen habt, bietet Frau Claire Zachanassian eine Milliarde und will dafür Gerechtigkeit. Mit anderen Worten: Frau Claire Zachanassian bietet eine Milliarde, wenn ihr das Unrecht wieder gut macht, das Frau Zachanassian in Güllen angetan wurde. Herr Ill, darf ich bitten.

(Ill steht auf, bleich, gleichzeitig erschrocken und verwundert.)

I l l. Was wollen Sie von mir?

D e r   B u t l e r. Treten Sie vor, Herr Ill.

I l l. Bitte.

(Er tritt vor den Tisch rechts. Lacht verlegen. Zuckt die Achseln.)

D e r   B u t l e r. Es war im Jahre 1910. Ich war Oberrichter in Güllen und hatte eine Vaterschaftsklage zu behandeln. Claire Zachanassian, damals Klara Wäscher, klagte Sie, Herr Ill, an, der Vater ihres Kindes zu sein.

(Ill schweigt.)

D e r   B u t l e r. Sie bestritten damals die Vaterschaft, Herr Ill. Sie hatten zwei Zeugen mitgebracht.

I l l. Alte Geschichten. Ich war jung und unbesonnen.

C l a i r e   Z a c h a n a s s i a n. Führt Koby und Loby vor, Toby und Roby.

(Die beiden kaugummikauenden Monstren führen die beiden blinden Eunuchen in die Mitte der Bühne, die sich fröhlich an der Hand halten.)

D i e   b e i d e n. Wir sind zur Stelle, wir sind zur Stelle!

D e r   B u t l e r. Erkennen Sie die beiden, Herr Ill?

(Ill schweigt.)

D i e   b e i d e n. Wir sind Koby und Loby, wir sind Koby und Loby.

I l l. Ich kenne sie nicht.

D i e   b e i d e n. Wir haben uns verändert, wir haben uns verändert.

D e r   B u t l e r. Nennt eure Namen.

D e r   e r s t e. Jakob Hühnlein, Jakob Hühnlein.

D e r   z w e i t e. Ludwig Sparr, Ludwig Sparr.

D e r   B u t l e r. Nun, Herr Ill?

I l l. Ich weiß nichts von ihnen.

D e r B u t l e r. Jakob Hühnlein und Ludwig Sparr, kennt ihr Herrn Ill?

D i e b e i d e n. Wir sind blind, wir sind blind.

D e r B u t l e r. Kennt ihr ihn an seiner Stimme?

D i e b e i d e n. An seiner Stimme, an seiner Stimme.

D e r B u t l e r. 1910 war ich der Richter und ihr die Zeugen. Was habt ihr geschworen, Ludwig Sparr und Jakob Hühnlein, vor dem Gericht zu Güllen?

D i e b e i d e n. Wir hätten mit Klara geschlafen, wir hätten mit Klara geschlafen.

D e r B u t l e r. So habt ihr vor mir geschworen. Vor dem Gericht, vor Gott. War dies die Wahrheit?

D i e b e i d e n. Wir haben falsch geschworen, wir haben falsch geschworen.

D e r B u t l e r. Warum, Ludwig Sparr und Jakob Hühnlein?

D i e b e i d e n. Ill hat uns bestochen, Ill hat uns bestochen.

D e r B u t l e r. Womit?

D i e b e i d e n. Mit einem Liter Schnaps, mit einem Liter Schnaps.

C l a i r e Z a c h a n a s s i a n. Erzählt nun, was ich mit euch getan habe, Koby und Loby.

D e r B u t l e r. Erzählt es.

D i e b e i d e n. Die Dame ließ uns suchen, die Dame ließ uns suchen.

D e r B u t l e r. So ist es. Claire Zachanassian ließ euch suchen. In der ganzen Welt. Jakob Hühnlein war nach Kanada ausgewandert und Ludwig Sparr nach Australien. Aber sie fand euch. Was hat sie dann mit euch getan?

D i e b e i d e n. Sie gab uns Toby und Roby. Sie gab uns Toby und Roby.

D e r B u t l e r. Und was haben Toby und Roby mit euch gemacht?

Die beiden. Kastriert und geblendet, kastriert und geblendet.

Der Butler. Dies ist die Geschichte: Ein Richter, ein Angeklagter, zwei falsche Zeugen, ein Fehlurteil im Jahre 1910. Ist es nicht so, Klägerin?

(Claire Zachanassian steht auf.)

Claire Zachanassian. Es ist so.

Ill *(stampft auf den Boden)*. Verjährt, alles verjährt! Eine alte, verrückte Geschichte.

Der Butler. Was geschah mit dem Kind, Klägerin?

Claire Zachanassian *(leise)*. Es lebte ein Jahr.

Der Butler. Was geschah mit Ihnen?

Claire Zachanassian. Ich wurde eine Dirne.

Der Butler. Weshalb?

Claire Zachanassian. Das Urteil des Gerichts machte mich dazu.

Der Butler. Und nun wollen Sie Gerechtigkeit, Claire Zachanassian?

Claire Zachanassian. Ich kann sie mir leisten. Eine Milliarde für Güllen, wenn jemand Alfred Ill tötet. *(Totenstille. Frau Ill stürzt auf Ill zu, umklammert ihn.)*

Frau Ill. Fredi!

Ill. Zauberhexchen! Das kannst du doch nicht fordern! Das Leben ging doch längst weiter!

Claire Zachanassian. Das Leben ging weiter, aber ich habe nichts vergessen, Ill. Weder den Konradsweilerwald, noch die Petersche Scheune, weder die Schlafkammer der Witwe Boll, noch deinen Verrat. Nun sind wir alt geworden, beide, du verkommen und ich von den Messern der Chirurgen zerfleischt, und jetzt will ich, daß wir abrechnen beide: Du hast dein Leben gewählt und mich in das meine gezwungen. Du wolltest, daß die Zeit aufgehoben würde, eben, im Wald unserer Jugend, voll von Vergänglichkeit. Nun habe ich sie aufgehoben, und nun will ich Gerechtigkeit, Gerechtigkeit für eine Milliarde.

(Der Bürgermeister steht auf, bleich, würdig.)

D e r B ü r g e r m e i s t e r. Frau Zachanassian: Noch sind
wir in Europa, noch sind wir keine Heiden. Ich lehne im
Namen der Stadt Güllen das Angebot ab. Im Namen der
Menschlichkeit. Lieber bleiben wir arm, denn blutbefleckt.
(Riesiger Beifall.)

C l a i r e Z a c h a n a s s i a n. Ich warte.

PETER WEISS

Geb. 18. November 1916 in Nowawes bei Berlin. 1934 Emigration.
Arbeitete als Maler, Regisseur; schrieb zunächst schwedisch, erst in den
fünfziger Jahren wieder deutsch. Lebt in Stockholm.
Werke: *Der Schatten des Körpers des Kutschers* E. (1960); *Abschied
von den Eltern* E. (1961); *Fluchtpunkt* R. (1962); *Nacht mit Gästen*
Dr. (1963); *Das Gespräch der drei Gehenden* E. (1963); *Die Verfolgung
und Ermordung Jean Paul Marats . . .* Dr. (1964); *Die Ermittlung* Orat.
(1965); *Gesang vom Lusitanischen Popanz* Sp. (1967); *Diskurs über die
Vorgeschichte und den Verlauf des lang andauernden Befreiungskrieges
in Viet Nam als Beispiel für die Notwendigkeit des bewaffneten Kampf-
fes der Unterdrückten gegen ihre Unterdrücker sowie über die Versuche
der Vereinigten Staaten von Amerika die Grundlagen der Revolution
zu vernichten* (1968); *Rapporte* Ess. (1968); *Trotzki im Exil* Dr. (1970);
Hölderlin Dr. (1971); *Rapporte 2* Ess. (1971); *Rekonvaleszenz* Tgb. (1972);
Das Duell (1972); *Die Ästhetik des Widerstands* R. (1975).

*Peter Weiss' Weg zum Sozialismus war lang; in einer Arbeit
wie »Der Schatten des Körpers des Kutschers« etwa (1952
geschrieben, 1960 veröffentlicht) dominiert noch eindeutig
das ästhetische Interesse. Dem politischen Schriftsteller
Weiss und insbesondere seinem Welterfolg »Marat/Sade«
kam dieser Umweg freilich zugute. »Die Verfolgung und
Ermordung Jean Paul Marats dargestellt durch die Schauspielgruppe des Hospizes zu Charenton unter Anleitung
des Herrn de Sade« – dieser bewußt umständliche Titel gibt
präzise die dramatische Konstellation an, in welcher der
»Konflikt zwischen dem bis zum Äußersten geführten In-*

dividualismus und dem Gedanken an eine politische und
soziale Umwälzung« (Weiss) stattfindet. Dargestellt wird
die Ermordung des Jakobiners Marat durch Charlotte Cor-
day (1793); die Szenerie der Tat und die Reden des Revo-
lutionärs folgen, weitgehend dokumentarisch getreu, den ge-
schichtlichen Vorlagen. Auch der Rahmen, in den Weiss dieses Spiel einfügt, ist belegt: Der Marquis de Sade, der in
der Revolutionszeit fortfuhr, seine monomanischen Sexual-
phantasien zu publizieren, und anläßlich Marats Ermordung eine opportunistische Rede hielt, lebte von 1801 bis
zu seinem Ende in der Heilanstalt zu Charenton, wo er
gelegentlich Theateraufführungen arrangieren durfte. Die
fiktionale Problematik des Weissschen Stückes nun resultiert
daraus, daß das Spiel im Spiel als Konzeption des Marquis
zu verstehen ist, daß Marat aber immer wieder in einen
direkten Dialog mit Sade eintritt. Dieser Anachronismus
dient wie die dreifache, häufig verschränkte Zeitperspek-
tive – 1793 (Tod Marats und Höhepunkt der Revolution),
1808 (Aufführung in Charenton, napoleonische Restauration), Aufführungsgegenwart (Spätkapitalismus) – der Er-
hellung einer historischen Konstellation, die den Zuschauer
vor die Alternative »Sozialismus oder bürgerliche Profit-
wirtschaft« stellt. Der historischen Alternative ordnet sich
auch die Antithetik Marat-Sade unter. Dieser vermag in
der Geschichte keine vernünftige Entwicklung zu erkennen,
der Revolutionär aber antwortet ihm: »In der großen
Gleichgültigkeit / erfinde ich einen Sinn.« Sind diese an den
Existentialismus gemahnenden Worte stark dezisionistisch
getönt, so zeichnet sich andererseits die Figur Sades keineswegs, wie Weiss es will, als der radikale Gegenpol zu dem
Revolutionär Marat ab. Denn müßte nicht der konsequente
Marxist Sades Wort von den »Gefängnissen des Innern« in
einer Revolutionstheorie, die den ganzen Bereich der Tabus,
der verinnerlichten Repression umschließt, fruchtbar auf-
greifen können? Die ausgewählte Szene zeigt, wie die radi-
kaldemokratische Agitation des Priesters Jacques Roux auf

Szenenfoto der Uraufführung von Peter Weiss: »Marat/Sade«, 1964 im Schiller-Theater Berlin (Foto: Ilse Buhs)

den Protest Coulmiers, des bürgerlichen Gefängnisdirektors
der Restaurationszeit, stößt. Ähnlich wie Heinrich Heine
die französische Revolution von 1830, interpretiert Weiss
durch Roux die von 1789: Die Bourgeoisie bediente sich
der kleinbürgerlichen und besitzlosen Pariser Massen, um
politische und ökonomische Handlungsfreiheit für sich zu
erringen; sobald diese erlangt war, trennte sie sich von
denen, die sie unter den Schlagwörtern »égalité«, »liberté«,
»fraternité« für ihre Ziele einzuspannen gewußt hatte.

Erste Agitation des Jacques Roux
(Szene 19 des 1. Aktes von »Marat/Sade«)

R o u x *(im Hintergrund auf eine Bank springend).*
   Greift zu den Waffen
   kämpft um euer Recht
   Wenn ihr euch jetzt nicht holt was ihr braucht
   dann könnt ihr noch ein Jahrhundert lang warten
   und zusehn
   was die sich für einen Betrieb errichten
   (Patienten nähern sich Roux von allen Seiten.)
   Sie verachten euch
   weil ihr es euch nie habt leisten können
   lesen und schreiben zu lernen
   Zur groben Arbeit der Revolution taugtet ihr ihnen
   doch sie rümpfen die Nase über euch
   weil euer Schweiß stinkt
   Unten sollt ihr sitzen
   weit weg von ihnen
   daß sie euch nicht zu sehen brauchen
   da könnt ihr mittun
   in eurer Unbildung und in eurem Gestank
   daß sich das neue Zeitalter entfalte
   Und wieder taugt ihr ihnen zur gröbsten Arbeit
   während oben ihre Dichter

von gewaltigen Lebensströmungen sprechen
und während ihre Machenschaften
verbrämt werden von hochentwickelter Kunst
und verfeinertem Luxus
Erhebt euch
stellt euch vor sie hin
zeigt ihnen
wie viele ihr seid
*(Zwei Schwestern packen Roux von hinten und ziehen
ihn von der Bank herunter.)*
Coulmier *(springt auf).*
Sollen wir uns so was mit anhören
wir Bürger eines neuen Zeitalters
wir die den Aufschwung wollen
Coulmiers Frau. Das ist Untergrabung
das können wir doch nicht zulassen
Ausrufer *(einen schrillen Pfiff ausstoßend).*
Sie hörten den Priester Jacques Roux
der erkennt eine neue Religion im Nu
der vertauscht die Kanzel mit der Gasse
und wettert da in seinem seelsorgenden Hasse
Als Prediger sind ihm gute Wendungen bekannt
und er hat seine Zuhörer ganz in der Hand
Er verändert die himmlischen Gefilde
schnell zu einem irdischen Bilde
Hier soll das Paradies sein und hier sollen sie wandeln
und nach ungeahnt neuen Ordnungen handeln
nur weiß er noch nicht wie er diese erreicht
denn Handeln ist schwer und Reden ist leicht
So macht er sich erstmal zum Propheten
angesichts dieser geschundenen Proleten
und stellt ihnen Marat als Heiligen hin
denn das verspricht schon einen Gewinn
weil dieser wie ein Gekreuzigter ist
(zeigt auf Marat)
und daran erbaut sich jeder Christ

(Coulmier nickt erleichtert und setzt sich.
Die Patienten werden zurückgetrieben.)
S a d e. So wie du da liegst
zerkratzt und verschwollen
in der Wanne die deine Welt ist
glaubst du immer noch daß Gerechtigkeit möglich ist
daß alle gleich viel verwalten können
Heute malt ihr den einen schwarz und enteignet ihn
und verteilt den Besitz an andre
die damit schieben um ihn zu vermehren
genau wie ihre Vorgänger
und durch die Stockungen im großen Geschäft
und den Ausfall der phantasievollen Produktionen
wird Millionen wieder das Brot genommen
Glaubst du immer noch daß alle auf allen Plätzen
das gleiche leisten
daß niemand sich an andern messen wollte
Wie heißt es doch im Lied
(begleitet von der Laute und von der Pantomime der vier
Sänger, in der dargestellt wird, daß alles was Sade nennt,
nur dem zugute kommt, der es sich kaufen kann)
Der eine ist bekannt als Bäcker der besten Kuchen
der andre ist ein Künstler im Lockendrehn
der eine ist ein Schnapsbrenner von besonderem Ruhm
und wer wollte es diesem Diamantenschleifer gleichtun
Dieser hier massiert dir geschickter als andre die
                                        Knochen
jener weiß die raffiniertesten Speisen zu kochen
Hier züchtet dir einer die seltensten Rosen
da schneidert dir einer die perfektesten Hosen
Der eine schwingt am besten das Beil
und diese hat den beglückendsten Körperteil
(Pause)
Glaubst du du würdest sie glücklich machen
wenn jeder nur halbwegs gehen dürfe
und mit der Nase immer nur an die Gleichheit stieße

Glaubst du es gäbe ein Fortschreiten
wenn jeder nur ein kleines Glied wäre
in einer großen Kette
glaubst du immer noch daß es möglich ist
die Menschen zu einen
da du doch siehst wie schon die wenigen
die um der Eintracht willen begannen
sich in den Haaren liegen
und über Bagatellen
zu Todfeinden werden

Marat *(richtet sich auf).*

Es geht nicht um Bagatellen
es geht um einen Grundsatz
und es gehört zum Lauf der Revolution
daß die Halbherzigen die Mitläufer
ausgestoßen werden müssen
Es gibt für uns nur ein Niederreißen bis zum Grunde
so schrecklich dies auch denen erscheint
die in ihrer satten Zufriedenheit sitzen
und sich in den Schutzmantel ihrer Moral hüllen
Hört nur
hört durch die Wände
wie sie flüstern und intrigieren
Seht
wie sie überall lauern
und auf ihre Chance warten

Die vier Sänger *(einzeln zu Musikbegleitung).*

Was ist eigentlich los
Ich bin ein guter Franzos
und möcht doch gern wissen
wer mich beschissen
Es hieß doch mal
es sei aus mit der Qual
Wer kann uns jetzt sagen
was die da noch austragen
Der König ist weg

Die Pfaffen sind im Dreck
Die Noblen sind im Loch
Worauf warten wir noch

PETER HANDKE

Geb. 6. Dezember 1942 in Griffen (Kärnten). 1944–48 in Berlin, danach wieder in Österreich. 1961–65 Jurastudium in Graz. Lebte u. a. in Düsseldorf, West-Berlin, Paris, Köln, Kronberg im Taunus, seit 1974 wieder in Paris.
Werke: *Publikumsbeschimpfung* (1966); *Selbstbezichtigung* (1966); *Weissagung* (1966); *Kaspar* Dr. (1968); *Die Innenwelt der Außenwelt der Innenwelt* G. (1969); *Das Mündel will Vormund sein* Dr. (1969); *Prosa. Gedichte. Theaterstücke. Hörspiel. Aufsätze* (1969); *Die Angst des Tormanns beim Elfmeter* R. (1970); *Der Ritt über den Bodensee* Dr. (1971); *Ich bin ein Bewohner des Elfenbeinturms* (1972); *Wunschloses Unglück* E. (1972); *Der kurze Brief zum langen Abschied* R. (1972); *Die Unvernünftigen sterben aus* Dr. (1973); *Als das Wünschen noch geholfen hat* (1974); *Die Stunde der wahren Empfindung* E. (1975); *Falsche Bewegung* E. (1975); *Die linkshändige Frau* E. (1976); *Das Gewicht der Welt. Ein Journal (Nov. 75 – März 77)* (1977).

Das klassische Drama beruht auf der Fiktion einer autonomen Bühnenwelt; Peter Szondis »Theorie des modernen Dramas« zeigte die Auflösung dieser Fiktion, wie sie sich u. a. im epischen Theater Brechts vollzieht. Auch die Dramen von Dürrenmatt und Weiss stehen in dieser Tradition; Dürrenmatt führt im »Besuch der alten Dame« den aus dem klassischen Drama verbannten Chor wieder ein, der durch den Kommentar des Geschehens parodistisch dessen Absolutheitsanspruch aufhebt; und der Ausrufer in »Marat/ Sade« verleiht dem Spiel im Spiel epische Züge, indem er es über das auf der Bühne befindliche Publikum zum echten im Zuschauerraum vermittelt. Peter Handke hat die angedeutete Entwicklung fortgeführt; seine »Publikumsbeschimpfung« stellt die konsequente Negation aller traditionellen Bühnenfiktionen dar. Der Raum seines »Sprech-

stückes« ist der des Zuschauers; ebenso steht es um Zeit und Handlung. »Die Rampe ist keine Grenze. Sie ist nicht nur manchmal keine Grenze. Sie ist keine Grenze die ganze Zeit, während wir zu Ihnen sprechen.« Das Stück beginnt mit der Stilisierung der Rituale, die dem Aufziehen des Vorhangs traditionell vorausgehen. Man hört, wie Requisiten bewegt werden, es klingelt wiederholt, schließlich wird das Licht stufenweise ausgeschaltet. Doch kaum hat sich der Vorhang gehoben, wird die Illusion zurückgenommen, der Zuschauerraum erhellt sich wieder, seine kategoriale Trennung von der Szene wird negiert. Diese Umkehrung kulminiert im Schluß, wo dem Theaterpublikum aus Lautsprechern Beifall und Pfiffe zuteil werden. Der dritte Abschnitt des folgenden Auszugs zeigt die Anwendung des klischeehaften Vokabulars der Theaterkritik auf das Publikum, im vierten wird die Negation des klassischen Dramas zum wiederholten Male durchgespielt. Wenn es in ihm heißt: »Die Zeit dient hier zum Wortspiel«, so ist damit ein zentrales Prinzip von Handkes Stück – und vieler seiner übrigen Dichtungen – angesprochen. Der Sprache wird das Vermögen der angemessenen Realitätswiedergabe abgesprochen; Sinn ist nur in ihrer semantischen Dimension, die sich nicht notwendigerweise mit der außersprachlichen Wirklichkeit deckt, gespeichert. Aus der von Ludwig Wittgenstein übernommenen Sprachkritik leitet Handke die Reduktion auf »Wortspiel« und »Klangbild« ab. Hiermit zusammen hängen auch die Regeln für die Schauspieler der »Publikumsbeschimpfung«: Auf Litaneien, Zuschauerchöre in Stadien, Beatmusik, technische Geräusche sollten sie zur Übung achten. Handke negiert in diesen Anweisungen implizit den sozialen, kommunikativen Aspekt der Sprache. Daß allein schon die Tatsache des Mehr-oder-weniger-, des So-und-nicht-anders-Sprechens eine soziale Tatsache ist, dies akzeptierte er erst in späteren Stücken, die Sprache – im weitesten Sinn – und Herrschaft thematisieren.

Publikumsbeschimpfung (Auszug)

Sie haben sich bereits Ihre eigenen Gedanken gemacht. Sie
haben erkannt, daß wir etwas verneinen. Sie haben erkannt,
daß wir uns wiederholen. Sie haben erkannt, daß wir uns
widersprechen. Sie haben erkannt, daß dieses Stück eine
Auseinandersetzung mit dem Theater ist. Sie haben die dialektische Struktur dieses Stückes erkannt. Sie haben einen
gewissen Widerspruchsgeist erkannt. Sie sind sich klar geworden über die Absicht des Stückes. Sie haben erkannt,
daß wir vornehmlich verneinen. Sie haben erkannt, daß wir
uns wiederholen. Sie erkennen. Sie durchschauen. Sie haben
sich noch keine Gedanken gemacht. Sie haben die dialektische
Struktur dieses Stückes noch nicht durchschaut. Jetzt durchschauen Sie. Ihre Gedanken sind um einen Gedanken zu
langsam gewesen. Jetzt haben Sie Hintergedanken.
Sie sehen bezaubernd aus. Sie sehen berückend aus. Sie
sehen blendend aus. Sie sehen atemberaubend aus. Sie sehen
einmalig aus.
Aber Sie sind nicht abendfüllend. Sie sind kein hübscher
Einfall. Sie ermüden. Sie sind kein dankbares Thema. Sie
sind ein dramaturgischer Fehlgriff. Sie sind nicht lebensecht.
Sie sind nicht theaterwirksam. Sie versetzen uns in keine
andere Welt. Sie bezaubern uns nicht. Sie blenden uns nicht.
Sie unterhalten uns nicht köstlich. Sie sind nicht spielfreu-
dig. Sie sind nicht springlebendig. Sie haben keine Theater-
pranken. Sie haben kein Gespür für das Theater. Sie haben
nichts zu sagen. Ihr Debut ist nicht überzeugend. Sie sind
nicht *da*. Sie lassen uns die Zeit nicht vergessen. Sie sprechen
nicht den Menschen an. Sie lassen uns kalt.
Das ist kein Drama. Hier wird keine Handlung wiederholt,
die schon geschehen ist. Hier gibt es nur ein Jetzt und ein
Jetzt und ein Jetzt. Das ist kein Lokalaugenschein, bei dem
eine Tat wiederholt wird, die einmal wirklich geschehen ist.
Hier spielt die Zeit keine Rolle. Wir spielen keine Handlung, also spielen wir keine Zeit. Hier ist die Zeit wirklich,

indem sie von einem Wort zum andern vergeht. Hier flieht die Zeit in den Worten. Hier wird nicht vorgegeben, daß die Zeit wiederholt werden kann. Hier kann kein Spiel wiederholt werden und zur gleichen Zeit spielen wie zuvor. Hier ist die Zeit *Ihre* Zeit. Hier ist der Zeitraum *Ihr* Zeitraum. Hier können Sie die Zeit mit der unsern vergleichen. Hier ist die Zeit kein Strick mit zwei Enden. Das ist kein Lokalaugenschein. Hier wird nicht vorgegeben, daß die Zeit wiederholt werden kann. Hier ist der Nabelstrick zu Ihrer Zeit nicht abgeschnitten. Hier ist die Zeit aus dem Spiel. Hier ist es Ernst mit der Zeit. Hier wird zugegeben, daß sie vergeht, von einem Wort zum andern. Hier wird zugegeben, daß dies *Ihre* Zeit ist. Hier können Sie die Zeit von Ihren Uhren ablesen. Hier herrscht keine andere Zeit. Hier ist die Zeit Herrscherin, die nach Ihrem Atem gemessen wird. Hier richtet sich die Zeit nach Ihnen. Wir messen die Zeit nach Ihren Atemzügen, nach Ihrem Wimpernzucken, nach Ihren Pulsschlägen, nach Ihrem Zellenwachstum. Hier vergeht die Zeit von Augenblick zu Augenblick. Die Zeit wird nach Augenblicken gemessen. Die Zeit wird nach *Ihren* Augenblicken gemessen. Die Zeit geht durch Ihren Magen. Hier ist die Zeit nicht wiederholbar wie im Lokalaugenschein der Theatervorstellung. Das ist keine Vorstellung: Sie brauchen sich nichts vorzustellen. Hier ist die Zeit kein Strick mit zwei Enden. Hier ist die Zeit nicht von der Außenwelt abgeschnitten. Hier gibt es nicht zwei Ebenen der Zeit. Hier gibt es keine zwei Welten. Während wir hier sind, dreht sich die Erde. Unsere Zeit hier oben ist Ihre Zeit dort unten. Sie vergeht von einem Wort zum andern. Sie vergeht, während wir, wir und Sie, atmen, während unsere Haare wachsen, während wir Schweiß absondern, während wir riechen, während wir hören. Sie ist unwiederholbar, auch wenn wir unsere Worte wiederholen, auch wenn wir wieder davon sprechen, daß unsere Zeit die Ihre ist, daß sie von einem Wort zum andern vergeht, während wir, wir und Sie, atmen, während unsere Haare wachsen, während wir Schweiß

absondern, während wir riechen, während wir hören. Wir
können nichts wiederholen, die Zeit vergeht schon. Sie ist
unwiederholbar. Jeder Augenblick ist historisch. Jeder
Augenblick von Ihnen ist ein historischer Augenblick. Wir
können unsere Worte nicht zweimal sagen. Das ist kein
Lokalaugenschein. Wir können nicht noch einmal das gleiche
tun. Wir können nicht die gleichen Gesten wiederholen. Wir
können nicht das gleiche reden. Die Zeit vergeht uns auf
den Lippen. Die Zeit ist unwiederholbar. Die Zeit ist kein
Strick. Das ist kein Lokalaugenschein. Das Vergangene wird
nicht vergegenwärtigt. Die Vergangenheit ist tot und begraben. Wir brauchen keine Puppen, die die tote Zeit verkör-
pern. Das ist kein Puppenspiel. Das ist kein Unernst. Das
ist kein Spiel. Das ist kein Ernst. Sie erkennen den Widerspruch. Die Zeit dient hier zum Wortspiel.

FRANZ XAVER KROETZ

Geb. 25. Februar 1946 in München. Mit Martin Sperr am Reinhardt-
Seminar in Salzburg, spielte u. a. an Rainer Werner Fassbinders »anti-
theater«. Verdiente seinen Lebensunterhalt als Gelegenheitsarbeiter. Seit
der von der politischen Rechten angefeindeten Aufführung von *Heimarbeit* und *Hartnäckig* an den Münchner Kammerspielen einer der
meistgespielten jungen Dramatiker. Mitglied der DKP; lebt in der bay-
rischen Provinz.
Werke: *Michis Blut* Dr. (1971); *Heimarbeit. Hartnäckig. Männersache*
Dr. (1971); *Stallerhof. Geisterbahn. Lieber Fritz. Wunschkonzert* Dr.
(1972); *Oberösterreich* Dr. (1972); *Wildwechsel* Dr. (1972); *Maria Mag-
dalena* Dr. (nach Hebbel, 1972); *Münchner Kindl* Dr. (1972); *Dolomiten-
stadt Lienz* Dr. (1972); *Gesammelte Stücke* (1975); *Weitere Aussichten.
Ein Lesebuch* (1976); *Chiemgauer Geschichten. Bayrische Menschen erzählen* (1977).

*Stilisiert Handke den Zitatcharakter der Sprache in vor-
wiegend artistischer Absicht, so ist dieser Zitatcharakter für
Kroetz ein Mittel, die Denk- und Handlungsrestriktionen
zu verdeutlichen, denen die bundesrepublikanische Unter-*

schicht unterliegt. »Männersache« schildert die Beziehungen
zwischen der »ziemlich häßlichen« selbständigen Kuttlerin
Martha und dem Arbeiter Otto, beide mittleren Alters;
zwischen ihnen steht ein Hund, den die alleinstehende Frau
zur geschlechtlichen Befriedigung gebraucht – eigentlich
handelt es sich also um eine Dreiecksgeschichte. Das Stück
zeigt, wie ein kleinbürgerlich-proletarisches Liebespaar unter
dem Druck der Fremdbestimmung (Religion, Arbeits- und
Konsumwelt, einschließlich der manipulierten sexuellen
»Aufklärung«) in eine Aggressivität hineingerät, die sämt-
liche Lebensäußerungen bestimmt und schließlich im Tot-
schlag endet. Alle Diskussionen der beiden sind Kampf,
gleichgültig, ob es um den Beruf oder um sexuelle Befriedi-
gung geht. Das ins Groteske gesteigerte Ende zeigt, wie die
beiden sich abwechselnd ein Gewehr reichen und aufein-
ander schießen; mit einer gewissen inneren Logik ist die
Frau als die Schwächere, trotz des Gewehrs, das ihr die
gleiche »Chance« gibt, zuerst »erledigt«. Der Kommunist
Kroetz stellt jenen faschistoiden Vernichtungswillen dar,
der nach seiner Meinung in den spätkapitalistischen Wider-
sprüchen wurzelt und zu dem die spanischen Faschisten sich
in der Parole ¡Viva la muerte! (Es lebe der Tod!) stolz be-
kannten. Durch leicht stilisierten Dialekt und zitathafte
Einschübe hebt Kroetz wirkungsvoll die kleinbürgerliche
Konsumwelt und die Reduktion des Erotischen auf reinen,
durch Pornographie stimulierten Sex hervor.

Männersache
(1. Bild)

Im Nebenraum ist feierlich der Tisch gedeckt. Martha hat
sich etwas hergerichtet, Otto kommt direkt von der Bau-
stelle. Es ist nach Ladenschluß.

O t t o. Eine Feierlichkeit is das.

M a r t h a. Wennst bei mir bist, sollst auch was davon

haben. Da reut mich nix. Das is ein Kaviar, kost zwei
Mark achtzig das Glasl.

O t t o. Kaviar. Schmeckt wie Fisch.

M a r t h a. Eier von einem Fisch sind das.

O t t o. Kleine Eier.

M a r t h a. Der legt Millionen solche Eier der Fisch. Mußt
Butter drauf tun, dann kommst auf den Geschmack.

O t t o. Wie bei die Könige.

M a r t h a. Das is gar nix. Im Geschäft kann man nix richten. Wennst einmal in meine Wohnung kommst, wirst
schaun, was ich hinstell.

O t t o. In die Wohnung von einer Frau geh ich nicht, weil
das was bedeut. Da is auch schön, wennst nicht anspruchs-
voll bist.

M a r t h a. Iß.

O t t o. Verwöhnst mich.

M a r t h a. Essen is gsund.
    (Pause. Sie essen.)

M a r t h a. Wenn jetzt du nicht da wärst, tät ich nachher
ins Kino gehen.

O t t o. Was spielens?

M a r t h a. Ein Aufklärungsfilm.

O t t o. Brauchts nicht, ich weiß genug.

M a r t h a. Aber alles kann der Mensch nicht wissen.

O t t o. Alles wissen verdirbt bloß die Lust.

M a r t h a. Bist ein Richtiger, das kenn ich gleich.
    (Pause.)

O t t o. Die im Film wissen auch nix vom Leben.

M a r t h a. Eben. – Ich führ jetz eine neue Sach bei mir ein,
ein Tagebuch. Da liegts. Kannst lesen, was ich geschrieben
hab.

O t t o. Was schreibst?

M a r t h a. Kannst es lesen.

O t t o. Ein Roman.

M a r t h a. Bestimmt nicht, wos mir Ernst is. Von dir hab
ich geschrieben.

O t t o. Was hast von mir geschrieben?

M a r t h a. Daß du in mein Leben getreten bist, hab ich geschrieben. Kannst lesen, daß ich es geschrieben hab.

O t t o *(liest)*. Genau.

M a r t h a. Da siehst, wie ich bin. Kannst alles lesen, vor dir gibts kein Geheimnis für mich.

O t t o. Ich komm auf alles drauf.

(Pause.)

M a r t h a. Hast gnug?

O t t o. Morgens wie ein Edelmann, mittags wie ein Bürgersmann, abends wie ein Bettelmann. Dann wird man alt.

M a r t h a. Dann räum ich ab.

(Während Martha den Tisch abräumt, legt sich Otto auf den Divan. Aus seiner Aktentasche nimmt er ein Magazin.)

M a r t h a *(nachdem sie fertig ist)*. Was hast?

O t t o. Nix, Männersache.

M a r t h a. Lauter nackerte Weiber drin.

O t t o. Geht dich nix an, is Männersache.

M a r t h a *(legt sich zu ihm)*. Will auch sehen, was in der Welt passiert.

(Sie schauen die Fotos an.)

M a r t h a. Die gfallt mir am besten.

O t t o. Durchschnitt, gibt bessere.

M a r t h a. Sind das Nutten, wo sich nackert fotografieren lassen?

O t t o. Hast eine Ahnung, was das sind. Fotomodelle, die ham mit Nutten überhaupt nix zu tun. Studieren die meisten, und weils das Studium nicht zahlen können, lassen sie sich abfotografieren. Dann hams wieder ein Geld und können ein Jahr lang leben.

M a r t h a. Solche sind das!

O t t o. Genau, weil ich das weiß.

M a r t h a. Und was verdienens, wenn sie sich so abfotografieren lassen?

O t t o. Fünftausend oder mehr.

M a r t h a. Das tät ich auch machen und das Geschäft aufgeben.

O t t o. Dich tät aber niemand fotografiern. Schaus dir an, wie die ausschaun.

M a r t h a. Die is auch nicht schön.

O t t o. Aber ein Unterschied is.

M a r t h a. Wenns mir sowas anziehen wie der und eine Perückn, erkennst mich nicht wieder.

O t t o. Dich tät ich rauskennen, da wett ich.

M a r t h a. Das is sowieso nicht notwendig, weil ich finanziell nicht so dasteh wie die.

O t t o. Du hast keine Ahnung von nix.

M a r t h a. Aber eine Fantasie hab ich.

O t t o. Weil das was is.
    (Sie blättern weiter in dem Magazin.)

M a r t h a. Da is sogar ein Intelligenztest drin, den wir jetzt machen.

O t t o. Das is sowieso ein Schmarren.

M a r t h a. Aber interessant is es.
    (Sie blättern weiter in dem Magazin.)

M a r t h a. Hast noch ein solches Heftl?

O t t o. Nein, das kost drei Mark.

M a r t h a. Teuer.

O t t o. Einmal in der Wochen is das schon erlaubt.
    (Legt das Heft zurück in seine Aktentasche.) Jetzt kannst dich ausziehen, das is besser.

M a r t h a. Wennst es willst.
    (Otto schaut ihr dabei zu. Es dauert ziemlich lang.)

M a r t h a. Ziehst dich nicht aus?

O t t o. Werdn wir sehen.
    (Man hört an der hintern Tür Schaben und Jaulen.)

M a r t h a. Jetz möcht der Hund rein.

O t t o. Das hab ich mir denkt, daß sich der jetzt rührt.
    (Erhebt sich.) Wo is die Leine?

M a r t h a. Aufm Schrank.

O t t o. Mistviech. *(Er nimmt die Leine vom Schrank, geht*

nach draußen, schlägt den Hund. Geräusche etc.)

M a r t h a. Der Hund is ein Stück von mir, aber du darfst ihn schlagen, wenn du willst.

O t t o *(außerhalb).* Mistviech, eine Ruh is!

M a r t h a. Wo er das lange Draußensein nicht gwohnt is, verliert er die Geduld.

O t t o. Sau, verschwind!

M a r t h a. Anhänglich is er.

O t t o *(kommt zurück, der Hund ist verstummt).* Eine Sau is der Hund. Geht dir zwischen die Füß, ich habs gsehen.

M a r t h a. Eifersüchtig is er, das is normal.

O t t o. Das is ein Hund, wost suchen mußt.

M a r t h a. Frieren tu ich.

O t t o. Dann komm.

M a r t h a *(tut es.)*

O t t o. Anstellen tust dich wie eine Jungfrau. In deinem Alter.

M a r t h a. Bin es eben nicht so gewohnt wie du.

O t t o. Das is die Natur. *(Auf ihr.)* Schön bist nicht, aber geil.

(Sie lieben sich.)

VIII. Dokumentarische Literatur

Überblickt man die Literatur seit dem Zeitalter der bürgerlichen Emanzipation, so lassen sich zwei Tendenzen feststellen, die etwa mit »Enttabuisierung« und »Sublimierung« zu bezeichnen wären. Enttabuisierung meint jenes Phänomen, daß bislang fraglos hingenommene Herrschaftsverhältnisse thematisiert, daß Vorurteile aller Art systematisch zerstört werden, daß man auch die Sphäre des Geschlechts in den Bereich der Literatur aufnimmt. Diesem Prozeß waren freilich dort Grenzen gesetzt, wo er Interessen der bürgerlichen Klasse bedrohte. Vor allem für den Bereich der Arbeitswelt und speziell für die industrielle Produktion galt diese Einschränkung. Als irrelevant in künstlerischer Hinsicht, als demagogisch wurden immer wieder Versuche denunziert, den Bereich der materiellen Produktion in die Literatur einzubeziehen – schon der Kampf gegen die Naturalisten legt davon Zeugnis ab. Die Tendenz zur Sublimierung steht mit jener zur Enttabuisierung in einem inneren Zusammenhang. Dort, wo man die Übermacht einer als undurchschaubar, nicht veränderbar interpretierten Wirklichkeit erfuhr (oder aber vor handfesten Pressionen zurückschreckte), lag es nahe, den Prozeß der Weltbewältigung zu transponieren, zu sublimieren oder gar zu mystifizieren. Unterstützt wurde diese Tendenz durch die überwiegend bürgerliche Herkunft der begabtesten Schriftsteller. Auch in der bundesrepublikanischen Literatur spielen die beiden skizzierten Richtungen eine wichtige Rolle. In konsequenter Wendung jenes ursprünglich bürgerlichen Prozesses der Enttabuisierung gegen das großbürgerlich-kapitalistische Interesse und zugleich gegen den Hang zu metaphorischer Verschlüsselung hat sich eine dokumentarische Literatur entwickelt, die über das etablierte Medium Literatur (gelegentlich im Schutz ihrer gattungsbedingten Fiktionen) die Wirk-

lichkeit des Arbeitsalltags darstellen will. Ob eine solche Literatur auf die Dauer sich behaupten kann, ist offen; die ihr zugrundeliegende Tendenz jedenfalls manifestiert sich gegenwärtig als Illusions- und Fiktionszerstörung auch in traditionellen Gattungen. So wäre denkbar, daß über künftige – das Dokumentarische integrierende – Gattungen jene ganze Wahrheit ausgedrückt werden könnte, die das bloße Dokument, es sei noch so provozierend, niemals ausspricht. In diese Richtung zielen etwa die Arbeiten von Gerhard Zwerenz.

Die formalen Möglichkeiten dokumentarischer Literatur bewegen sich zwischen wörtlichem Protokoll (Erika Runge), kommentierten und verfremdeten Protokollauszügen (Delius) und Reportage (Wallraff). Wegen ihrer sachlichen Bezogenheit sollten die folgenden Auszüge aus Delius' »Dokumentarpolemik« »Wir Unternehmer« und Wallraffs »Industriereportagen« als einander ergänzend gelesen werden. Delius stellte Teile aus den Protokollen des Wirtschaftstages der CDU/CSU, der am 8./9. Juli 1965 in Düsseldorf stattfand, in Anlehnung an den Aufbau der Tagung (»Plenarsitzungen«, »Arbeitskreise«, »Herrenabend«) zu acht Kapiteln zusammen; die Tendenz der Aussagen wird, sieht man von Auswahl und Montage ab, durch eine ironisierende Versifikation sowie den volkswirtschaftlich abgesicherten Kommentar verschärft. Das vierte Kapitel folgt dem dritten Arbeitskreis der Tagung, »Moderne Finanzverfassung – gerechtes Steuersystem«. Als Ungerechtigkeit wird von einem Redner die bis zu 53 % gehende Steuerprogression in der Bundesrepublik bezeichnet; der Vorschlag des Herrn Muthesius, einen Proportionaltarif von 10 % einzuführen, der die Unternehmergewinne zu Lasten der arbeitenden Bevölkerung verfünffachen würde, zeigt in bezug auf die Unternehmerversammlung die Richtigkeit des in anderer Absicht gebrauchten Hobbes-Zitats »Gerechtigkeit ist ein leeres Wort«. – Wallraffs Reportagen zeigen die Kehrseite einer ausschließlich auf Effektivität hin orientierten Wirtschaftsordnung. Ihr erstes Opfer ist der Arbeiter, der ohne Einsicht in den Sinn seines Tuns, unter Gefährdung seiner Gesundheit in streng hierarchisch organisierten Betrieben produzieren muß. Eine Humanisierung der industriellen Arbeitswelt, zu dieser Folgerung zwingt Wallraff, kann nicht durch die Gewerkschaften allein erreicht werden, sondern ist Aufgabe aller progressiven Kräfte.

FRIEDRICH CHRISTIAN DELIUS

Geb. 1943 in Rom, aufgewachsen in Wehrda (Hessen). Seit 1963 Studium der Literaturwissenschaft in West-Berlin, Promotion über den bürgerlichen Realismus. Lektor im Wagenbach-, dann im Rotbuch-Verlag.
Werke: *Kerbholz G.* (1965); *Wir Unternehmer* (1966); *Wenn wir, bei Rot G.* (1969); *Unsere Siemens-Welt* (1972); *Ein Bankier auf der Flucht. Gedichte und Reisebilder* (1975).

Wir Unternehmer
(Abschnitt 4)

B i n d e r. Meine Damen und Herren! Bitte machen Sie
    von der Möglichkeit Gebrauch, Ihre Mißbilligung oder
                                          Zustimmung
    während der Vorträge deutlich zum Ausdruck zu bringen.
S e l b a c h. Eine wichtige Lehre, die uns die Vergangenheit
    recht drastisch vor Augen geführt hat,
    ist die Tatsache, daß die Steuerlast
    dem einzelnen Staatsbürger wirtschaftlich
    und psychologisch zumutbar erscheinen muß,
    anderenfalls fühlt er sich zur »Notwehr« berechtigt.
    Aber auch heute müssen in den Unternehmungen oft
    wirtschaftlich vernünftige Entscheidungen

hinter steuerlichen Erwägungen zurücktreten.
Diesem Hang zu betriebswirtschaftlich falschen,
volkswirtschaftlich schädlichen Ausgaben gilt es,
durch eine bessere Tarifgestaltung entgegenzuwirken.
Der wesentliche Ansatzpunkt, um zu einer besseren
Einkommensteuergesetzgebung zu kommen, liegt beim
Tarif.
Es ergibt sich die Notwendigkeit,
den Tarif zu senken, zu strecken und umzubauen.
Die Eingangsstufe sollte schrittweise auf 10 % ermäßigt
werden,
während eine Höchstbelastung von 50 %
als das Äußerste des Zumutbaren ein Grenzwert sein
sollte.

Nach Berechnungen der Deutschen Bank AG, 1965, liegen die
Höchstsätze der Einkommensteuer in Frankreich bei 71,5 v. Hd., in
Großbritannien bei 88 v. Hd., in den USA ebenfalls bei 88 v. Hd.
– in der Bundesrepublik bei 53 v. Hd.

Rund ein Viertel aller im Arbeitsprozeß stehenden
Bundesbürger zahlt keine Einkommensteuer mehr.
Diese Steuerfreiheit mag für den Begünstigten sehr schön
sein,
dürfte aber die Ungerechtigkeit noch vergrößern.
Die Überlegung, ob nicht auch hier eine
wenn auch sehr geringe Steuerbelastung angebracht wäre,
erscheint jetzt immerhin berechtigter als früher,
denn in den meisten Fällen führt nicht mehr das niedrige
Einkommen,
sondern die hohe Abzugsfähigkeit zur Befreiung von der
Steuer.

Die Abzugsfähigkeit von Freibeträgen, Werbeausgaben und anderen
Sonderbelastungen vom steuerpflichtigen Einkommen wirkt sich
bei kleinen Einkommen kaum oder gar nicht aus. Nach einem
Beispiel des Berliner Finanzwissenschaftlers K. Littmann kann ein
verheirateter Steuerpflichtiger mit zwei Kindern bei einem Jahreseinkommen von DM 6.000.– aufgrund der Kinderfreibeträge

seine Steuerschuld um höchstens DM 288.– vermindern. Dagegen
stellt Littmann fest: »Sollte der Pflichtige jedoch DM 50.000.–
Jahreseinkommen erhalten, so bewirken die Kinderfreibeträge eine
Minderung der Steuerschuld um DM 1.038.– und bei Spitzenein-
kommen gar um DM 1.562.–.« So konnten gerade die Bezieher
hoher und höchster Einkommen durch die Ausnutzung der steuerlichen Investitions- und Abschreibungsbegünstigungen des Einkom-
mensteuergesetzes ihre steuerliche Belastung erheblich mildern.
(Hamburger Jahrbuch für Wirtschafts- und Gesellschaftspolitik,
Tübingen 1964, S. 122)

Meine Damen und Herren, eine große Arbeit liegt noch
                                                    vor uns.
Hoffen wir, daß der zukünftige Gesetzgeber
diese entscheidend wichtige, aber auch schöne Arbeit
zum Segen unseres Volkes bewältigen wird.
(Beifall.)

B i n d e r. Bei der kurzen Zeit, die uns zur Verfügung steht,
möchte ich bitten, die Gesichtspunkte und ihre
                                                    Begründung
so kurz und so brisant vorzutragen
wie die Entzündung einer Atombombe.

Mag einer mit einem Vergleich über die Stränge hauen: Wer die
Atombombe, im Scherz oder nicht, zum Hausmittel macht, hinter-
treibt die letzte Vorsicht und Aufmerksamkeit, die diesem Gegenstand noch gilt: »Die durchschnittlichen Wirkungen einer Atombombe der bei Hiroshima angewandten Art sind: starker Ge-
bäudeschaden im Umkreis von etwa 4 km; merkliche Schäden bis
6 oder 7 km Umkreis. Neben der Gefährdung durch Zusammen-
sturz und Brand von Häusern sind Menschen auch durch die unge-
heuren Strahlungen unmittelbar gefährdet. Im Umkreis von
1 km verlaufen Verbrennungen durch Licht- und Wärmestrahlen
tödlich; schwere Verbrennungen treten im Umkreis von 3 km auf,
leichtere bis höchstens 5 km ... Schwieriger ist der Schutz gegen
Gammastrahlung, die in 1 bis 1,5 km Radius tödlich wirkt, bis
3 km schädigend ... Gefährlich ist das längere Nachwirken radio-
aktiver Strahlungen, in dem mit den Endprodukten der Ex-
plosion verseuchten Gebiet.« (Der Große Brockhaus, 16. Auflage
1952). Wer das ignoriert, darf guten Gewissens solch einen Satz
anschließen:

Nur so kommen wir wirklich durch.

Muthesius.

Da der Herr Bundeskanzler persönlich jetzt in einer
Zeitungsanzeige schreibt: »Es wird weiter gebaut«,
so dauert der Entzündungsherd fort.
Ich finde, das ist ein politisches Versagen, was hier

vorliegt.

Ich bitte, diese Kritik mir nicht übel zu nehmen.
Ein kurzes Wort zu dem Slogan von der sozialen

Gerechtigkeit.

Da möchte ich einen berühmten Mann zitieren,
nämlich Thomas Hobbes: Gerechtigkeit ist ein leeres

Wort;

was ein Mann sich erwirbt durch Fleiß und Risiko,
das ist sein Eigentum und muß es bleiben. –
Vielleicht ist das so ein »Atomzünder«
im Sinne von Herrn Dr. Binder.
(Heiterkeit und Beifall.)
Ich möchte in Ergänzung dessen, was Herr Selbach

ausgeführt hat,

erst recht eine Atomexplosion loslassen,
derentwegen mich die hier anwesenden Steuerexperten,
die ich wahrscheinlich schockieren werde, für einen

Utopisten,

wenn nicht sogar für einen Narren erklären werden.
Wenn die eingeleitete Politik der Tarifsenkung
alle zwei Jahre fortgesetzt wird, müssen wir
mit mathematischer Notwendigkeit nach etwa 20 oder

30 Jahren

bei einem proportionalen Einkommensteuertarif

angelangt sein.

Warum nicht gleich den Proportionaltarif?
Die Experten zucken mit den Schultern.
Ein Proportionaltarif von 10 % ohne Freigrenze
und ohne jede Ausnahme strikt angewandt
würde 30 Milliarden Einkommensteuer erbringen.

Das wäre genau dasselbe, was wir jetzt
bei dem Tarif haben, der bis 53 % geht.
Stellen Sie sich bitte die Vereinfachung unseres Lebens
vor,
die daraus resultieren würde.
(Beifall.)
Es würde nur ein einziger Berufsstand eine Einbuße
erleiden;
ich brauche ihn nicht zu nennen.
(Heiterkeit.)
Silcher.
Man kann nach den Erfahrungen und der Entwicklung
der letzten Jahrzehnte sehr wohl die Frage stellen,
ob eine Sonderbesteuerung fundierter Einkommen
von der Grundidee her eigentlich noch gerechtfertigt ist.
Diese Sonderbesteuerung entstand aus der Überlegung,
daß Vermögen eine absolut sichere, unerschütterliche
Grundlage
für Einkommen sei; wenn man nur Einkommen
ohne Vermögen beziehe, habe man diese Sicherheit
und Unerschütterlichkeit der Grundlage nicht. –
Ich glaube, ich brauche nicht weiter auszuführen,
daß die Erfahrungen der letzten Jahrzehnte
genau das Gegenteil gezeigt haben.
Die Vermögen sind dasjenige, was nicht standgehalten
hat,

»Alfried Krupp zählt heute mit einem Vermögen von mehr als
5 Milliarden DM zu den sechs reichsten Männern der Welt: trotz
Niederlage des Deutschen Reichs von 1918, trotz Revolution,
Inflation und Krise zwischen den beiden Weltkriegen, trotz Bom-
benhagel, Zusammenbruch und üppig betriebener Demontage ...
Es mutet wie ein Wunder an und muß doch irgendwie zu erklä-
ren sein.« (Kurt Pritzkoleit, Wirtschaftsmacht – Gespenst oder
Wirklichkeit? Politikum-Reihe, Bd. 6, Stuttgart 1962, S. 29)

und der Arbeitsplatz, die Arbeitskraft, ist das,
was relativ gut standgehalten hat.

Man könnte also von dieser grundsätzlichen Idee her
ein Fragezeichen über die ganze Institution setzen.

Ullrich.
Es muß bei der Finanzreform die Gewerbeertragsteuer
auf jeden Fall in Wegfall kommen und durch eine
sogenannte Gemeindeeinwohnersteuer ersetzt werden,
damit alle diejenigen, die die gemeindlichen Einrichtungen
in Anspruch nehmen, auch mit zu deren Finanzierung
                                                     beitragen
und dadurch zugleich in ihrer Ausgabefreudigkeit
                                              gezügelt werden.

(Beifall.)
Regul.
Ich hüte mich sehr wohl, in diesem Kreise von »Planung«
zu sprechen, denn ich weiß, wo die kritischen Punkte
                                                      sind.
Binder. Meine Damen und Herren, ich darf Ihnen allen
für Ihre disziplinierten Beiträge zur Diskussion
und für Ihre Ausdauer herzlich danken.

GÜNTER WALLRAFF

Geb. 1. Oktober 1942 in Burscheid bei Köln. Ausbildung zum Buchhänd-
ler. Als Kriegsdienstverweigerer nicht anerkannt, in der psychiatrischen
Abteilung des Bundeswehrlazaretts in Koblenz, schließlich, »für den
Frieden und Krieg untauglich«, entlassen. 1963–65 Arbeiter in Indu-
striebetrieben. Danach Redakteur bei *Pardon.* Lebt als freier Schrift-
steller in Köln.
Werke: *Wir brauchen Dich* (1966; Neuauflagen u. d. T. *Industriepor-
tagen); Nachspiele* (1968); *13 unerwünschte Reportagen* (1969); *Neue
Reportagen* (1972); *Was wollt ihr denn, ihr lebt ja noch* (1973, mit
Jens Hagen); *Ihr da oben – wir da unten* (1973, mit Bernt Engelmann);
Aufdeckung einer Verschwörung. Die Spinola-Aktion (1976); *Der Auf-
macher. Der Mann, der bei* ›*Bild*‹ *Hans Esser war* (1977).

Am Fließband (Auszug)

»Für Angestellte oder für Lohnempfänger?« fragt das Fräulein vom Personalbüro am Telefon.

Ich bin nicht der einzige, der sich am nächsten Morgen bei G. bewirbt. In dem modern möblierten Raum sind alle fünfzig Plätze besetzt. Ein paar Männer lehnen an den Wänden. Die meisten Italiener, Griechen und Türken sind ärmlich angezogen.

Über der Tür zum Personalbüro hängt ein Schild, worauf in drei Sprachen steht: »Nur nach Aufforderung durch den Lautsprecher eintreten!«

Ich habe einen Fragebogen ausgefüllt und in den Schlitz an der Wand geworfen. Meine ›Personalien‹, ›bisherige Ausbildung‹, ob ich ›Schulden‹ habe, ›Pfändungen in Sicht‹ sind und ob ich ›vorbestraft‹ bin?

Der Lautsprecher ruft meinen Namen auf: »Kommen Sie bitte herein.«

Der Herr im Personalbüro begreift nicht, daß ich unbedingt ans Fließband will. Er bietet mir einen Schreibposten in der Betriebsprüfung an und telefoniert schon mit der zuständigen Stelle. Er ist gekränkt, als ich entschieden abwinke.

Ich sage ihm: »Ich hab den ganzen Bürokram satt. Möchte von unten anfangen wie mein verstorbener Vater, der auch am Band gearbeitet hat.« Er läßt nicht nach: »Sie wissen nicht, was Ihnen bevorsteht! Das Band hat's in sich! Und wollen Sie auf das Geld verzichten, das Sie im Büro mehr verdienen? Außerdem sind am Band fast nur noch ausländische Arbeiter beschäftigt.« Dieses ›nur ausländische Arbeiter‹ klingt wie ›zweitklassige Menschen‹.

Als er einsieht, daß er mich nicht überzeugen kann, entläßt er mich mit der Bemerkung: »Sie werden ganz bestimmt noch an mich denken. Wenn es zu spät ist. Wer einmal am Band ist, kommt so leicht nicht wieder davon weg.«

Der Betriebsarzt will wissen, in welche Abteilung ich möchte. Als ich sage, »ans Band«, schüttelt er den Kopf.

»Freiwillig ans Band? Das gibt's doch nicht.« Auch hier muß ich einen Bogen ausfüllen, auf dem nach allen möglichen Krankheiten gefragt wird. Ob ich ›nachts schwitze‹? Ob ›Glieder fehlen‹? Ob ich ›in einer Heil- und Pflegeanstalt behandelt‹ worden bin?

Ich bin angenommen worden. Morgen geht's los.

Der erste ›Arbeitstag‹ ist mit Vorträgen ausgefüllt. Zwei Fremdarbeiter werden wieder fortgeschickt. Sie müssen erst zur Polizei und eine Aufenthaltsgenehmigung beibringen. Sie sagen, daß sie dort schon waren und erst eine Arbeitsstelle nachweisen müßten, um eine Aufenthaltsgenehmigung zu bekommen.

Die vortragenden Herren betonen, daß auch sie einmal ›von ganz unten angefangen‹ haben. »Sogar unser technischer Direktor hat als kleiner Facharbeiter begonnen. Hatte natürlich den Vorteil, daß er von USA rübergekommen ist. Typischer Selfmademan.« (Daß es so etwas auch nur in der Gründerzeit der G.-Werke gab, verschweigt man wohlweislich.)

Zuletzt erscheint jemand vom Betriebsrat. Einer von uns ruft ihm das Stichwort ›Kollege‹ zu, das er auch freudig aufgreift, seine Rede beginnt mit ›Liebe Kollegen‹.

Er erklärt, daß uns bei den G.-Werken nichts geschenkt wird. »Hier ist jeder zu 140 Prozent in die Produktion eingespannt. Acht-Stunden-Tag, schön und gut, aber wer seine acht Stunden auf dem Buckel hat, weiß auch, was er getan hat.« Wir erfahren von einem Rechtsstreit zwischen der IG Metall und dem Werk. Vom Beitritt des Werkes in den Arbeitgeberverband und von einem ›ominösen‹ Tarifvertrag. »Mehr darüber zu sagen erlaubt mir das Betriebsverfassungsgesetz nicht.« Er berichtet noch, daß der Betriebsrat zur Zeit einen innerbetrieblichen Kampf mit der Direktion führe. »In einer Halle ist die Entlüftung katastrophal. Bisher hat man unseren Antrag wegen zu hoher Kosten abgewimmelt, aber wir werden nicht lockerlassen.«

Er schließt seinen Vortrag mit der Aufforderung, der Gewerkschaft beizutreten. »Der organisierte Arbeiter hat mehr Rechte. Er läßt nicht über seinen Kopf hinweg bestimmen.«

Zwei Tage später beginne ich mit der Spätschicht. Mit einer Gruppe Italiener werde ich zur Y-Halle geführt. Ein Italiener bringt mich auch zu meinem künftigen Arbeitsplatz.

Manches ist ungewohnt für mich. Das Stempeln zum Beispiel. (Bei nur einer Minute Verspätung wird eine Viertelstunde vom Lohn einbehalten.) Oder das Öffnen und Vorzeigen der Aktentasche beim Passieren des Pförtners. (Bei verschärfter Kontrolle kann eine Art Leibesvisitation vorgenommen werden.)

»Das Band frißt Menschen und spuckt Autos aus«, hatte mir ein Werkstudent gesagt, der selbst lange Zeit am Band gearbeitet hatte. Wie das gemeint war, sollte ich bald erfahren. Alle anderthalb Minuten rollt ein fertiger Wagen vom Band. Ich bin am letzten Bandabschnitt eingesetzt. Muß kleinere Lackfehler ausbessern, die es an jedem Wagen noch gibt. ›Da ist weiter nichts dabei‹, denke ich anfangs, als ich sehe, wie langsam das Band vorwärtskriecht.

Eine Frau arbeitet mich ein. Sie ist schon vier Jahre am Band und verrichtet ihre Arbeit ›wie im Schlaf‹, wie sie selbst sagt. Ihre Gesichtszüge sind verhärtet.

Linke Wagentür öffnen. Scharniersäule nachstreichen. Das abgeschliffene Scharnier neu streichen. Griff für die Kühlerhaube herausziehen. (Er klemmt oft.) Kühlerhaube aufklappen. Wagennummer mit Lack auslegen. Rechte Wagentür wie bei der linken. Kofferraum öffnen und nach eventuellen Lackfehlern suchen. Zusätzlich noch auf sonstige Lackfehler achten, die bei sorgfältiger Prüfung immer zu finden sind. Mit zwei Pinseln arbeiten. Der große für die Scharniersäule, die von der Wagentür halb verdeckt ist und an die man schlecht herankommt; der kleine für feinste Lackfehler zum Auslegen, was besonders viel Zeit in Anspruch nimmt. Außerdem immer wieder zu den Lacktöpfen zurücklaufen, Pinsel säubern und Farbtöpfe wechseln, weil die Wagen auf dem Band in kunterbunter Reihe erscheinen. Zusätzlich auf den Laufzetteln der Wagen meine Kontrollnummer vermerken.

Noch arbeiten wir zu zweit. Ich begreife nicht, wie die Frau allein damit fertig geworden ist. Nach zwei Tagen Einarbeiten wird die Frau versetzt, zum Wagenwaschen. Damit ist sie nicht einverstanden. Sie fürchtet um ihre Hände, die vom Benzin ausgelaugt werden. Aber danach fragt keiner. Der Meister geht ihr aus dem Weg.

Ich frage sie, ob sie sich nicht an einen ›Vertrauensmann‹ wenden kann, aber von dessen Existenz weiß sie nichts.

Allein werde ich mit der Arbeit nicht fertig. Ich übersehe kleine Lackschäden, aber man ist nachsichtig. »Mit der Zeit haut das schon hin.«

Punkt 15.10 Uhr ruckt das Band an. Nach drei Stunden bin ich selbst nur noch Band. Ich spüre die fließende Bewegung des Bandes wie einen Sog in mir.

Wenn das Band einmal einen Augenblick stillsteht, ist das eine Erlösung. Aber um so heftiger, so scheint es, setzt es sich danach wieder in Gang. Wie um die verlorene Zeit aufzuholen.

Die Bandarbeit ist wie das Schwimmen gegen einen starken Strom. Man kann ein Stück dagegen anschwimmen. Das ist erforderlich, wenn man einmal zur Toilette muß oder im gegenüberliegenden Automaten einen Becher Cola oder heißen Kaffee ziehen will. Drei, vier Wagen kann man vorarbeiten. Dann wird man unweigerlich wieder abgetrieben.

IX. Theorie als Kritik

Theorie als Kritik stellt das Pendant zu programmatischer Theorie dar. Geht es dieser um Prinzipien künftiger Tätigkeit, sei es auf gesellschaftlichem, sei es auf künstlerischem Gebiet, so betreibt Theorie als Kritik die Analyse des Bestehenden. Beide sind Teile jenes einen Prozesses, in dem die jeweilige Gegenwart sich über Herkunft und künftigen Weg reflektierend verständigt. Es gibt kein Programm ohne zumindest implizite Auseinandersetzung mit dem, was geändert werden soll; ebensowenig gibt es fruchtbare Analyse von Vorgegebenem ohne den dialektischen Bezug auf die Zukunft. Eine so verstandene Theorie als Kritik ist nicht eigentlich eine Gattung, vielmehr eine Denkweise, die sich in mannigfachen Formen äußern kann: als Aphorismus (Adorno) ebenso wie als Essay (Enzensberger) und aufklärerischer Dialog (Schmidt).

ARNO SCHMIDT

Geb. 18. Januar 1914 in Hamburg. Aus politischen Gründen brach er 1933 sein Studium in Breslau ab. Kaufmännischer Angestellter. 1940–45 Soldat, Kriegsgefangenschaft. 1946–50 Dolmetscher für Englisch. Lebt als freier Schriftsteller in Bargfeld, Kreis Celle.
Werke: *Leviathan* En. (1949); *Brand's Haide* En. (1951); *Aus dem Leben eines Fauns* R. (1953); *Das steinerne Herz* R. (1956); *Die Gelehrtenrepublik* R. (1957); *Fouqué und einige seiner Zeitgenossen* Biogr. (1958); *dya na sore* Ess. (1958); *Rosen & Porree* En. (1959); *Kaff auch Mare Crisium* R. (1960); *Belphegor* Ess. (1961); *Sitara und der Weg dorthin* (1963); *Kühe in Halbtrauer* En. (1964); *Die Ritter vom Geist* Ess. (1965); *Trommler beim Zaren* En. (1966); *Der Triton mit dem Sonnenschirm* Ess. (1969); *Zettel's Traum* R. (1970); *Die Schule der Atheisten* R. (1972); *Abend mit Goldrand. Eine Märchenposse* (1975); zahlreiche Übersetzungen aus dem Englischen und Amerikanischen.

Arno Schmidts Beschäftigung mit der Tradition orientierte sich in den fünfziger Jahren an Benjamins Forderung, in der Zeit, da die Werke entstanden, »die Zeit, die sie erkennt – das ist die unsere – zur Darstellung zu bringen«. Allem bloß Musealen war dieser Autor, der vor allem mit Romanen hervortrat, trotz seiner ungewöhnlichen Belesenheit abhold; kanonische Texte unterwarf er kritischer Prüfung, zu Unrecht verschollene holte er wieder ans Tageslicht. Ungewöhnlich wie die Intention, Literatur in ein »Organon der Geschichte« (Benjamin) zu überführen, sind Sprache und Form von Schmidts Interpretationen. Die Sprache ist schnoddrig, Dialekteinschübe und emotionale Einsprengsel finden sich in ihr neben brillanten Formulierungen; formal werden Rundfunk-Feature und aufklärerischer Dialog-Essay verbunden. Der folgende Auszug, erstmals abgedruckt in »Dya Na Sore. Gespräche in einer Bibliothek« (1958), handelt von Stifters »Nachsommer«. 1857, in demselben Jahr wie Baudelaires »Fleurs du Mal« und Flauberts »Madame Bovary« erschienen, schildert der Roman die Bildungsgeschichte eines jungen Mannes. Man war gewohnt (sieht man von Ausnahmen wie Hebbel ab), das Werk mit Goethes »Wilhelm Meister« und dem »Grünen Heinrich« Kellers auf eine Stufe zu stellen. Einen Höhepunkt enthusiastischer Stifter-Rezeption bildet die »Nachsommer«-Interpretation des Schweizer Literaturwissenschaftlers Emil Staiger: »Wie Stifters Sinn Ehrfurcht ist, so ist Ehrfurcht auch die einzige Stimmung, die sein Werk erschließt.« Sehr richtig hebt Staiger den irrealen, nichtpsychologischen, auf Vorbild und Gesetz hin angelegten Charakter des »Nachsommer« hervor; doch statt diesen idealen Charakter in einem zweiten Schritt mit Stifters historischem Kontext zu vermitteln, postuliert er: »Mit den Träumen feiger Schwäche, dem Heimweh nach dem je und je Vergangenen hat dies nichts zu tun.« Und, den durchaus vorhandenen Zweifel abwehrend: »Denn ist es wahr, daß auf dem Grunde seiner dichterischen Welt die Müdigkeit des Spätlings ruht, daß der ›démon ennui‹ seine Macht auch

hier behauptet, dann – dies wissen wir – dann ist bewußte
Heiligung des Lebens, wie der Dichter sie uns lehrt, das
Einzige, was uns retten kann.« Vor dieser Art Stifter-Nach-
folge warnt Arno Schmidt in einem »Akt ausgleichender
Ungerechtigkeit«. Der »Nachsommer« zähle zur »Vogel=
Strauß=Dichtung«, er sei eine »Magna-Charta des Eskapis-
mus«; es manifestierten sich in diesem Roman »bürgerlicher
Katastrofenfeindlichkeit« (1848!) »scheußliche soziale Herz-
verfettung«; »von der ersten bis zur letzten Zeile« hörten
wir »das gleiche standuhrige Wortgependel«. Nietzsches
Vorstellung vom »letzten Menschen« (»Also sprach Zara-
thustra«) wird von Schmidt boshaft auf die ideale Per-
sonenwelt des »Nachsommer« übertragen. Dies meint: Au-
toren wie Stifter und sein Bewunderer Nietzsche haben zu
den Mißständen beigetragen, die sie elitär beklagen; »un-
angenehmst einig waren sie Beide in der aristokratisierenden
Grundeinstellung : der Teilung der Welt in Herren – und
geduldig demütige Knechtlein : écrasez l'infâme!!«

Der sanfte Unmensch. Einhundert Jahre Nachsommer (Auszug)

A. (banal) : » Ob wir heute noch'n Gewitter kriegen ? « –
B. (erläuternd) : Diese Befürchtung ist der Grund, die
 Heinrich, den Helden des › Nachsommer ‹, hügelan gehen
 macht, auf das große weiße Haus zu, um dort Schutz
 vor möglichem Regenguß zu suchen.
A. : Wobei aber gleich eingeschaltet sei : daß dem Leser der
 Name des Helden erst auf den letzten 10 Seiten des
 Buches verraten wird ; wo er denn unter ehrfürchtigen
 Schauern erfährt, wie Jener › Heinrich ‹ heiße – ein Ge-
 heimnis, das des so langen Aufhebens schwerlich wert
 war. Obwohl es natürlich gewisse Kreise gibt, wo der-
 gleichen Narretei als besonders zart und feinsinnig gilt. –
 Im Gegensatz zum › Grünen Heinrich ‹, dem genau

gleichzeitigen und gleich umfänglichen Bildungsroman ;
auf den wir sowieso noch mehrfach zurückkommen müssen.

B. : Heinrich also ist ein sanfter und ordentlicher Gesell.
Sohn eines wohlhabenden Kaufmanns, der zu seiner
Liebhaberei geschnittene Steine sammelt ; alte Bauern-
möbel ; schön gemaserte Tischplatten, und andere ge-
sprenkelte Naturerscheinungen : Praise be God for dap-
pled things !

A. : Dort also, friedlich und erbaulich, bei gutbürgerlicher
Küche, wohlsituiert und enthaltsam, wächst Heinrich,
zusammen mit einer Schwester, heran. Erhält eine gute
Schulbildung ...

B. (berichtigend einfallend) : Halt ! : eben keine › Schulbildung ‹ ! Hauslehrer sinds : das anaerobe Dahinleben,
edle Einfalt stille Größe, darf durch keine Berührung
mit anderen Kindern gestört werden.

A. : Fleißig lernt er : neue & alte Sprachen ; Geistes= und
Naturwissenschaften. Noch einmal fällt eine große Erb-
schaft an, um die mijnheerhaft=sparkassige Existenz für
alle Zeiten zu sichern – und da kann ihm der Vater freilich freigeben – und tut es auch – sich einen Beruf nach
Belieben zu suchen.

B. : Heinrich, nach reiflicher Überlegung, entschließt sich
– gar nicht dumm ! – so für ›die Wissenschaften im Allgemeinen ‹ ; und bildet sich weiter als Autodidakt.

A. : Mäßig studiert er nun dahin, pasteurisierten Gemüts.
Von dem Geldlein, das ihm der weise Vater monatlich
übergibt, ihn an den Umgang mit dem guten Baaren zu
gewöhnen, erübrigt Heinrich noch regelmäßig ein Er-
kleckliches ; die kleinen Zinsen legt er so gut auf die
hohe Kante wie die großen : schon mit 20 ist er der vollkommene Rentier. Der nie einen Schoppen trinkt ; selten
mit anderen jungen Leuten verkehrt – die haben so was
Unsolides ! – Und das ist nicht etwa eine – in dem Alter
völlig unangebrachte – › Würde ‹ ; sondern jene steife

Ängstlichkeit, die sich fürchten muß, einen raschen Schritt zu tun, aus Besorgnis, sie würde dann nie mehr ehrbar dahinwandeln können.

B. : Auch körperlich lebt man ganz › nach der Gesundheit ‹ : Heinrich wandert viel. Gerät solchermaßen tief in die Natur : überall ergibt sich Notizliches : welch billiges und bekömmliches Vergnügen !

A. : So wurmisiert er denn abwechselnd in seinem Groß-stadtheim und in den Bergen herum, wo er Seen nach-mißt, Marmorstückchen zu Briefbeschwerern sammelt – kurz : er ist die merkwürdigste Mischung von altkluger Weisheit und Ausdauer, und sanfter schnöder Herz= und Gefühllosigkeit ; so Einer, der den Notizzettel durch-streicht, ehe er ihn zerreißt, zusammenknüllt, und weg-wirft : Heinrich, mir graut's vor Dir !

B. : Während er also dergestalt zwischen Elternhaus und Alpenwelt hin= und herpendelt – daraus besteht letztlich die äußere Fabel des Buches – droht das eingangs er-wähnte Donnerwetter ihn zu übereilen ; und er sucht Deckung im Asperhof des Freiherrn von Risach . . .

A. (unterbrechend) : Namen, die ich lieber gleich hersetze ; während im Buch selbst natürlich erneut das artigste Versteckspiel damit getrieben wird : die Sorgen, und Rothschilds Geld !

B. : Da erblickt Heinrich als erstes bewundernd : wie zwi-schen dem Leben und dem Asperhof die riesenhohe, sorg-fältig gepflegte, ja abgestaubte, Rosenwand steht. Und, damit ja nichts bei Dornröschen zu wünschen übrig bleibe :

A. (in gezierter Geschäftigkeit) : » An jedem Stämmchen hing der Name der Blume, auf Papier geschrieben, und in gläserner Hülle, hernieder. « – Worauf dann diese sinnreich eingerichtete gläserne Hülle des Breiten be-schrieben wird.

B. : Und – nach solcher Erfindung freilich kaum noch über-raschend – : Risach sammelt auch Tischplatten !

A. : Allerdings in weit grandioserem Maßstabe, als Heinrichs Vater : hier ist alles erfaßt : holzgeschnitzteste Plastiken ; Marmornes ; alte Schränke ; sogar eine echte griechische Statue steht im Haus. Und ganz hinten im Garten, dezent durch Bäume getarnt, hat Risach auch noch eigene Werkstätten zur Restaurierung und Neuanfertigung.

B. (schneidend) : Und dazu immer die wichtigen Mienen der Kerls, die ein Ornamentchen hin= und herwenden, als hielten sie den Erdball in Händen ! : wer nicht mitmacht ist doof ; und wird entsprechend erzogen, oder nachsichtig lächelnd übergangen : der Innenarchitekt als Weltenrichter.

A. : Denn ein ganz großes Problem im › Nachsommer ‹ ist die Arbeitslosigkeit, die Stifter ergreifend zu schildern weiß : seine Helden sind sämtlich arbeitslos !

B. : Die › Arbeitslosigkeit ‹ der Wohlhabenden freilich : um den naheliegenden Vorwurf absoluten Müßigganges zu vermeiden, › beschäftigen ‹ seine Helden und Heroinen sich – eine kleine Sonderklasse, die sich allein berechtigt dünkt, mit Kunst und Wissenschaft zu spielen, arbeitsscheu und feinsinnig ; genügsam ; und in ihrer kleinlichen faulen Art fleißig.

A. : Aber es ist jener nichtsnutzigste Fleiß, den die Eckensteher des Lebens auf eben solche Schnurren, solche ausgesprochenen Feierabendbeschäftigungen verwenden. Im übrigen sitzt unser Heinrich demütig und langweilig herum, und führt steife und langweilige Gespräche mit anderen Herumsitzern, die auch nichts besseres zu tun wissen : welch neues wohlfeiles Vergnügen hat sich dem sparsamen Heinrich aufgetan !

B. : Und des altklugen Gewäsches – unerträglich im Munde eines Zwanzigjährigen ! – ist kein Ende. Nichts geschieht aus dem Stegreif ; alles nach endloser tüftelnder Überlegung : die bekannte Tatsache, daß Leben Hakenschlagen heißt – oder, vornehmer : Improvisieren – wird glattweg geleugnet : wir restaurieren Kirchen, und ehren das Mittelalter, im sorgfältig geregelten, durchaus staatserhaltenden Müßiggang.

A. : Kein Gedanke an Schilderung etwa der – durchaus vorhandenen – unheimlichen Züge des Sammlertums ! Nein nein. Anspruchslos, sanft und ehrbar sitzt man beisammen – – : Das Unmenschliche daran ist nur, daß zur selben Stunde in Ungarn Zehntausende standrechtlich erschossen werden, und Frauen öffentlich ausgepeitscht ! : Hinter der angeblichen Feinsinnigkeit und Gutherzigkeit liegt eine nicht mehr zu überbietende Härte und Gefühllosigkeit verborgen, vor der man nur zurückbeben kann !

B. : Der friedfertige gewiegte Alte erkennt auch instinktiv, daß der junge Heinrich nicht mehr und nicht minder als sein vollkommener Doppelgänger ist : das gleiche aquarienbunte Gemütchen ; der gleiche Firnis von Bonhommie ; der gleiche Mischmasch von Pedanterie und Einseitigkeit.

A. : Also läßt er ihn vorausschauend mit seiner nunmehr gealterten Jugendliebe und deren Kindern bekannt werden : das ist einmal der » bescheidene Gustav « ; ein fünfzehnjähriger langbeiniger Nichtsmensch, dessen Züchtigkeit und › Bescheidenheit ‹ einem unschwer auf die Nerven fällt.

B. : Ähnlich nämlich wie in Vossens › Luise ‹, wo der junge Bräutigam, der verliebte cand. theol. beständig › der edle bescheidene Walther ‹ heißt : was soll diese ständige Anmaßung auf seine verfluchte Bescheidenheit ? ! Worauf sind denn solche Leute bescheiden ? ! So darf man doch höchstens einen bedeutenden Menschen nennen, der sich in einer Menge nicht vordrängt, und vergißt, daß er etwas Apartes sei : an einem solchen ist Bescheidenheit eine Tugend und erwähnenswert – aber was sollte dieser Gustav hier anders sein ? !

A. : Sei dem, wie ihm wolle. – Die wichtigere Person ist die

Tochter Natalie, eine rüstige und gebildete Jungfrau –
unbesorgt : Heinrich und sie sind derart für einander
geschaffen, daß es schon nicht mehr schön ist !

B. : Zusammen mit diesen und der Mutter, Frau Mathilde,
besucht man deren weitläufiges Besitztum, den Sternen-
hof – und, Gott's Wunder ! : Se sammeln ooch Tischplatten ! !

A. : Nicht Doppel= mehr, nein : Drei= und Vierfachgänge-
rei ! Wodurch die Familienähnlichkeit des Maskenzuges
natürlich nicht sonderlich gemildert wird.

B. : Nun hätten wir sie also glücklich beisammen : einen
ganzen Hofstaat peinlich geputzter, verständiger und
ehrbarer Tischplattensammler ; die alle in Vernünftigkeit
wetteifern, und die sonderbarsten Unterhaltungen führen.

A. : Während draußen, wie gesagt, die verhungernden Weber Fabriken stürmen, und die Donner des Krimkriegs
brüllen, tüftelt man hier drinnen auf das angelegentlich-
ste darüber, ob man von dem Schlößchen den Außenputz
der Wände entfernen solle, über die Zweckmäßigkeit
solchen Anschlages und dessen vermutlichen Kosten-
punkt : » um des widrigen Anblicks entledigt zu werden. «

B. : Oh weh : da gab es widrigere Anblicke zur Stifter-
zeit ! – Denn sei das › Awakening ‹ Heinrichs noch so
zart und umfassend geschildert – die unmenschliche
Sanftheit eines aller Autopsie und Erfahrung baaren
Aberwitzes wirkt nicht nur lächerlich und gespreizt, sondern ausgesprochen empörend ! – Es fehlt eben die tiefe
Einsicht Kellers : » daß 3 Gerechte nicht lange unter
1 Dach leben können, ohne sich in die Haare zu geraten. «

A. : Wohl fühlt man auch einiges mit – ach, es ist ein wat-
tiertes Mitgefühl, nach Art reicher Leute ; wohl erlernt
man, wenn aller andere Zeitvertreib erschöpft scheint,
das seltene Spanisch : ochgott, was sind wir vornehm !

Aber ansonsten sprechen sie Alle, Alle, so salbungsvoll dahin, wie gelehrte Blinde, die nichts von der Welt sehen : ein Evangelium gepflegten Stumpfsinns.

B. : Alle Gestalten im › Nachsommer ‹, von der ersten bis zur letzten, sind hinsichtlich Realität nur selektiv unterrichtet. Kein Konflikt der Generationen. Man bewegt sich zeitlupig ; denn : » Leidenschaft ist unsittlich «, wie Stifter in unbegreiflicher Geistesverengung dekretiert, und sich damit selbst dichterisch entmannt hat. Der Würgengel vermeinter Sittsamkeit garantiert die stereotypste Starre und Kälte : im ganzen Buch lacht nicht ein Mensch !

A. : Ein Kabinettstück in seiner Art der chemisch gereinigte Liebeshandel Heinrichs und Nataliens : noch frostiger und pomadiger kann man sich nicht gerieren :

B. : Zum happiest of ends hat der Held schließlich nicht weniger als 4 – in Worten : vier – elegant möblierte Wohnungen zur beliebigen Benützung ! Denn der Vater hat sich nun auch auf seine Renten zurückgezogen, und eine große Besitzung mitten zwischen Sternen= und Asperhof sich zugelegt. Die andere › Dame ohne Unterleib ‹, die Klothilde, wird Gustav zugesichert, zur endgültigen Komplettierung flegmatischsten Filistertums : es ist erreicht !

A. (hohnvoll) : Seht: ich lehre Euch den Letzten Menschen !
Die Erde ist dann klein geworden ; und auf ihr hüpft der Letzte Mensch, der alles klein macht ; sein Geschlecht ist unaustilgbar wie der Erdfloh : der Letzte Mensch lebt am längsten. / » Wir haben das Glück erfunden « – sagen die Letzten Menschen und blinzeln. / Sie haben die Gegenden verlassen, wo es hart war, zu leben : denn man braucht Wärme. Man liebt den Nachbar und reibt sich an ihm : denn man braucht Wärme. / Krank=werden und Mißtrauen=haben gilt ihnen sündhaft : man geht achtsam einher : ein Tor, der noch über Steine und Men-

schen stolpert ! / Man arbeitet noch, denn Arbeit ist eine
Unterhaltung – aber man sorgt, daß die Unterhaltung
nicht angreife. / Jeder will das Gleiche : jeder ist gleich
– wer anders fühlt, geht freiwillig ins Irrenhaus. –
» Ehemals war alle Welt irre «, sagen die Feinsten, und
blinzeln . . .

Literatur der DDR

Einleitung

Enger noch oder doch zumindest deutlicher erkennbar als im westlichen deutschen Sprachgebiet ist die literarische Entwicklung in der SBZ und der aus ihr hervorgegangenen DDR mit der Politik verbunden. Sehr grob lassen sich fünf Phasen unterscheiden. 1945–49, von der Kapitulation bis zur Gründung der DDR: Propagation des antifaschistischen Bündnisses aller demokratischen Kräfte mit Einschluß der bürgerlich-humanistischen; Bemühungen, die Elite der Emigration ins Land zu ziehen; Abgrenzung gegen westliche Einflüsse, zugleich aber auch der teilweise taktisch begründete Versuch, sich gegenüber der sowjetischen Militärmacht eine gewisse Selbständigkeit zu sichern. 1949–53: Aufbauphase der DDR; »Schaffung der Grundlagen des Sozialismus«; Zurückdämmen bürgerlicher zugunsten sozialistischer Tendenzen; Darstellung der Integration in die neue Gesellschaft. 1954–56: Nach dem Aufstand vom 17. Juni 1953 und nach Chruschtschows Abrechnung mit dem Stalinismus (1956) »Tauwetter« auch in der DDR; gelegentlich wird selbst die Forderung nach Wiederzulassung der SPD laut; moderne westliche Ausdrucksformen sollen nicht länger verketzert werden; Wortführer: Wolfgang Harich, Hans Mayer u. a. 1957–65: Nach dem Zurückschlagen der sogenannten Aufweichtendenzen verstärkter Führungsanspruch der Partei auch in kulturellen Fragen, sichtbar in der Absetzung Peter Huchels als Chefredakteur von *Sinn und Form* sowie in der aktiven Teilnahme der Staats- und Parteispitze an den beiden Bitterfelder Konferenzen von 1959 und 1964; »Aufbau des Sozialismus und einer sozialistischen Nationalkultur«. Gegenwart: These von der zweiten deutschen Literatur; in den letzten Jahren, im Zusammenhang mit der internationalen Anerkennungswelle, Anzeichen einer beginnenden »Liberalisierung« (Indiz: Publikation

von Ulrich Plenzdorfs *Die neuen Leiden des jungen W.*),
seit Biermanns Zwangsexilierung (1976) neuerliche Verhär-
tung.

Für die hier nur skizzierte Entwicklung gibt es neben den
direkt politischen ideologische Gründe. So ist insbesondere
die marxistische These vom dialektischen Verhältnis zwischen »Basis« und »Überbau« geeignet, die hervorragende
Bedeutung zu erklären, die man in der DDR der Literatur
zuspricht; die Behauptung, es gebe heute zwei deutsche
Literaturen, steht mit ihr in einem inneren Zusammenhang.
Jene These besagt, daß die sozioökonomischen Verhältnisse
bestimmende Kraft unter anderem auf die Literatur aus-
üben, daß diese ihrerseits aber auf jene zurückwirkt; den
sozioökonomischen Verhältnissen komme freilich ein klares
Übergewicht in diesem Wechselbezug zu. Auch die Forderungen, die aus dem Dogma vom »sozialistischen Realismus« resultieren (dessen Problematik wird in den einführenden Bemerkungen zur erzählenden Prosa der DDR aufgegriffen), lassen sich auf jene These beziehen: »Basis«,
Stoff der Literatur habe zunächst die materielle Produktion
und dessen Träger, die Arbeiter- bzw. Bauernschaft, zu
sein; der Wirklichkeit selbst wohne eine revolutionäre Tendenz inne, die in Parteilichkeit und revolutionärer Perspektive der Literatur ihre Äquivalente zu finden habe; der
Schriftsteller müsse zum »Ingenieur der menschlichen Seele«
(Stalin) werden, um den Sieg der revolutionären Kräfte zu
beschleunigen. Betonung der Arbeitswelt im Thematischen,
Parteilichkeit und Leitungsfunktion sind denn auch zu her-
vorragenden Charakteristika der DDR-Literatur geworden.

Sicher gilt dies nicht uneingeschränkt, aber es markiert die
vorherrschende Tendenz. Und wenn es einerseits in der
DDR Autoren gibt, die sich ihr entziehen mögen, andererseits in der Bundesrepublik sozialistische Schriftsteller, so
machen 25 Jahre ostdeutscher Literaturentwicklung das
Wort von der *einen* deutschen Literatur doch zur unreflek-

tierten Parole. So selbstverständlich wir den Österreicher Handke und den Schweizer Frisch der bundesrepublikanischen Literaturszene zuzählen, so wenig können wir es mit Volker Braun oder Günter Kunert, Autoren, die sich, bei aller Kritik, zugleich zum Sozialismus und zu seiner historischen Realisation in der DDR bekennen. Hier droht die Gefahr, im Namen einer nebulösen Einheit, die sich allenfalls auf die gemeinsame Sprache berufen könnte, das Phänomen einer selbständigen literarischen Entwicklung zu unterschlagen. Westdeutsche Arbeiten wie die Wolfgang Hildesheimers oder der »Kölner Schule« stehen dem französischen absurden Theater bzw. dem »nouveau roman« näher als gleichzeitigen Produktionen in der DDR. Die Einheit der deutschen Literatur gibt es trotz vielfältiger Verbindungen so wenig wie die Synthese von Demokratie und Sozialismus. Dieses Stichwort deutet zugleich aber an, wo jene Einheit liegen könnte: in der Zukunft. Wenn der Leipziger Literaturwissenschaftler Claus Träger sagt »Zweierlei Geschichte – zweierlei Literatur«, so stimmen wir ihm zu – mit dem Vorbehalt freilich, daß wir nicht glauben, das Reich des Menschen sei in der DDR verwirklicht. Davon zeugt gerade auch die Kritik der ihr solidarisch verbundenen Autoren.

Brecht wurde in diesem zweiten Teil ein eigener Abschnitt eingeräumt; damit soll seine überragende Bedeutung sowohl für die Theorie als auch für die lyrische und dramatische Praxis der DDR-Literatur dokumentiert werden. Mit Anna Seghers, dem großen Vorbild der Prosaschriftsteller, steht er zugleich für die älteste Generation der DDR-Autoren, die, im Kaiserreich geboren, Weimarer Republik, Faschismus und Exil bewußt erlebt hat. Besonders in der Lyrik haben sich viele junge Stimmen zu Wort gemeldet, auf Autoren der DDR-Aufbauphase glaubten wir hier verzichten zu können. Aus pragmatischen Gründen subsumiert das Kapitel III »Erzählende Prosa« sowohl Auszüge aus längeren Erzählungen als auch selbständige kürzere Texte.

Nicht nur die ungenügende Repräsentanz, sondern auch eine gewisse Unsicherheit gegenüber jener zweiten deutschen Literatur, die man lange Zeit im Westen nicht zur Kenntnis nehmen wollte, machen die nachfolgende Auswahl gewiß anfechtbar. Man möge sie als einen Anreiz zu weiterführender Lektüre verstehen; in diesem Sinn darf auf die im Anhang folgende Leseliste, die ihrerseits freilich nur eine Auswahl bietet, besonders hingewiesen werden.

I. Bertolt Brecht

Geb. 10. Februar 1898 in Augsburg als Sohn eines Fabrikdirektors, gest. 14. August 1956 in Ost-Berlin. Studium der Literatur und Philosophie, dann der Medizin in München. Mitarbeit am Theater Karl Valentins, 1924–26 Dramaturg bei Max Reinhardt in Berlin. 1926/27 Studium des dialektischen Materialismus. 1928 Heirat mit der Schauspielerin Helene Weigel. Zusammenarbeit u. a. mit Kurt Weill, Erwin Piscator, Hanns Eisler, Erich Engel. 1933 Emigration; längere Aufenthalte in Dänemark und den USA. Gab mit Willi Bredel und Lion Feuchtwanger die Exilzeitschrift *Das Wort* heraus. 1947 Verhör durch das »Komitee zur Bekämpfung unamerikanischer Umtriebe«, Rückkehr nach Europa. 1948 nach Ost-Berlin, 1949 Gründung des »Berliner Ensembles«, 1955' Stalin-Preis.

Werke (angegeben wird generell das Druckdatum, die Entstehungs- bzw. Uraufführungsdaten liegen oft beträchtlich früher): *Baal* Dr. (1920); *Trommeln in der Nacht* Dr. (1923); *Im Dickicht der Städte* Dr. (1927); *Mann ist Mann* Dr. (1927); *Hauspostille* G. (1927); *Dreigroschenoper* (1929); *Aufstieg und Fall der Stadt Mahagonny* O. (1929); *Der Jasager und der Neinsager* Lehrst. (1931); *Die heilige Johanna der Schlachthöfe* Dr. (1932); *Die Gewehre der Frau Carrar* Dr. (1937); *Svendborger Gedichte* (1939); *Das Verhör des Lukullus* Hsp. (1940); *Furcht und Elend des Dritten Reiches* (1941); *Mutter Courage und ihre Kinder* Tr. (1949); *Der kaukasische Kreidekreis* Dr. (1949); *Kleines Organon für das Theater* (1949); *Herr Puntila und sein Knecht Matti* Dr. (1950); *Hundert Gedichte* (1951); *Der gute Mensch von Sezuan* Lehrst. (1953); *Buckower Elegien* (1954); *Leben des Galilei* Dr. (1955); *Antigonemodell 1948* (1955); *Die Tage der Commune* Dr. (1957); *Die Rundköpfe und die Spitzköpfe* (1959); *Arbeitsjournale* (1973).

Bertolt Brecht war und ist der Spiritus rector der DDR-Literatur. Als man ihm 1948 die Einreisegenehmigung für Westdeutschland verweigerte und er daraufhin mit tschechischem Paß nach Ost-Berlin fuhr, war dies nur die Konsequenz aus seiner seit Ende der zwanziger Jahre, trotz Stalinismus und amerikanischem Exil, ungebrochenen kommunistischen Überzeugung. Sein Verhältnis zu der 1949 gegründeten DDR, insbesondere zu ihrer Kulturpolitik, war zwar kritisch; er erwarb nie ihre Staatsbürgerschaft und wandte sich, orientiert am gesamten Restdeutschland, wie-

derholt an die westdeutsche Öffentlichkeit. Doch begriff er den neuen ostdeutschen Staat selbst während des Aufstands vom 17. Juni 1953, der ihn bittere Worte gegen die Regierenden finden ließ, als eine historische Möglichkeit, zu deren Gelingen er beitragen wollte. In Ost-Berlin, das sich in den ersten Nachkriegsjahren sehr um die Emigranten bemühte, stellte man Brecht mit dem Theater am Schiffbauerdamm, das zwanzig Jahre zuvor die Uraufführung der »Dreigroschenoper« gesehen hatte, eine eigene Bühne zur Verfügung. Das »Berliner Ensemble« entwickelte sich unter Brechts, später Helene Weigels Leitung zu einem der besten Theater der Welt, dessen Erfolge, etwa auf dem Pariser »Festival des Nations«, wie heutzutage der Spitzensport in den Dienst einer Sympathiewerbung für die DDR gestellt wurden. Viele der besten deutschen Regisseure, darunter solche, die jetzt in der Bundesrepublik leben (z. B. Peter Palitzsch), haben am Schiffbauerdamm gearbeitet; auch nach der Ära Weigel, gegen deren Ende es zu erstarren drohte, ist das »Berliner Ensemble« eine bevorzugte Ausbildungsstätte für die literarische Intelligenz der DDR geblieben.

Die folgenden Texte entstanden zwar nicht alle nach Gründung der DDR bzw. Brechts Übersiedlung nach Ost-Berlin, doch zeugen sie ausnahmslos von der Kontinuität seines Denkens auch nach 1945. Das stark rhetorische »Zukunftslied« (1948), aus dem der Glaube an die sozialistische Befreiung der Menschheit, zugleich aber die Überzeugung von der Notwendigkeit des Kampfes spricht, ist in seiner Aggressivität, seinen lakonischen Sprachspielereien, seiner witzigen Verwendung präformierter Sprachteile beispielhaft für den Stil von Brechts politischer Lyrik. »Für Helene Weigel« entstand zur Premiere von »Mutter Courage und ihre Kinder« am 11. Januar 1949 in Ost-Berlin (Brechts Frau spielte in der berühmten Inszenierung die Titelrolle). »Das Amt für Literatur« (1953) ist eine kritische Auseinandersetzung mit der DDR-Kulturpolitik und jener dog-

matischen Variante kommunistischer Ästhetik, die Kunst
und Literatur auf den gefälligen Ausdruck des jeweils schon
theoretisch Erkannten reduzieren will. In dem Gedicht
»Frage« glaubt Brecht, der sozialistischen Sache durch Kritik
und Anempfehlung von Kritik mehr als durch optimistisches
Wortgeklingel, wie es die Lyrik der DDR-Aufbauphase
kennzeichnet, dienen zu können. »Vergnügungen« schließlich ist wie das auf die Weigel ein sehr persönliches Gedicht,
das gleichwohl in der karg stilisierten Darstellung der Verquickung von sinnlichen Erfahrungen und Intellektualität
zum Allgemeinen, zur Utopie tendiert. In dem Schauspiel »Die
Tage der Commune« begründet Brecht das Scheitern des Pariser kommunistischen Aufstands von 1871 mit der mangeln-
den Einsicht in die Notwendigkeit revolutionärer Gewalt. Die
ausgewählte Szene zeigt eine andere Variante falschen Bewußtseins: Der Bettler lacht über jene, die für die Neu-
verteilung des gesellschaftlichen Reichtums und damit auch
für seine eigenen Interessen kämpfen. Der Aufsatz »Was ist
Formalismus?« analysiert einen wichtigen Begriff kommunistischer Kulturpolitik: »Formalismus« wird für die Be-
reiche Politik, Kunst und Ideologie als »neue, frappante,
gefällige Anordnung der alten Dinge« definiert. Avantgar-
distische Strömungen der Literatur, Behaviorismus und
Psychoanalyse ebenso wie faschistische Sozialpolitik werden
von Brecht unterschiedslos als »formalistisch« abgetan, weil
sie die revolutionäre Theorie und Praxis des Marxismus, die
angeblich auf der Tagesordnung der Geschichte stehen, zugunsten von Scheinneuerungen eskamotieren. Ist Brechts
Kritik an den genannten psychologischen Richtungen und
den »bürgerlichen Freiheiten« allenfalls als polemisches
Korrektiv akzeptabel, so differenziert er sehr genau in bezug
auf die Kunst bzw. Literatur. Mit Hegel erkennt er die dialektische Bezogenheit von Form und Inhalt; rezeptionsästhe-
tisch argumentiert er, die Einführung neuer Stoffe bei neuen
sozialen Schichten erfordere neue Formen; ja er nähert sich
sogar, um dann um so entschiedener Abstand zu nehmen, den

Überlegungen des Antipoden Benn: beim »Machen« stellten sich Formelemente häufig vor dem Stoff ein; freilich – der Künstler formt, oft ihm selbst verborgen, »immerzu an einem Abbild der Wirklichkeit oder an einem ›Ausdruck‹ dessen, was die Wirklichkeit außer ihm in ihm bewirkt«. Brecht distanzierte sich hier wie stets gleichermaßen von Benn, dem Verfechter einer autonomen Kunst-Wirklichkeit, und von Lukács, dem marxistischen Ästhetiker, der die sozialistische Kunst an der Formensprache des bürgerlichen 19. Jahrhunderts orientiert wissen wollte. Die Spannungen, die in Brechts Aufsatz eingingen, sind weiterhin bestimmend für Kulturpolitik und literarische Praxis in der DDR.

Zukunftslied

1

Und es waren mächtge Zaren einst im weiten Russenreich.
Und man sah sie niedertreten die Muschkoten und Proleten
Und sie speisten, in Pasteten, alle Hähne, die drum krähten
Und die Guten sah man bluten, und den Zaren war es
gleich.

    Aber eines Tages war das nicht mehr so
    Und zu Ende waren tausend Jahre Not.
    Aus der Jammer: Über der Getreidekammer hob sich
hoh

    Eine wunderbare Fahne, die war rot.

2

Und es saßen große Herren einst in Polen, reich und stolz.
Und sie führten große Kriege in den Panzern mit Motoren
Und es wurden keine Siege, sondern Polen war verloren
Und der Bauer zog den Pflug, und dieser Pflug, der war
aus Holz.

Aber eines Tages war das nicht mehr so
Und zu Ende waren tausend Jahre Not.
Aus der Jammer: Über der Getreidekammer hob sich
hoh
Eine wunderbare Fahne, die war rot.

3

Und es hatten fette Händler fern in China einst ein Heer.
Und so sah man faul die Satten, und die Hungrigen sah
man fronen
Vier mal hundert Millionen ausgesaugt von tausend Ratten
Denn die fetten Händler hatten fette Freunde überm Meer.
Aber eines Tages war das nicht mehr so
Und zu Ende waren tausend Jahre Not.
Aus der Jammer: Über der Getreidekammer hob sich
hoh
Eine wunderbare Fahne, die war rot.

4

Als wir zogen gegen Osten, ach, besiegt von unsern
Herrn
Die uns gegen Brüder warben, haben die mit Tank und
Wagen
Uns im Kaukasus geschlagen; und es darben, die nicht
starben
Und schon wollen neue Herrn uns in neue Kriege zerrn.
Aber eines Tages ist das nicht mehr so
Und zu Ende sind die tausend Jahre Not.
Aus der Jammer: Über der Getreidekammer hebt sich
hoh
Eine wunderbare Fahne, die ist rot.

Für Helene Weigel

Und jetzt trete in der leichten Weise
Auf der Trümmerstadt alte Bühne
Voll der Geduld und auch unerbittlich
Das Richtige zeigend.

Das Törichte mit Weisheit
Den Haß mit Freundlichkeit
Am gestürzten Haus
Die falsche Bauformel.

Aber den Unbelehrbaren zeige
Mit kleiner Hoffnung
Dein gutes Gesicht.

Das Amt für Literatur

Das Amt für Literatur mißt bekanntlich den Verlagen
Der Republik das Papier zu, soundso viele Zentner
Des seltenen Materials für willkommene Werke.
Willkommen
Sind Werke mit Ideen
Die dem Amt für Literatur aus den Zeitungen bekannt sind.
Diese Gepflogenheit
Müßte bei der Art unserer Zeitungen
Zu großen Ersparnissen an Papier führen, wenn
Das Amt für Literatur für eine Idee unserer Zeitungen
Immer nur ein Buch zuließe. Leider
Läßt es so ziemlich alle Bücher in Druck gehn, die eine Idee
Der Zeitungen verarzten.
So daß
Für die Werke manches Meisters
Dann das Papier fehlt.

Helene Weigel als Mutter Courage (Ullstein-Bilderdienst)

Frage

Wie soll die große Ordnung aufgebaut werden
Ohne die Weisheit der Massen? Unberatene
Können den Weg für die vielen
Nicht finden.

Ihr großen Lehrer
Wollet hören beim Reden!

Vergnügungen

Der erste Blick aus dem Fenster am Morgen
Das wiedergefundene alte Buch
Begeisterte Gesichter
Schnee, der Wechsel der Jahreszeiten
Die Zeitung
Der Hund
Die Dialektik
Duschen, Schwimmen
Alte Musik
Bequeme Schuhe
Begreifen
Neue Musik
Schreiben, Pflanzen
Reisen
Singen
Freundlich sein.

Die Tage der Commune
(Szene 9b)

*Wandelgang im Stadthaus. Delegierte und Militärpersonen
betreten oder verlassen den Saal. Ein Zeitungsausrufer verkauft den »Officiel«.*

Z e i t u n g s a u s r u f e r. L'Officiel! »Die Versailler
Schandregierung zur Attacke übergegangen!« – »Päpst-
liche Zuaven und kaiserliche Munizipalpolizei dringen in
Neuilly ein!« – »Frauen und Kinder unter den Verwundeten!« – »Mobilisierung aller Bürger vom 17. bis zum
35. Lebensjahr!« – »Die Versailler Schandregierung zur
Attacke übergegangen!«

E i n a l t e r B e t t l e r *(nähert sich ihm).* Hast du Brot
bei dir?

Z e i t u n g s a u s r u f e r. Weißt du nicht, daß das Betteln
verboten wird? – »Versailles eröffnet den Bürgerkrieg!«

B e t t l e r. Kann ich meinem Magen verbieten zu knurren?
He?
(Delegierte verlassen die Sitzung.)

D e r e i n e z u m a n d e r n. Dieser Überfall, unternommen mit so wenig Truppe, ist ein Akt nackter Verzweiflung: die Wahlen auf dem Lande sind für Monsieur
Thiers schlecht ausgegangen.

B e t t l e r *(fängt sie unten ab).* Messieurs, erlauben Sie mir,
daß ich Ihnen den Ballon zeige, der soeben Paris verläßt,
er ist über den Häusern zu sehen.

D e l e g i e r t e r. Ah, der Ballon der »Sociale«? Ist er ab-
geflogen?

B e t t l e r. Mit Proklamationen und Deklarationen. 10 000
Stück für das flache Land. Der Boden wird den Bauern
übergeben. Vom Ballon aus! Ich bin vom flachen Land,
ich. Ich weiß Bescheid, ich zeige Ihnen den Ballon.
(Die Delegierten schauen durch ein Fenster nach oben.)

B e t t l e r. Messieurs, der Ballon!

D e l e g i e r t e r. Du bist Bauer, mein Alter?

B e t t l e r. Aus der Auvergne, Saint-Antoine.

D e l e g i e r t e r. Und warum bist du hier?

B e t t l e r. Schau mich an, kann ich noch einen Pflug ziehen? Das ist etwas für die Jungen.

D e l e g i e r t e r. Zu Verwandten nach Paris gekommen,
eh?

Bettler. Da ist kein Platz.

Delegierter. Und was denkst du über die Commune?

Bettler. Messieurs, zu Ihren Diensten. Sie wollen das Beste, wenn Sie auch alles verteilen wollen. Gott schütze Sie. Der Ballon, Messieurs, die Besichtigung macht 10 Centimes.

Delegierter. Aber warum bist du gegen die Verteilung des Bodens?

Bettler. Nun, Messieurs, man nimmt weg.

Delegierter. Aber doch nicht dir. Du sollst bekommen.

Bettler. Verzeihen Sie, Messieurs, man nimmt weg. Habe ich etwa meinen Hof noch? 10 Centimes.

Delegierter. Aber da sind deine eigenen Kinder, nicht?

Bettler. Sehen Sie?

Delegierter. Aber das kommt doch davon, daß ihr nicht genug Land habt!

Bettler. Dürfte ich Sie um die 10 Centimes für die Besichtigung bitten, da der Ballon jeden Augenblick verschwindet.

Delegierter. Habt ihr einen Grundbesitzer in Saint-Antoine?

Bettler. Aber ja. Monsieur de Bergeret.

Delegierter. Liebt ihr ihn?

Bettler. Nun, Monsieur, er hält das Seine zusammen.

Delegierter *(zahlt kopfschüttelnd)*. Ein Feind. Mit dem Bettelstab in der Hand verteidigt er den Besitz, selbst den des Diebes, der ihn bestohlen hat! Um ihn zu überzeugen, wird man Jahre brauchen. *(Ab.)*

Bettler *(zeigt dem Ausrufer die Münze)*. 10 Centimes, ein guter Ballon! Was für Dummköpfe es gibt, sie brauchten doch nur selber hinzusehen!

Zeitungsausrufer. »Frauen und Kinder unter den Verwundeten!« — Komm her und laß das Betrügen. Nimm einen Packen, stell dich vor der andern Treppe

auf und ruf mir nach. Du bekommst einen Centime für
das Blatt.
(*Er gibt ihm einen Packen. Der Bettler wiederholt die
Ausrufe des Ausrufers.*)
B e i d e. L'Officiel. »Mobilisierung aller Bürger vom 17.
bis zum 35. Lebensjahr!«

Was ist Formalismus?

Die bürgerliche Freiheit ist für die Proletarier ein Formalismus, etwas »auf dem Papier«, eine leere Phrase, etwas
zum Augenauswischen; denn sie sind nur »der Form nach«
frei. Der pompöse Satz der Weimarer Verfassung »Jeder
kann ein Grundstück erwerben« ist nur ein formaler Fortschritt gegenüber Zeiten, wo nur bestimmte Klassen Grund-
stücke erwerben konnten; denn die Proletarier können sich
immer noch kein Grundstück erwerben – es ist einfach der
weniger pompöse Satz »wenn er das nötige Kleingeld hat«
weggelassen. Der eventuell mögliche Erwerb eines Lauben-
grundstücks macht den Proletarier auch nicht zum Grundbesitzer.
Der ärgste Formalismus war der Sozialismus der Nazis,
dieser Sozialismus schreit geradezu nach Anführungszeichen;
er hat viele angeführt. Da war die »Volksgemeinschaft«
zwischen den Unternehmern und den Unternommenen, den
Verdienern und Verdienten, da war der »wirtschaftliche
Aufschwung«, das »Wirtschaftswunder« durch die Rüstung.
Und auf dem Papier hatte das Volk einen Volkswagen, in
der rauhen Wirklichkeit wurde es ein Tank.
Ihr seht, man kann mit der Form allerhand anfangen, aller-
lei Betrug treiben und Verbesserungen vortäuschen, die dann
nur in der »äußeren Form« bestehen.
In der Kunst spielt die Form eine große Rolle. Sie ist nicht
alles, aber sie ist doch so viel, daß Vernachlässigung ein
Werk zunichte macht. Sie ist nichts Äußeres, etwas, was der

Künstler dem Inhalt verleiht, sie gehört so sehr zum Inhalt,
daß sie dem Künstler oft selbst als Inhalt vorkommt, denn
beim Machen eines Kunstwerks tauchen ihm gewisse Form-
elemente meist zugleich mit dem Stoff und manchmal sogar
vor dem Stofflichen auf. Er kann Lust verspüren, etwas
»Leichtes« zu machen, ein Gedicht mit 14 Zeilen, etwas
»Finsteres« mit schweren Rhythmen, etwas Langgestrecktes,
Buntes und so weiter. Er mischt Wörter von besonderem
Geschmack, verkuppelt sie arglistig, spielt ihnen mit. Beim
Konstruieren spielt er herum, probiert dies und das, führt
die Handlung so und anders. Er sucht Abwechslung und
Kontraste. Er wäscht die Wörter, sie verstauben leicht; er
frischt die Situationen auf, sie verfahren sich leicht. Er weiß
nicht immer, nicht jeden Augenblick, wenn er »dichtet«, daß
er immerzu an einem Abbild der Wirklichkeit formt oder
an einem »Ausdruck« dessen, was die Wirklichkeit außer
ihm in ihm bewirkt. Zum Nachteil seines Werks bleibt er
mitunter dabei stecken, aber die Gefahren des Verfahrens
machen das Verfahren noch nicht zu einem falschen, ver-
meidbaren. Die »großen Formkünstler« sind oft in der Gefahr, sie gehen mitunter unter. Übermäßiges »Glätten« ruiniert manche Dichtung, freilich ruiniert auch »vulkanisches
Herausschleudern« manche Dichtung. Jedenfalls sollte man
festhalten, daß die Dichter nicht »reden, wie ihnen der
Schnabel gewachsen ist«, es sei denn, man rechnet mit recht
seltsam gewachsenen Schnäbeln. Sie formen und formulieren. Dies macht sie aber noch nicht zu Formalisten.
Es wäre barer Unsinn, zu sagen, man müsse auf die Form
und die Entwicklung der Form in der Kunst kein Gewicht
legen. Man muß. Ohne Neuerungen formaler Art einzuführen, kann die Dichtung die neuen Stoffe und neuen
Blickpunkte nicht bei den neuen Publikumsschichten ein-
führen. Wir bauen unsere Häuser anders wie die Elisabe-
thaner, und wir bauen unsere Stücke anders. Wollte man
an der Bauweise des Shakespeare festhalten, so müßte man
etwa das Entstehen des ersten Weltkrieges auf das Gel-

tungsbedürfnis eines einzelnen (des Kaisers Wilhelm, und bei ihm verursacht durch seinen zu kurzen Arm) zurückführen. Das wäre aber absurd. In der Tat wäre das Formalismus: Man verzichtete so auf einen neuen Blickpunkt in eine veränderte Welt, nur um eine bestimmte Bauweise festzuhalten. Denn es ist ebenso formalistisch, alte Formen einem Stoff aufzuzwingen wie neue.

Die scharfe Kritik des Formalismus ist bei uns allerdings entstanden angesichts *neuer* Formen in den Künsten, welche nichts Neues brachten als eben formal Neues. Beispielsweise: das Psychische wurde weiterhin als Motor des Weltgeschehens betrachtet, da blieb alles beim alten, aber die Psychologie wurde geändert, indem Psychoanalyse oder Behaviorismus eingeführt wurde, das war das Neue. Zugrunde lag diesem Prozeß die Unruhe, die in die depravierte bürgerliche Kultur gekommen war – die erschöpfte Stute Psychologie wurde zu neuen Kapriolen und Rennleistungen gepeitscht. In der Malerei wurden die Äpfel zu einem Farb- und Formproblem. Zugrunde lag eine neue Ungeduld mit der Natur, welche andernorts, in der Biologie, zur Schaffung neuer Obstsorten führte. Ein amerikanischer Presbyterianer benutzte gewisse Neuerungen der Schauspieltechnik, welche zur revolutionären Darstellung sozialer Probleme ausgearbeitet worden war, zu einer beschaulichen Apotheose einer neuenglischen Gemeinde. Zu gleicher Zeit führten seine Brüder auf der Kanzel den Film und den Jazz in den seine Zugkraft verlierenden Gottesdienst ein. Die sogenannten Existentialisten entdeckten, daß die Existenz des bürgerlichen Menschen etwas fragwürdig geworden ist und da eine Entscheidungsschlacht geschlagen werden muß (was auch Churchill fühlt), aber um diesem neuen und interessanten Gedanken die Schärfe zu nehmen, sprachen sie nur von der Existenz des »Menschen«, ohne das Adjektiv »bürgerlich« zu bemühen, und so blieb es beim alten Trick in neuem Gewand, und man empfahl den Pessimismus als neues Genußmittel. Kurz, allenthalben wurde das Alte durch formale Neuerungen wieder schmackhaft gemacht, die abgewetzte alte Hose wurde gewendet, sie wurde dadurch nicht wärmer, sah aber hübscher (und wärmer) aus.

Kein Wunder, daß formale Neuerungen am Ende in Mißkredit gerieten. Man sah zu deutlich, daß es etwas gibt, was man Selbstbewegung der Form nennen könnte und was sehr gefährlich ist. Es werden einige Prinzipien gefunden, sie machen von sich reden, eine neue Gasse scheint entdeckt. Am Anfang verspricht die neue Form dies und das, aber bald beginnt sie dies und das zu fordern, unabhängig von Stoff und Funktion. Wenn dies eintritt, kann man sicher sein, daß es eine Sackgasse war, daß man sich jetzt nur noch häuslich in ihr einrichtet. Die neue Richtung in der Kunst entsprach keiner neuen Richtung in der Politik, in den öffentlichen Angelegenheiten. Die neue Form war eine neue Ordnung, wie man sie im Nationalsozialismus erlebt hat, eine neue, frappante, gefällige Anordnung der alten Dinge, ein Formalismus.

Es ist klar, daß man solche Scheinneuerungen bekämpfen muß in einem Augenblick, wo alles darauf ankommt, daß sich die Menschheit den Sand aus den Augen reibt, der da eingestreut wird. Es ist ebenso klar, daß man nicht zum alten zurückkehren kann, sondern zu den wahren Neuerungen fortschreiten muß. Was für immense Neuerungen gehen gerade jetzt um uns her vor sich. In Territorien, so volkreich wie Frankreich und England zusammengenommen, eroberten neue Klassen den Boden und die Produktionsmittel, das alte China, so groß wie das englische Weltreich zur Zeit seiner höchsten »Blüte«, tritt mit neuen sozialen Prinzipien in die Weltgeschichte ein und so weiter und so weiter – wie sollen die Künstler mit den alten Kunstmitteln Abbilder von all dem herstellen?

II. Lyrik

Es ist sicher kein Zufall, daß sich gerade die Lyrik in der DDR so fruchtbar entwickeln konnte. Während besonders die erzählende Prosa auf Widerspiegelung im Sinne des sozialistischen Realismus verpflichtet wurde (was schnell zum Klischee führte), während das Drama, allen modernen Relativierungen zum Trotz, von der Spannung lebt (gesellschaftliche Spannungen in der DDR aber nach kommunistischem Selbstverständnis als nichtantagonistische zu werten sind), bot die Lyrik die Möglichkeit, in punktueller Auseinandersetzung mit der Realität Subjektivität ins Spiel zu bringen, Hoffnung, Sehnsucht, selbst Enttäuschung zu artikulieren und scharfe ans Detail geknüpfte Reflexion und epigrammatischen Witz zu zeigen. Kürze als Medium des Doppeldeutigen setzte Lyrik am wenigsten von allen Gattungen den Gefahren doktrinärer Fixierung aus. Damit erhebt sich die Frage nach der Modernität ostdeutscher Lyrik, die von Hugo Friedrich so wenig wie die nach der Modernität Brechts gestellt worden war. Hier ist nicht von Autoren wie Kurt Barthel (»Kuba«) zu sprechen, der Strophen wie diese schrieb: »Um den Globus hat sich meine Hand gespannt. / Liegt wie eine Mädchenbrust in meinen Händen. / Hab an seinen Gipfeln meine Hand verbrannt / und den Brand gelöscht an seinen Gipfelbränden.« Derartiges entstammt, mag es die SED auch abgesegnet haben, dem viertklassigen bürgerlichen Repertoire, und Benns, des Artisten, Wort, Lyrik habe nichts mit »gut gemeint« zu tun, darf hier polemisch erinnert werden. Nein, zu sprechen ist von der Modernität jener selbständigen DDR-Lyrik, wie sie u. a. durch die »bürgerlichen Humanisten« Huchel und Bobrowski sowie durch die kritischen Sozialisten Biermann und Mickel, Braun und Sarah Kirsch vertreten wird. Im Vergleich zur westdeutschen Lyrik sind Abweichungen festzuhal-

ten. »Vereinsamung und Angst«, diese von Friedrich für die moderne Lyrik schlechthin herausgestellten Charakteristika, finden sich auch in ostdeutscher Lyrik, weniger freilich schon die Tendenz zur »Enthumanisierung«, denn viel stärker als im Westen steht der Mensch als gesellschaftliches Wesen mit seinen positiven Möglichkeiten im Vordergrund. Damit zusammen hängen formale Abweichungen: »Logische Brüche«, »Dunkelheit«, »Sprachmagie und Suggestion«, »diktatorische Phantasie«, »Einblendungstechnik« – all diesem begegnet man vereinzelt auch in der Lyrik der DDR; daneben aber gibt es eine sich auf das Volkslied, auf Villon, Heine, Whitman, Brecht und Kästner berufende Lyrik – eine Linie moderner Poesie, die man über der Betrachtung der Nachfahren Rimbauds und Mallarmés allzu leicht vergaß, wenn man sie nicht gar als ästhetisch minderwertig abzutun versuchte. Im Rückgriff auf diese Tradition (Biermann) oder auch auf Klopstocks Revolutionsdichtung (Braun) und in der Humanisierung der sogenannten Naturlyrik, wie sie Huchel und Bobrowski betrieben, gelangen einige der besten deutschen Nachkriegsgedichte.

JOHANNES BOBROWSKI

Geb. 9. April 1917 in Tilsit, gest. 2. September 1965 in Ost-Berlin. 1937/38 Studium der Kunstgeschichte. 1940–45 Soldat; 1945–49 kriegsgefangen, Bergmann im Donez-Becken. Seit 1950 Verlagslektor.
Werke: *Sarmatische Zeit* G. (1961); *Schattenland Ströme* G. (1962); *Levins Mühle* R. (1964); *Boehlendorff und Mäusefest* En. (1965); *Litauische Claviere* R. (1966); *Wetterzeichen* G. (1967); *Der Mahner* En. (1967); *Im Windgesträuch* G. (1970); *Literarisches Klima. Ganz neue Xenien, doppelte Ausführung* (1978).

Nahezu ausschließlich bildet die ostpreußische und litauische Heimat die Szene von Bobrowskis lyrischen und epischen Dichtungen; deren zentrales Thema ist »das unglückliche und schuldhafte Verhältnis« der Deutschen »zu den Völkern des europäischen Ostens«. Bobrowski, der der Bekennenden Kirche angehört hatte, Kontakt nach Westdeutschland unterhielt und in der DDR als »bürgerlicher Humanist« eingeschätzt wird, begann erst spät, dann freilich in rascher Folge zu publizieren. Die Bedeutung seiner Dichtungen liegt ebensosehr in ihrer spezifisch poetischen Qualität wie darin, daß der endgültige Verlust des deutschen Ostens aus der Genesis der Verschuldung moralisch begründet wird. Insofern konnte der Dichter, dessen Kritik am Bürgertum unkämpferisch, verhalten wie alle seine Arbeiten blieb (vgl. »Intérieur«) und der zum Kommunismus nur über das Urchristentum Zugang fand (vgl. »Fortgeführte Überlegungen«), in der DDR akzeptiert werden. Bobrowski begann mit stark elegischer Lyrik; es folgten die Romane »Levins Mühle« und »Litauische Claviere«; aus den Erzählungen seien »Boehlendorff«, »Idylle für alte Männer«, »Mäusefest« und »Lipmanns Leib« hervorgehoben. Zu der 1952 geschriebenen »Pruzzischen Elegie«, einem seiner berühmtesten Gedichte, merkte Bobrowski an: »Das Gedicht ruft die Erinnerung an das vom Deutschen Ritterorden ausgerottete Volk der Pruzzen herauf. Perkun, Pikoll, Patrimpe – pruzzische Gottheiten.« »Vor Klage arm« nennt Bobrowski seinen »Gesang« – daraus spricht die Ohnmacht gegenüber dem Endgültigen; doch will er wenigstens des »nie besungnen Untergangs« im Wort gedenken. An Anfang und Ende wird die Klage des Dichters thematisiert; an diese äußeren Glieder angefügt sind poetische Reflexionen über die Erinnerung; in der ihrerseits erinnerten Jugend (»damals in Wäldern der Heimat«) erschloß sie sich als »Schauer«, »Gerücht«, »Anruf der Vorzeit«, »Nachhalls Rest«; scheinbar zeitlos gegenwärtig ist sie in »Namen«, »Liedern«, »Sagen« und in der Natur. Im Mittelpunkt des Gedichts die beiden großen mit »Volk« anhebenden Strophen, stark rhetorischreihend, den Untergang eindringlich evozierend. Die zweite dieser Strophen spricht von der Schuld der Deutschordens-

ritter, die unter christlichem Vorwand mordeten; der Dichter hält ihnen den »Galgen« entgegen: Christus selbst war Opfer. Bobrowskis Klage geht nicht um das Fatum, sondern um konkrete, genau bestimmbare Schuld.

Pruzzische Elegie

Dir
ein Lied zu singen,
hell von zorniger Liebe –
dunkel aber, von Klage
bitter, wie Wiesenkräuter
naß, wie am Küstenhang die
kahlen Kiefern, ächzend
unter dem falben Frühwind,
brennend vor Abend –

deinen nie besungnen
Untergang, der uns ins Blut schlug
einst, als die Tage alle
vollhingen noch von erhellten
Kinderspielen, traumweiten –

damals in Wäldern der Heimat
über des grünen Meeres
schaumigem Anprall, wo uns
rauchender Opferhaine
Schauer befiel, vor Steinen,
bei lange eingesunkenen
Gräberhügeln, verwachsnen
Burgwällen, unter der Linde;
nieder vor Alter, leicht –

wie hing Gerücht im Geäst ihr!
So in der Greisinnen Lieder

tönt noch,
kaum mehr zu deuten,
Anruf der Vorzeit –
wie vernahmen wir da
moderndern, trüb verfärbten
Nachhalls Rest!
So von tiefen
Glocken bleibt, die zersprungen,
Schellengeklingel –

Volk
der schwarzen Wälder,
schwer andringender Flüsse,
kahler Haffe, des Meers!
Volk
der nächtigen Jagd,
der Herden und Sommergefilde!
Volk
Perkuns und Pikolls,
des ährenumkränzten Patrimpe!
Volk,
wie keines, der Freude!
wie keines, keines! des Todes –

Volk
der schwelenden Haine,
der brennenden Hütten, zerstampfter
Saaten, geröteter Ströme –
Volk,
geopfert dem sengenden
Blitzschlag; dein Schreien verhängt vom
Flammengewölke –
Volk,
vor des fremden Gottes
Mutter im röchelnden Springtanz
stürzend –

Wie vor ihrer erzenen
Heermacht sie schreitet, aufsteigend
über dem Wald! wie des Sohnes
Galgen ihr nachfolgt! – –

Namen reden von dir,
zertretenes Volk, Berghänge,
Flüsse, glanzlos noch oft,
Steine und Wege –
Lieder abends und Sagen,
das Rascheln der Eidechsen nennt dich
und, wie Wasser im Moor,
heut ein Gesang, vor Klage
arm –

arm wie des Fischers Netzzug,
jenes weißhaarigen, ewgen
am Haff, wenn die Sonne
herabkommt.

PETER HUCHEL

Geb. 3. April 1903 in Berlin-Lichterfelde. Studium der Literatur und Philosophie. Seit 1925 freier Schriftsteller. 1940–45 Soldat, Desertion, sowjetische Kriegsgefangenschaft. 1949–62 Chefredakteur von *Sinn und Form*, 1951 Nationalpreis der DDR. Lebt in Staufen bei Freiburg i. Br.
Werke: *Sternreuse* G. (1928); *Der Knabenteich* G. (1932); *Die Herbstkantate* (1935); *Gott im Ährenlicht* (1936); *Gedichte* (1948); *Chausseen, Chausseen* G. (1963); *Die Sternenreuse* G. (1967); *Neue Gedichte* (1969); *Gezählte Tage* G. (1972); *Die neunte Stunde* G. (1977).

Peter Huchel, über ein Jahrzehnt Chefredakteur der bedeutenden Literaturzeitschrift »Sinn und Form«, lebte nach 1962 völlig isoliert in Wilhelmshorst bei Potsdam, bis er 1971 überraschend die Ausreisegenehmigung nach dem

*Westen erhielt. Die Feindschaft der DDR-Machthaber über-
rascht gegenüber einem Mann, der sich fast ausschließlich in
einem schmalen lyrischen Werk aussprach. Doch die Dichtungen Huchels sind hintergründiger, als es das Schlagwort
»Naturlyrik« andeutet; häufig werden in ihnen die der
märkischen Heimat entlehnten Bilder zum Gleichnis historischer Prozesse. »Winterpsalm«, 1962 im letzten von Huchel
herausgegebenen Heft von »Sinn und Form« erschienen, ist
Hans Mayer gewidmet, einem der führenden Literaturwissenschaftler der DDR, der sich wiederholt scharfen Angriffen
ausgesetzt sah und daraufhin in den Westen ging. Eine
karge Landschaft wird skizziert: die Straße, die Mulde im
Schnee, die Brücke, der vereiste Fluß. Ein »Ich« spricht; anscheinend tritt es in einen Dialog mit der Stimme des Win-
des ein, doch die Replik führt schnell zum Monolog zurück.
Von der Verweigerung der Zeugenschaft gegenüber dem
Richter, von Schweigen spricht der Wind – vom Verstummen selbst dieser Stimme der Monolog, der dann, die exi-
stentielle Lage des Menschen in dieser Zeit aussprechend,
fortfährt:*

> Wohin du stürzt, o Seele,
> Nicht weiß es die Nacht. Denn da ist nichts
> Als vieler Wesen stumme Angst.

*Zeuge allein ist das Licht, doch – anders als der Wind –
spricht es nicht. Der Schluß des Gedichtes schließt Hoffnung nicht völlig aus, doch die Metaphern »Kehle des
Schilfrohrs«, »vereister Fluß« suggerieren zugleich die Drohung endgültigen Verstummens. »Ophelia« zählt zu den bei
Huchel recht häufigen Gedichten, in denen der Dichter sich
im Medium der Tradition ausspricht. Das Ophelia-Motiv
aus Shakespeares »Hamlet«, der Wassertod des wahnsinnig
gewordenen Mädchens, ist seit Rimbaud immer wieder in
moderner Lyrik, besonders im deutschen Expressionismus,
variiert worden. Huchel wandelt es ins Politische ab: Von*

Herrschaft und Gewalt sprechen die Worte »rauhes Kommando«, »Königreich«, »Schrei«, »Kugel«. Ophelia erscheint als politisches Opfer; in der Dunkelheit erschossen, sucht man sie »später, am Morgen« im Stacheldraht, der die Grenze noch in den Gewässern »sichert«. Die Schüsse an den Grenzen der DDR sind als Hintergrund zu denken. Die zweite Strophe ist eine schmerzlich-ironische Absage an die im Namen des Sozialismus ausgeübte Gewalt: Was ist das für ein »Königreich«, wo jede Kugel trifft, wo nur »ein Zauber / die Kugel / am Weidenblatt zersplittern läßt«?

Winterpsalm

für Hans Mayer

Da ich ging bei träger Kälte des Himmels
Und ging hinab die Straße zum Fluß,
Sah ich die Mulde im Schnee,
Wo nachts der Wind
Mit flacher Schulter gelegen.
Seine gebrechliche Stimme,
In den erstarrten Ästen oben,
Stieß sich am Trugbild weißer Luft:
»Alles Verscharrte blickt mich an.
Soll ich es heben aus dem Staub
Und zeigen dem Richter? Ich schweige.
Ich will nicht Zeuge sein.«
Sein Flüstern erlosch,
Von keiner Flamme genährt.

Wohin du stürzt, o Seele,
Nicht weiß es die Nacht. Denn da ist nichts
Als vieler Wesen stumme Angst.
Der Zeuge tritt hervor. Es ist das Licht.

Ich stand auf der Brücke,
Allein vor der trägen Kälte des Himmels.

Atmet noch schwach,
Durch die Kehle des Schilfrohrs,
Der vereiste Fluß?

Ophelia

Später, am Morgen,
gegen die weiße Dämmerung hin,
das Waten von Stiefeln
im seichten Gewässer,
das Stoßen von Stangen,
ein rauhes Kommando,
sie heben die schlammige
Stacheldrahtreuse.

Kein Königreich,
Ophelia,
wo ein Schrei
das Wasser höhlt,
ein Zauber
die Kugel
am Weidenblatt zersplittern läßt.

KARL MICKEL

Geb. 12. August 1935 in Dresden. 1953–58 Studium der Volkswirtschaft und Wirtschaftsgeschichte. War Wirtschafts- und Kunstredakteur, lehrte 1965 bis 1970 Wirtschaftsgeschichte an der Hochschule für Ökonomie in Berlin-Karlshorst. Mitarbeiter des Berliner Ensembles. Seine Lyrik blieb nicht unumstritten; gehörte vor Biermanns Zwangsexilierung und der gewaltsamen Isolierung Robert Havemanns zu dessen Kreis.
Werke: *Lobverse & Beschimpfungen* (1963); *Vita nova mea* (1966); *Einstein / Nausikaa* (1974); *Eisenzeit* G. (1976); *Gelehrtenrepublik* Ess. (1976).

Mickel ist als zurückhaltend publizierender Verfasser von Kurzprosa, als Stückeschreiber, vor allem aber als Lyriker an die Öffentlichkeit getreten. Die Aggressivität seiner »Beschimpfungen« richtete sich gegen die »Massenverdummung«, die »in Westdeutschland vorwiegend klerikal betrieben« werde; doch gilt seine satirische Verve auch, wie an der Erzählung »Der Sohn der Scheuerfrau« abzulesen, politischen Deutungsklischees und falscher Idyllik in der DDR. Die »Lobverse« sind ein verhaltener Preis der neuen Alltäglichkeit des sozialistischen Staates:

> Wir wollen den Arbeiter loben
> Der täglich zur Arbeit geht, wenn es noch dunkel ist
> morgens
> Der von der Arbeit kommt, wenn es schon dunkel ist
> abends
> Jahraus und jahrein
> Außer am Sonntag und den zwei Wochen Urlaub.
> Ich werde kaufen einen Hut
> Um vor ihm den Hut zu ziehn.
> Er macht das Alltägliche. Gut,
> Was wären wir ohne ihn?

Die »Vita nova mea«, an Dantes Preisung Beatrices, die »Vita nova«, selbstbewußt anknüpfend, thematisiert die Erfahrungen eines qualitativ neuen Subjekts unter den Bedingungen der DDR – es ist offen gegenüber gesellschaftlichen Prozessen, engagiert, ironisch und selbstironisch, doch bestimmt auch von einem durchaus privaten Glücksanspruch. »Maischnee« – eines der herben Liebesgedichte Mickels, das im Ton wie auch in der dialektischen Form das Renaissance-Sonett zitiert. Von diesem trennt es die Offenheit, mit der sich das Begehren ausspricht, und die Eile, mit der ihm die Erfüllung folgt. Ganz und gar geglückte Reminiszenz aber ist jene widersprüchliche Einheit von Begegnung und Trennung der Liebenden – Mann und Frau glauben die Entschei-

dung darüber in der Hand zu haben, doch die erste Liebesnacht zerstört die Illusion souveräner Verfügung über das eigene Gefühl. Der Titel des zweiten Gedichtes knüpft an die erst in den fünfziger Jahren wieder aufgefundene »Friedensfeier«-Hymne Hölderlins an. Die Sprache der gereimten Zweizeiler ist lässig, schnoddrig, ja obszön, der Rhythmus wird wie bei Majakowski aufgerauht, Ironie soll einfühlendem Lesen entgegenwirken – gleichwohl entsteht die Vision einer abgerüsteten Welt voller sinnlichem Glück. Erst der abschließende Zweizeiler gibt den Ausblick auf den tatsächlichen Stand der Dinge: Ganz andere Träume werden »jahrein, jahraus« geträumt, Träume einer illusionären Geborgenheit im »Mauseloch« privater, resignierter Zurückgezogenheit. »Fördrer der Künste« polemisiert mit schneidendem Hohn gegen den im Bierdunst der niederbayrischen Provinz geäußerten Intellektuellenhaß eines der mächtigsten Männer der Bundesrepublik. Goethes italienische Reisen, Heines Pariser Exil, Brechts – des »Größten« – erzwungener Aufenthalt im dänischen Svendborg sollen belegen, daß »die deutsche Nationalliteratur« nur durch »Auslandsaufenthalte« gedeihen kann. Polemische Schlußfolgerung: Dank demjenigen, der dafür zu sorgen sich anschickt, daß die Trauer um Deutschland andauert.

Maischnee

Sie sagte nichts, als ich ihr offen sagte:
Es hängt von mir ab, wann ich wieder geh
Ihr damit sagend, anstatt daß ich klagte
Wie gern ich sie besäh von Kopf bis Zeh.

Der Regen wärmte, als wir raschen Schrittes
Uns suchten einen Ort, daß dies gescheh.
Da sagte sie: Nur dieses und kein Drittes
Bis morgen, oder bis zum ersten Schnee.

Sie lag im weißen Laken und sie litt es.
Erst nach der ersten Frühe sprach sie: Ach
Ich bin ein Haus mit siebenfachem Dach.
Dann sahen wir: Es schneite.
                              Sie bestritt es.

Ich merkte wohl: Es ist mit ihr was Bittres
Und war zum Gehen wiederum zu schwach.

Die Friedensfeier

Zuerst werden wir uns blütenweiße Hemden kaufen
Dann lassen wir uns drei Tage lang vollaufen

Wenn wir wieder nüchtern und kalt abgeduscht sind
Machen wir unseren Frauen jeder ein Kind

Dann starrn wir rauchend den sternvollen Himmel an.
Morgens dann, viertel nach vier, geht der run

Auf Schneidbrenner los, die begehrten Artikel
Einen davon nimmt Mickel.

Dann verteilen wir uns über Luft, Land und Meer
Und machen uns über das Kriegsgerät her

Und alles hackt und schneidet, zerrt, reißt, schweißt,
Spuckt an, pißt dran, sitzt oben drauf und scheißt

Und schmeißt mit Steinen, sprengt mit Sprengstoff weg:
Das ist des Sprengstoffs *höchsterrungner* Zweck!

In Geschützrohre bohren wir kleine Löcher hinein
Dort ziehen dann Spechte und Stare ein

Wers kann, kann auf ausgeblasnen Raketen
Wie auf Taminos Zauberflöte flöten

Mit U-Booten fangen wir Haie und andere Fische
Die Frauen decken die Generalstabstische

An Schlagbäumen werden Ochsen und Hammel gebraten
Von nackten Männern, die waren Soldaten

Und besser als die Uniformen können
Wärmt sie das Feuer, drin die Uniformen brennen.

Rot glühn die Martinöfen auf, in ihren Bäuchen
Vergehn, entstehen Welten! Wie wir keuchen

Vor Wollust, wenn wir sehen: hart wird weich
Und wenn sichs wieder härtet, wird zugleich

Das Krumme grad. Wir waren krumm und dumm!
Wir schleppen Schrott, wir schmieden, pflügen um:

Wenn wir dann die müd-müden Rücken recken
Durchstoßen die Köpfe die Zimmerdecken

Nur in den Nächten jahrein, jahraus
Wir träumen uns ins Mauseloch als Maus.

Fördrer der Künste

Aschermittwoch 1964 forderte der westdeutsche
Politiker F.-J. Strauß die oppositionellen
Kunstproduzenten seines Landes zum Emigrieren auf.

Deutschland (West: was ich ausdrücklich sage)
Befindet z. Zt. sich in folgender Lage.
Daß z. B. die Deutschen Dichter

Intellektuellen und sonstiges Gelichter
Sofern sie nicht einfach den Staat bestätigen
Sich also wirklich schöpferisch betätigen
Nicht dort wohnen, sondern anderswo.
Das war in Deutschland schon immer so.

Goethe, J. W., der Klassiker z. B.
Fand einen Fürsten, dem tatsächlich beifiel
Den Schandvogel Goethe zum Geheimrat zu machen.
Da hatte Goethe relativ gut lachen.
Doch eines Abends ging Goethe schlafen
Bis aus Italien seine Briefe eintrafen:
Er wählte den Weg durch die Betten
Weil sie ihn sonst nicht fortgelassen hätten.

Dann war auch der Hamburger Bürger H. Heine
(Jüdischer Herkunft, besondere Kennzeichen: keine
Nur daß er Werke, meist Verse, verfaßte)
Dem dieses Deutschland auch nicht paßte.
Herr Heine ist folglich in Frankreich gestorben
Hat vorher für Deutschland noch Ruhm erworben
Dergestalt, daß man jetzt sagen kann:
Wer Deutschland verläßt, ist ein deutscher Mann.

Ich übergehe weitere säkulare Erscheinungen
Denn über sie herrschen geteilte Meinungen.
Der Größte z. B. hat seine mir lieben
Holzhaus-Gedichte im Ausland geschrieben:
Das Inland hätte ihn umgebracht.
Auch er hat an Deutschland gedacht in der Nacht
Das Tiefste bezwungen, das Höchste errungen
Und schließlich das Neue Deutschland besungen.

Wenn also die deutsche Nationalliteratur
Wie aus dem Gesagten hervorgeht, nur
Gedeihen kann durch Auslandsaufenthalte:
Wer sorgt dann dafür, daß sie sich entfalte?

Deutsch ist das Werk, wenn es um Deutschland trauert:
Wer sorgt dafür, daß diese Trauer dauert?
Drum lobt ihn und preist ihn und pfeift ihn nicht aus
Den Fördrer der Künste, Herrn Franz-Josef Strauß.

SARAH KIRSCH

Geb. 16. April 1935 in Limlingerode (Harz). Arbeitete in einer Zucker-
fabrik. Studierte Biologie in Halle a. d. Saale, dann Literatur am »Johannes R. Becher-Institut« in Leipzig. War mit dem Schriftsteller Rainer Kirsch verheiratet. Lebte als freie Schriftstellerin in Ost-Berlin, seit
1977 in West-Berlin.
Werke: *Berlin – Sonnenseite* Rep. (mit R. Kirsch, 1964); *Gespräch mit
dem Saurier* G. (mit R. Kirsch, 1965); *Landaufenthalt* G. (1967); *Gedichte* (1969); *Zaubersprüche* G. (1973); *Die Pantherfrau* (1973); *Rückenwind* G. (1977); *Katzenkopfpflaster* G. (1978).

*Sarah Kirsch zählt zu jenen Autoren, deren Stimme in der
ostdeutschen Lyrik-Welle zu Beginn der sechziger Jahre
erstmals gehört wurde und in deren Werk sich die gesellschaftliche Entwicklung der DDR im Spiegel unverstellter
Subjektivität zu erkennen gibt. Auch das Bekenntnis dieser
Dichterin zu ihrer Heimat war, vor ihrem Weggang in den
Westen, ein kritisches:*

> Wär ich Ardenne, Gewichtheber, Fluß oder Eisenbahn –
> fortgehen möchte ich, sehn und
> wiederkommen.

*In »Schöner See Wasseraug« läßt sich ein in der DDR-
Literatur nicht seltener Hang zur Idylle (vgl. Werner Bräu-
nig, Erwin Strittmatter) ablesen, der hier freilich durch die
»Sehnsucht nach fremden Flüssen und Städten« gebrochen
wird. Ferne nimmt zwar in der zweiten Strophe exotische
Züge an, doch geht es um anderes als um die romantische
Fernsehnsucht eines Eichendorff oder Baudelaire. Ferne*

meint hier sehr konkret »fremde Flüsse und Städte«, bei-
spielsweise die Marne-Landschaft, die die dritte Strophe evo-
ziert; Sarah Kirsch hätte auch sagen können: Tiber, Themse
oder Rhein. Ein starkes authentisches Gefühl der DDR-
Bewohner wird in diesem Gedicht ausgesprochen; reale Ein-
schränkung manifestiert sich in Träumereien, der Traum
wird zur Substanz des Gedichts. Eine Seelandschaft skiz-
ziert die Dichterin auch in »Petzow Kreis Werder«, in die-
sem Text ist sie freilich kaum mehr als Staffage für zwei
historische Rückblenden, die mit der Gegenwart kontrastie-
ren: Das Schloß am See gehörte einem Aristokraten, der vor
vierzig Jahren ungestraft einen Jungen erschoß, weil er in
»seinem See« fischte; später, in der NS-Zeit, wie man ver-
muten darf, war die Ufa hier, Marika Rökk ließ sich Pap-
peln pflanzen (»Ästheten«, wie Sarah Kirsch verächtlich
sagt), während Mord, Ausbeutung und Willkür in Deutsch-
land herrschten. Und heute dient des Barons »zinniges
Kitschschloß« dem »FDGB« (Freien Deutschen Gewerk-
schaftsbund) der DDR – die Dichterin nennt dies sehr iro-
nisch, doch letztlich wohl wörtlich-ernst einen »kleinen
Fortschritt«.

Schöner See Wasseraug

Schöner See Wasseraug ich lieg dir am Rand
spähe durch Gras und Wimpern, du
läßt mir Fische springen ihr Bauchsilber
sprüht in der schrägen Sonne die Krähe
mit sehr gewölbten Schwungfedern
geht über dich hin, deine Ufer
wähltest du inmitten heimischer Bäume
Kiefern und Laubwald Weiden und Birken
rahmen dich, kunstvolle Fassung
deines geschuppten Glases, aber am nächsten Morgen

ist die Sonne in Tücher gewickelt und fern
das andere Ufer verschwimmt, seine Hänge
sanft abfallende Palmenhaine
erreichen dich, du
einem langsamen Flußarm ähnlich
birgst Krokodile und lederne Schlangen
seltsame Vögel mit roten Federn
fliegen dir quellwärts, ich komm zur Hütte
rufe mein weißgesichtiges Äffchen und will
in dir die bunten Röcke waschen

wenn der Rücken mir schmerzt wenn
die Sonne ganz aufgekommen ist
liegt der See in anderer Landschaft
er weiß alle jetzt hat er das Ufer der Marne
ein Stahlbrückchen eckige Häuser Büsche
mein schöner Bruder holt mich im Kahn
Fischsuppe zu essen er singt das Lied
vom See der zum Fluß wurde
aus Sehnsucht nach fremden Flüssen und Städten

Petzow Kreis Werder

Es sind diese vornehmen Appartements mit Doppeltüren
oder im Dach Mansarden mit schmaleren Preisen
Blick auf die Pappeln am See, Marika
ließ sie sich pflanzen von Ufa-Leuten Ästheten
ich leg mich auf meinen Schreibtisch, werde
Rotwein trinken bis die Vögel schrein
bis die Schafe in den Grasgarten gehn
wenn es sehr windig ist diese Nacht
kann ich vielleicht
                    den berühmten Baron ansehn
er streift mit der Flinte am See entlang
sein See sein Gras seine Enten und auch die Fische

gehören ihm das weiß jeder, warum
angelt da so ein dünnes Bürschchen Sohn seines Hofarbeiters
milchige Plötzen heraus: das kann der Baron nicht
                                        vertragen
und schießt vor vierzig Jahren den Jungen tot
niemand wollte ihm das beweisen, vielleicht
                                        würde ich den Baron
von hinten mit einem Ruder erschlagen doch er spukt nicht
liegt irgendwo oder in einer Familiengruft aber
sein zinniges Kitschschloß dient dem FDGB, kleiner
                                        Fortschritt

VOLKER BRAUN

Geb. 7. Mai 1939 in Dresden. Nach dem Abitur Druckereiarbeiter, dann
Betonrohrleger und Maschinist im Kombinat »Schwarze Pumpe«. 1960
bis 1964 Studium der Philosophie in Leipzig. Vorübergehend Dramaturg
beim »Berliner Ensemble«. Lebt als freier Schriftsteller in Ost-Berlin.
Werke: *Provokation für mich* G. (1965); *Vorläufiges* G. (1966); *Kipper
Paul Bauch* Dr. (1966; Überarbeitung u. d. T. *Die Kipper*, 1972); *Kriegs-
Erklärung* (1967); *Hinze und Kunze* Dr. (1967, u. d. T. *Hans Faust*
1968 aufgeführt); *Wir und nicht sie* G. (1970); *Gedichte* (1971); *Freunde*
Dr. (1971); *Das ungezwungene Leben Kasts* En. (1972); *Gegen die sym-
metrische Welt* G. (1974); *Unvollendete Geschichte* (1975); *Stücke 1*
(1975); *Es genügt nicht die einfache Wahrheit* (1976).

*Die Thematisierung der Arbeitswelt ist ein wichtiges Cha-
rakteristikum, das die DDR-Literatur von der westlichen
unterscheidet, in der, wie Martin Walser spöttisch anmerkte,
Arbeit und Arbeiter lediglich wie »Gänseblümchen« oder
»Kondensstreifen« vorkommen. Menschliche Selbstverwirk-
lichung durch Arbeit, die Spannung zwischen subjektiver
Kraftentfaltung und gesamtgesellschaftlichem Wohl sind
auch hervorstechende Themen von Volker Brauns dramatischen und lyrischen Arbeiten. Besonders auf die Dramen
»Die Kipper« und »Hans Faust« (bzw. »Hinze und Kunze«) ist hinzuweisen. Auch »Das Vogtland« (»terra advoca-*

torum«) aus dem Gedichtband »Wir und nicht sie« (das
Titelgedicht ist eine Umkehrung von Klopstocks Revolu-
tionselegie »Sie und nicht wir«) spricht von der Arbeit in
sehr konkreter Weise, von jenem Gebiet an der Weißen
Elster zwischen den Oberläufen von Saale und Zwickauer
Mulde, in dem die Textilindustrie seit jeher eine besondere
Rolle spielt. Einzelheiten der DDR-Arbeitswelt klingen an,
die Gleichberechtigung von Mann und Frau, die Notwendigkeit des Exports der qualifiziertesten Industrieprodukte,
um Devisen für den Aufbau der Industrie zu gewinnen.
Der antike Mythos von Sisyphos, den Camus in den Jahren
nationalsozialistischen Eroberungswahns zur Exemplifizie-
rung der »absurden Existenz« aufgegriffen hatte, wird neu
gefaßt: Die »tüchtigen Söhne Sisyfos'« lassen die »falsche
Last« »zu Tal«; »Bänder« tragen ihre »Brocken«. »Regierungserlaß« – ein paradoxer Titel, denn aufgefordert wird
zu dem, was ein Erlaß nur schwerlich regeln kann, zu aktiver Teilnahme am gesellschaftlichen Leben. Braun erkennt
die Gefahren eines Sozialismus, der sich selbstgenügsam in
Administration erschöpft. Proletarische Öffentlichkeit wird
als notwendiges Korrektiv gefordert. Noch stärker als in
»Das Vogtland« hier das Operieren mit sprachlichen Versatzstücken, die im dialektischen Ablauf des Gedichts aus
ihrer Fixierung gelöst werden: »Treu und Glauben / Sind
Sprüche auf faulem Holz / Vor die Köpfe genagelt.« Im
Anhang zu »Wir und nicht sie« hat Volker Braun einen
»Nachsatz zu: Regierungserlaß« veröffentlicht. Die Frage
bleibt offen, ob diese Zeilen nicht nach der gewaltsamen
Unterdrückung des »Prager Frühlings« geschrieben wurden:

> Dürr sind die Worte noch, mühsamer Kitt
> Wie ohne Leben. Aber was sie fassen
> Lebt es mehr? Dürr steht das Gras
> Auf dem Splitt, eh es Boden gewinnt.

Das Vogtland

Aus den Armen früh, Mann und Frau
Von Tisch und Bett weg schichtweis auf das Land
Auf schmalen Teerstraßen die Arbeiter, täglich, neben
Den Pfützen hangzu auf das Geräum und hinab
In Sturzdörfer, eilig, unser Schritt
Schleudert Industrie hinterm Hügel vor, unter uns
Die Wasser rot von den Färbern, Wälder umstellt
Von Motoren, das Tal offen wie ein Maul
Qualmend aus zehn Zigaretten, gehn
An Webstühle, Drehbänke, Pressentische
Unsre große Stube acht Stunden, an Herd
Und Pfanne, in der Wolle zu sitzen
Wie Generationen, dann legen wir los
Was das Zeug hält,
                    das alte
Die kleinen müden Maschinen, und schleichen
Im Schatten des Großbaus in diese Blechbude
Wir Erbschleicher, in den geölten Schrott, täglich
Und spulen, spülen und specken, fleißig
Verzettelt zwischen Verordnungen, zähen
Zunftbriefen und utopischen Rundschreiben:
Terra advocatorum, Amtsland
Und das seine Socken verhökert
Für Devisen, und schleppen den Katafalk der Fabrik
Ins Nationalmuseum, den teuren verblichnen
Ramsch, mit dem wir uns aufreiben
Schichtweis, Bergland der tüchtigen
Söhne Sisyfos',
                    bis wir am Hang
Verharren jetzt und lassen die Steine zu Tal
Die falsche Last, und unsre Aussicht
Sehn, wir leiten durch unsre Werkstatt
Einen Fluß von Bändern, der unsre Brocken trägt
Täglich, und ketten die Klitsche

An seinen Lauf durch das Land, schon
Im Talkessel verschmelzen hell die Fabriken
Und der Fleiß versetzt, schichtweis
Hinter denen das Land lag, die Berge.

Regierungserlaß

Du bist nicht nur gut für die Drehbank, den Dumper
Den Platzkartenschalter: dein Name ist nötig
Auf den Dekreten, deine Stimme erst
Leiht den Gesetzen Kraft. Aber wer hört sie
Wenn du den Stahl treibst und nichts weiter
Wo bleibt sie ab, deine Sache, unbesehn
Vor aller Augen? Schweige du, betäubt
Vom Schichtsoll: und die Schwäche bläht sich
Auf den Sesseln. Schließe die Lider im Schweiß
Und die Macht ist einsam, sich selbst
Verloren. Dein guter Rat
Ist hier teuer. Unbesehn nimm
Keinen Plan, keinen Ruhm, keine Ruhe. Treu und Glauben
Sind Sprüche auf faulem Holz
Vor die Köpfe genagelt. Wer wenn nicht du
Der das Öl kippt ins Getriebe und karrt
Und Gas gibt, reinigt vom Unrat
Die Maschine des Staats? du bist gut
Deine Sache zu treiben, vor aller Augen
Wie den Stahl auf der Drehbank, den Pflug
Ins verschlossene Feld.

III. Erzählende Prosa

In einem philosophischen Wörterbuch aus der DDR liest man unter dem Stichwort »Abbildtheorie«, das Erkennen umschließe »die widersprüchliche Einheit von Objektivem und Subjektivem, von Unmittelbarkeit und Vermittlung, von Sinnlichem und Rationalem, von Allgemeinem und Einzelnem, von Abstraktem und Konkretem, von Empirischem und Theoretischem. Dementsprechend sind auch die im Erkenntnisprozeß entstehenden Abbilder der objektiven Realität keine mechanischen Kopien, sondern komplizierte Übersetzungen gemäß den spezifischen Gesetzen der menschlichen Erkenntnistätigkeit.« Diese Ausführungen deuten zugleich Voraussetzungen, Ziele und Problematik jener Doktrin des »sozialistischen Realismus« an, mit der man in den osteuropäischen Ländern insbesondere die erzählende Prosa auf »Abbildung« bzw. »Widerspiegelung« zu verpflichten sucht. Zugrunde liegt die Vorstellung von der Objektivität der Außenwelt, deren Gesetze und Struktur der dialektische Materialismus verbindlich bestimmt habe; Ziel ist die Orientierung auch des literarischen Sektors an der so verstandenen Realität. Problematisch dabei erscheinen vor allem zwei Punkte, in denen die Misere einer materialistischen Ästhetik gründet: Zum einen läßt die Möglichkeit, den Begriff der Vermittlung beliebig anzuwenden, die Gefahr einer gewissen Willkür erkennen, die nicht geringer zu veranschlagen ist als die eines »mechanischen« Abkonterfeiens; damit zusammen hängt die unzureichende Bestimmung der »spezifischen Gesetze der menschlichen Erkenntnistätigkeit«, denen auf ästhetischem Gebiet die relative Autonomie des Faktors »Kreativität« entspricht; zum anderen aber ist der marxistische Erkenntnisbegriff dynamisch konzipiert, Wahrheit im Sinne der Versöhnung von Individuum und Gesellschaft vollzieht sich erst, und die Partei ist Garant dieses

Prozesses – hier taucht die Gefahr einer Reglementierung und Manipulation des ästhetischen Bereichs auf. In diesem Sinn wären Strittmatters und Bräunigs DDR-Idyllen daraufhin zu befragen, ob sie nicht etwa nur Versöhnung vortäuschen; Hermann Kants Polemik gegen die Sozialdemokratie (»Das Kennwort«) ist gewiß ebenso wahr im Sinne der Partei wie Anna Seghers' Analyse des vermodernden Westens in »Die Rückkehr«. Ob die historische Schuld der SPD am Sieg des Nationalsozialismus, ob die Möglichkeiten zur reformerischen Überwindung des Kapitalismus nicht falsch eingeschätzt werden, muß freilich offenbleiben. Und wie, wäre andererseits zu fragen, ist es um eine Gesellschaft bestellt, die es nicht wagt, solidarische Kritik überzeugter Kommunisten zuzulassen? Signifikant in diesem Zusammenhang die Verschlüsselung kritischer Anmerkungen, wie sie sowohl aus den »dunklen« Stellen der DDR-Lyrik und aus den mythologischen Stoffen ihrer Dramatiker als auch aus einem Prosatext wie Günter Kunerts »In Erwägung dessen« spricht.

ANNA SEGHERS

Geb. 19. November 1900 in Mainz. Studium der Sinologie, Geschichte, Kunstgeschichte; Promotion über Rembrandt. 1928 Eintritt in die KPD; Mitglied des Bundes proletarisch-revolutionärer Schriftsteller. 1933 Emigration, 1947 Rückkehr aus dem mexikanischen Exil nach Ost-Berlin. Bis 1978 Präsidentin des Deutschen Schriftstellerverbandes der DDR.
Werke: *Aufstand der Fischer von St. Barbara* E. (1928); *Das siebte Kreuz* R. (1942); *Transit* R. (1944); *Der Ausflug der toten Mädchen* En. (1946); *Die Hochzeit von Haiti. Wiedereinführung der Sklaverei in Guadeloupe* Nn. (1948); *Die Toten bleiben jung* R. (1949); *Die Entscheidung* R. (1959); *Das Licht auf dem Galgen* E. (1961); *Die Tiefe und Breite in der Literatur* (1961); *Die Kraft der Schwachen* En. (1965); *Das wirkliche Blau* E. (1967); *Das Vertrauen* R. (1968); *Aufstellen eines Maschinengewehrs im Wohnzimmer der Frau Kamptschik* En. (1970); *Über Kunst und Wirklichkeit* (1970/71); *Die Überfahrt* En. (1971).

Anna Seghers spielte für die erzählende Prosa der DDR die überragende Rolle, die Brecht für Drama und Lyrik zugefallen war. »Die Rückkehr« (1949) ist die Geschichte eines aus sowjetischer Kriegsgefangenschaft entlassenen Heimkehrers. Schon ihr Aufbau läßt erkennen, daß es sich um eine doppelte Rückkehr handelt. Der erste Teil spielt in der SBZ, der nachmaligen DDR; der Heimkehrer Funk, voller Ressentiments gegen die Russen und allen Parolen abhold, findet keine Beziehung zu der sich anbahnenden politischen Entwicklung. Der zweite Teil schildert, wie Funk in den Westen geht; er will sich Arbeit suchen und seine Familie später nachkommen lassen, obwohl er den Widerstand vor allem seiner geliebten Tochter spürt, die man in der Schule besonders fördert. Doch Funk macht im Westen bittere Erfahrungen. Er sieht, wie die alten Nazis wieder die Oberhand gewinnen; er erlebt, wie Arbeiter isoliert und gegeneinander ausgespielt werden; er gerät in die antikommunistische Hysterie zur Zeit der Berlin-Blockade. Durch persönliche Begegnungen bestärkt, beschließt er zuletzt, in die SBZ zurückzukehren und beim Aufbau einer gerechteren Gesellschaft mitzuarbeiten. Der dritte Teil berichtet von der Aufbauarbeit in der DDR, die Dynamik des inneren Geschehens tritt nun, da die Entscheidung gefallen ist, zurück; Naturschönheit erscheint als idyllisches Bild des gesellschaftlichen Fortschritts. In diesen dritten Teil ist als Kontrast die folgende Schilderung eines letzten Besuches in West-Berlin eingelassen. Der Westen erscheint als innerlich ausgehöhlte Warenwelt, in der das Geld selbst noch Liebe und Ehe bestimmt. Die enttäuschenden persönlichen Erfahrungen ziehen an Funk vorüber, die Richtigkeit seiner Entscheidung erscheint nun evident. – Anna Seghers' Erzählung ist nicht frei von Verzerrungen. Der Maxime von der notwendigen Parteilichkeit getreu, erscheint ein westlicher Gewerkschaftsfunktionär beispielsweise als hysterischer Antikommunist, der wie ein NS-Industrieller die Arbeiter zum Ruhme des deutschen Volkes zum Schuften bringen will. Die Sowjet-*

union Stalins aber gilt als humanes Paradies: »Sie aber,
weil sie die ist, die sie ist, behandelt jetzt deine Kinder wie
ihre eigenen.« Trotz dieses Vorbehalts scheint die erzähle-
rische Verbindung von historischem Prozeß und individuel-
lem Bewußtsein gelungen. Anna Seghers bot hier eine reali-
stische Schreibweise an, die sich nicht in stupider Faktizität
erschöpft und die Momente der Hoffnung und der mensch-
lichen Würde in eine prägnante Fabel zu kleiden verstand.

Die Rückkehr (Auszug)

Funk fuhr noch einmal zu Melzer. Es wurde ihm bang, als
er das Schild »Amerikanischer Sektor« hinter sich ließ. Er
streifte die bunten Geschäfte, als sei er noch einmal auf dem
Weg zu Marquardt. In seinem Kopf vermischte sich, was er
erlebt hatte und was er vor sich sah an Wäsche und Klei-
dern, an Obst und Geflügel und Würsten, wie sich Vergan-
genes im Traum mit der Wirklichkeit mischt. Er sah, wie
ein junges Paar eine Schuhauslage studierte, und er hörte
eine verklungene Stimme: Fräulein, Ihr Traum kann Wirklichkeit werden. – Er dachte erleichtert, das alles sei nur ein
Ausflug, er sei bald wieder daheim. Dabei kamen alte Bilder in seinen Kopf.
Ein dicklicher Herr in grüner Joppe sah ihn mißtrauisch an
vor einem Radiogeschäft, wie einstmals der Förster Riedel,
und Elli rief über seine Schulter: Warum hast du die ver-
dammte Antenne repariert? – Sein Blick fiel auf einen er-
staunlichen Schinken in einem Delikatessengeschäft, und
gleich schmolz der Schatten in der Scheibe zu Hellbach zusammen: Warum gehst du weg? Du bist mein Gast. – Ein
halbes Dutzend Büromädchen, jung und lustig, betrachtete
eine Kinoreklame. Besonders ein junges Ding gefiel ihm mit
feinem Hals, mit weißem Kragen. Er fühlte aber, wie sich
ihr Mund verzog: Verstehen Sie kein Deutsch? Gehen Sie
an Ihre Arbeit!

Er ging schnell weg. Frau Melzer öffnete selbst.

Ihre Schwester war ausgezogen. Die Eltern saßen auch nicht auf dem Sofa. Sie waren plötzlich am selben Tag gestorben. Die Tochter, die sie bei einem Bombardement nicht allein hatte lassen wollen, war nach einem Kinobesuch zurückgekehrt und hatte sie tot auf dem Sofa gefunden. »Was, Funk!« rief Melzer, »warum bist du hier? Wie lange?« – »Ich bin endgültig zurück.« Melzer betrachtete ihn. Sie saßen sich nicht mehr wie Freunde gegenüber, die darauf brennen, sich auszusprechen, sondern als Reisende, die sich abtasten wollen. »Was ist dir passiert?« fragte Melzer, »du warst doch ganz zufrieden? Was ist schiefgegangen?« Funk sagte: »Ich wurde soweit ganz gut bezahlt. Nur ...« – »Nur?« Funk war es zumute, als hätte er Melzer nur irgendwo mal flüchtig gekannt. Sein breites, ruhiges Gesicht, sein gleichmütig auf ihn gerichteter klarer, aber irgendwie leerer Blick erinnerte ihn – an wen nur? An einen, den er mal unterwegs wo getroffen hatte; und dann erinnerte ihn das Gesicht doch wieder an seinen Jugendfreund Melzer. Er suchte darum nach Worten. »Ich habe es nicht mehr aushalten können, weil – wie soll ich dir sagen, es war mir zumute, als ...« Er zögerte, aber es fiel ihm nichts anderes ein: »als hätte ich meine Zukunft gegen Bohnenkaffee getauscht.« – Melzer lachte: »Trink jedenfalls, wenn du schon hier bist, eine Tasse.« – »Ich bin hier wieder in meiner alten Fabrik. Was Elmer & Sohn war. Der alte Elmer ist mit den Patenten ab nach dem Westen. Sie ist inzwischen ohne ihn wieder aufgebaut worden.« Melzer rieb sich die Hände: »Volkseigen? Da kannst du ja noch Direktor werden.« Funk erwiderte kalt: »Vielleicht.« Sie maßen sich für den Bruchteil einer Sekunde mit Haß. Dann sagte Melzer belustigt, gelassen: »Vergiß mich nicht, wenn du Direktor geworden bist. Fahr auch mal bei mir in deinem Auto vor. Wenn dir deine große Verantwortung dann noch Zeit dazu läßt. Ich trinke inzwischen meinen Bohnenkaffee, ganz ohne Aussicht auf solchen Posten. Im Ernst, ich wünsche, jedem

Arbeiter ginge es einmal so gut wie mir.« – »Besonders
denen, die stempeln gehen.« – »Auch denen«, erwiderte
Melzer, »ich bin kein alter Bauer, der seine Freude daran
hat, wenn der Hagel auf dem Acker des Nachbarn landet.
Es gibt immer welche in unserer schweren Zeit, die das
scharfe Rennen nicht mitmachen können.« – »Das habe ich
schon mal so ähnlich bei Hitler gehört.« – Sie maßen sich
wieder mit Haß, diesmal eine volle Sekunde. Dann war es
Melzer, der zutunlich weitersprach: »Nimm doch Vernunft
an, alter Freund! Du weißt doch selbst, was euch fehlt in
der russischen Zone. An kleinen Sachen, die der Mensch
gern hat. An großen Sachen, die der Mensch braucht.« –
»Jetzt sicher. Später, wenn wir aus dem Gröbsten heraus
sind ...« – »Später!« Melzer ahmte den Funk nach: »Zukunft! So etwas Ähnliches habe ich schon mal bei Hitler
gehört.« – »Das war keine Spur von Zukunft. Das war die
Vergangenheit, von der er gewollt hat, daß sie sich nie mehr
ändert.« Er fühlte, daß er ins Leere sprach. Er hätte noch
stundenlang sprechen können, er konnte auch gleich Schluß
machen. Er sagte: »Was hast du denn jetzt für Arbeit?«
Melzer erzählte leichthin, als sei er froh, daß ihr Gespräch
auf einen anderen Punkt kam: »Erinnerst du dich an meine
kleine Schwägerin, die bei uns gewohnt hat? Sie hat zwar
ein bißchen geschielt, sie hat aber immer Eindruck auf Männer gemacht. Wer neben ihr saß, hat sich überlegt: Gilt das
mir, oder schielt sie bloß? Und voriges Jahr ist sie wirklich
mein Glück geworden. Sie hat sich einen Amerikaner ange-
schielt. Der hätte für seine eigene Familie nicht besser sorgen können. Ich verdiene jetzt hier in Westgeld ...« – »Es
heißt doch, hier findet keiner mehr Arbeit?« – »Es heißt!
Ich sage dir doch, ich verdiene gut.« – »Wenn jemand arbeitslos ist und auch keine Schwägerin hat, die sich jemand
anschielt ...« – »Hör mal, mein lieber, Beziehungen brauchst
du überall. Sogar um zu Elmer & Sohn zu kommen. Ob
jemand Vertrauen zu dir faßt, weil du dieselbe Idee hast
wie er oder weil du eine Schwägerin hast – alles ist nur

Beziehung.« Funk wollte ihm erwidern, doch Melzer sah
plötzlich dem Hellbach verblüffend ähnlich. Funk brach ab
und stand auf.

Als Funk nach diesem Besuch über den Potsdamer Platz
ging, war ihm zumute, als trüge er Siebenmeilenstiefel. Hinter der gegenüberliegenden Häuserwand begann eine andere
Welt, die sich bis zum Stillen Ozean erstreckte, eine Welt
mit neuen Lebensgesetzen und neuen Zielen und Plänen.
Sie war glasklar und zugleich geheimnisvoll wie die Zukunft. Darin gab es ein kleines enges Zimmer, in dem er
freudig erwartet wurde. Was hinter ihm lag, war schon am
Vermodern. Das Ehepaar Melzer war am Einschrumpfen
auf seinem Sofa, auf dem schon die Eltern eingeschrumpft
waren, die schon begraben lagen.

HERMANN KANT

Geb. 14. Juni 1926 in Hamburg. Ausbildung als Elektriker. Gegen
Kriegsende Soldat, 1945–49 in polnischer Kriegsgefangenschaft. 1949–52
an der Arbeiter-und-Bauern-Fakultät (ABF) Greifswald, 1952–56 Ger-
manistikstudium in Ost-Berlin. War wissenschaftlicher Assistent, Redakteur der Studentenzeitung »tua res« und der »Neuen Deutschen
Literatur«. Lebt als freier Schriftsteller in Ost-Berlin.
Werke: *Ein bißchen Südsee* En. (1962); *Die Aula* R. (1965); *Das Im-
pressum* R. (1972); *Eine Übertretung* En. (1976); *Der Aufenthalt* R.
(1977).

*Der große Erfolg der »Aula« hat Kant über Nacht zu
einem der bekanntesten DDR-Autoren gemacht. »Die Aula«
ist die Geschichte des Journalisten Robert Iswall, der aufgefordert wird, eine Gedenkrede auf seine alte ABF zu
halten. Iswall besucht ehemalige Mitschüler und Freunde,
deren Lebensweg Erfolge und Mißerfolge der sozialistischen
Erziehung illustrieren. Mit Hilfe jener ABF, die begabte
Arbeiter- und Bauernkinder zwischen 1949 und 1962 zur
Hochschulreife führte, wurde aus der Schneiderin Vera Bil-*

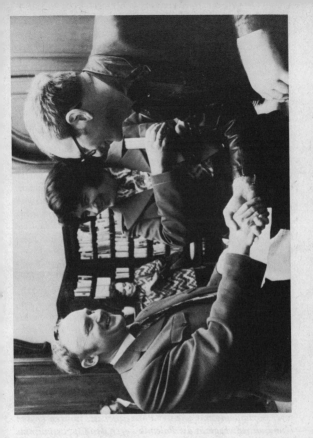

*Hermann Kant (r.), Präsident des Schriftstellerverbandes der
DDR, gratuliert dem Literaturkritiker Gerhard Wolf zur Verleihung des Heinrich-Mann-Preises 1974. Mitte: Christa Wolf, Autorin von »Der geteilte Himmel«, »Unter den Linden« u. a. (Foto:
EUPRA)*

fert eine Augenärztin, aus dem Waldarbeiter Jakob Filter
ein führender Mann im Ministerium für Forstwirtschaft;
aus dem Zimmermann Gerd Trullesand und der Wald-
arbeiterin Rose Paal wurden Sinologen; Iswall selbst, ge-
lernter Elektriker, ist nun Journalist – der hochbegabte
Quasi Riek allerdings ging in den Westen, wo er als Knei-
penwirt ein trübes Dasein fristet. Diese Flucht, deren Gründe
nicht aufgedeckt werden, und eine persönliche Schuld Is-
walls (um Trullesand von Vera fernzuhalten, hatte er sich
bei der Partei dafür eingesetzt, ihn mit Rose Paal zu ver-
heiraten und zum Studium nach China zu schicken) hätten
dem Roman in doppelter Weise zugute kommen können:
Eine differenzierte Beobachtung des Ost-West-Konflikts und
insbesondere der Bundesrepublik einerseits, die Gestaltung
des Widerspruchs zwischen Parteiinteresse und individuellem
Glücksverlangen andererseits boten sich an. Kant hat diese
Chance nicht genutzt: Gerd Trullesand und Rose Paal werden ein glückliches Ehepaar, und im optimistischen Tenor
des Romans gerät Rieks Flucht zu einem bloßen Unfall. –
Der gelernte Journalist Kant schreibt ausgesprochen witzig,
er weiß die Techniken modernen Erzählens einzusetzen,
doch verdeckt er gerade damit die entscheidenden Probleme.
Das erzählerische Geschick dieses Autors und dessen Funktion, Widersprüche zu überspielen, zeigt sich auch in »Das
Kennwort« aus dem Erzählungsband »Ein bißchen Südsee«.
Die Geschichte des Hundedresseurs Fischer, der durch einen
von ihm selbst ausgebildeten Schäferhund stirbt, ist eine
Polemik gegen opportunistische Wendigkeit zur Zeit der
»nationalen Erhebung« Hitlers; dadurch freilich, daß Fischer Sozialdemokrat wie der Polizeichef ist, für den er den
Hund abrichtet, gerät die Polemik gegen den Opportunismus
zu einer gegen die Sozialdemokratie. Ihr Versagen wird mit
dem Faschismus in einen ursächlichen Zusammenhang gebracht, dessen Ausschließlichkeit das Versagen anderer Gruppen (u. a. der Kommunisten) völlig verschweigt. Fischers
Annahme, auch der Polizeipräsident betrachte wohl im

Zweifelsfall die »Kommune« und nicht die Faschisten als
den Hauptfeind, ist zwar – innerhalb der Fiktion – die
eines Opportunisten in schwieriger Situation, fällt beim
Leser aber (und das ist von Kant beabsichtigt) auf die SPD
insgesamt zurück. Ohne die bürgerliche Demokratie Wei-
marer Zuschnitts mit ihren Garantien für das Großkapital
verteidigen zu wollen, könnte man dem mit dem gleichen
Recht zur Einseitigkeit entgegenhalten, der Kampf der
Kommunisten Anfang der dreißiger Jahre habe primär der
Weimarer Republik und erst sekundär den Faschisten ge-
golten.

Das Kennwort

Louis Fischer hätte es weit bringen können. Er war ein
großer Kerl, nicht dumm und mit einer Nase für die Wünsche seiner Herren. Dabei war er keineswegs ein Kriecher
oder gar ein Feigling; er war nur wendig, weiter nichts.
Wäre er ein Feigling gewesen, so hätte er in seinem Beruf
nichts werden können. Er war nämlich Hundedresseur. Er
brachte nicht etwa kleinen Pinschern das Pfötchengeben bei
oder frisierten Pudeln die rechte Zeit und den rechten Ort
zum Wasserlassen, nein, seine Hunde hatten ihren Namen
und Respekt verdient. Es waren halbe Löwen, gefährliche
Typen, wenn man sie so sah, und man hätte Angst vor
ihnen haben können, wenn man nicht gewußt hätte, daß
sie Louis Fischers Zöglinge waren. Da man das aber wußte,
hatte man trotz ihrer Wolfsgebisse, ihrer Boxernasen und
ihrer rabiaten Augen Vertrauen zu ihnen. Denn unter Louis
Fischers harten Händen und kalten Blicken waren sie
Diensthunde geworden, Polizeihunde, Diener des Staates
und Beamte sozusagen. Louis, ihr Chef, war auch Beamter.
Eines Tages, nach einem Leben für den Diensthund und
damit für den Ordnungsstaat, nach dreißig Jahren Maul-
korb und Stachelwürger, nach einer Laufbahn in pflicht-

schuldig zerrissenen Hosen hätte er in Pension gehen können. Vielleicht hätte er ein Buch geschrieben, »Ich und die
Bestie« oder etwas Ähnliches, vielleicht hätte er auch, ganz
für sich und zum Spaß, einen Wunderhund abgerichtet,
einen, der Socken strickt und Ganghofer liest, vielleicht
aber hätte er sich nur einen Wellensittich angeschafft oder
noch eher eine Katze, der Abwechslung und des Gegensatzes
halber und weil er doch nun außer Dienst gewesen wäre.
Aber das muß Spekulation bleiben, denn Louis Fischer ist
tot. Er starb weit vor Ablauf der dreißig Pflichtjahre auf
bitterböse Weise.
Dabei hätte er es wirklich zu etwas bringen können, denn
er hatte alles Zeug für seinen Beruf. Schon einem Drei-
wochenwelpen konnte er ansehen, ob er eine Töle bleiben
würde oder Sinn für Ordnung, Recht und Eigentum entwickeln werde.
Louis Fischer wußte, daß mit Erziehung allerhand zu
machen war; fest stand für ihn aber auch, daß Hund und
Mensch sich in einem glichen: entweder hatten sie wenigstens im Kern einen Sinn für Ordnung, Recht und Eigentum, oder sie blieben für immer Versager, Kroppzeug. Er
war ein Idealfall von Lehrer – er glaubte an seine Lehren.
»Ordnung, Recht und Eigentum«, diese Worte hatte ihm
seine Frau in einen Wandbehang sticken müssen, und ob er
sich nun abends und voll Kummer darüber, daß der Schä-
ferrüde Haro vom Teufelsberg immer noch nicht stockfest
war, in die Kissen warf oder ob ihn des Morgens das hung-
rige Jaulen der künftigen Ganovenbeißer aus dem Bette
riß, immer fiel sein letzter oder erster Blick auf die stick-
garnene Mahnung: Ordnung, Recht und Eigentum!
Vielleicht wundert man sich, nach alledem zu hören, daß
Louis Fischer Sozialdemokrat war, vielleicht hätte man in
ihm mehr einen Staatsparteiler oder einen strammen Kaiser-
treuen vermutet; aber das Wundern wird nur solange an-
halten, solange man nicht weiß, daß auch der Polizeipräsident zu jener Zeit, zu Louis Fischers Dienstzeit, ein Sozial-

demokrat war.

Den Präsidenten und den Dresseur verbanden ein Hund und eine Tasse miteinander. Der Hund war in Louis Fischers Lehre gegangen und sollte den Präsidenten vor Meuchelmördern schützen, und die Tasse war des Präsidenten Dank dafür. Es war eine besondere Tasse, groß und bauchig, mit einem schwarzrotgoldenen Rand und der Inschrift »... der Bahn, die uns geführt Lassalle!«. Lange Zeit zerbrach sich Louis den Kopf an der Frage, was es auf sich haben könne mit dem Spruch. Er erkundigte sich vorsichtig nach diesem Lassalle, aber die Auskünfte halfen ihm nicht weiter. Schließlich gewöhnte er sich daran, mit dem Rätsel zu leben, zumal er sich nicht denken konnte, daß ihm der Präsident anders als wohlwollte.

Denn wenn es auch eine ganze Reihe von Dresseuren in Polizeidiensten gab, mit Louis Fischer hätte es keiner von ihnen aufnehmen können. Was die anderen da so für den täglichen Gebrauch trimmten, war gewiß recht brav, das konnte neben blanken Stiefelschäften Streife laufen und auf Geheiß in kleiner Diebe Hosenböden fahren, doch damit hatte es sich dann auch. Es waren Diensttuer allenfalls, aber keine Denker.

Louis Fischers Hunde waren Denker. Sie waren fähig, Entscheidungen zu fällen, wenn sie auf der Laufbahn waren. Einmal im Einsatz, bedurften sie keiner Weisung. Sie wußten genau, wann sie nur zu knurren oder zu bellen hatten und wann es zupacken hieß, schnell und scharf, auf Polizeihundart. Sie operierten unter der Maxime »Ordnung, Recht und Eigentum!«, und so war Verlaß auf sie.

Jedenfalls hat Louis Fischer das geglaubt. Könnte er noch denken, wüßte er es besser nun. Aber er ist tot.

Wenn man weiß, wie die Sache ausgegangen ist, fällt es schwer zu sagen, seine reifste Leistung sei die Erziehung des Präsidentenhundes gewesen.

Der Hund des Präsidenten kam einen weiten Weg daher. Sieht man davon ab, daß er der Sohn einer Hündin und eines Rüden war, so kann man ihn als das vollkommene Produkt Louis Fischers bezeichnen. Der war es, der ihm Vater und Mutter bestimmte – nach vielen Abenden über den Stammbäumen der Schutzhundaristokratie, nach Nächten über Polizeiberichten, in denen von Intelligenzleistungen und Mutbeweisen beamteter Vierbeiner die Rede war, nach sorgfältigstem Studium von Schaubildern und wissenschaftlichen Gutachten. Louis Fischer war es, der ihn sofort erkannte in dem Wurf von fünf quietschenden blinden und feuchten Kreaturen, der ihn mit Liebe aufzog und in eine erbarmungslose Schule nahm.

Der Präsident hatte nach einem Schäferhund verlangt, und so bekam er einen. Zwar hatte Louis Fischer höflich auf die besonderen Vorzüge von Dobermännern und Boxern hingewiesen, aber er hatte sich schnell einleuchten lassen, daß der persönliche Hund eines gewählten Polizeipräsidenten nicht nur zu schützen, sondern auch zu repräsentieren hatte. Und auf Pressefotos werden nun einmal triefäugige Boxer oder stummelschwänzige Dobermänner von jedem Deutschen Schäferhund geschlagen.

Als sich der Präsident das erste Mal mit dem Dresseur unterhalten hatte und sie sich über die Rasse einig geworden waren, hatte der Polizeichef schließlich noch einen ganz speziellen Wunsch vorgetragen. Er wisse nicht, hatte er gesagt, ob es in Louis Fischers Dresseurmacht liege, was ihm da vorschwebe, aber man werde ja sehen, und es sei kurz dies: Louis solle dem Präsidentenbewacher neben all den Routinedingen einen Biß beibringen, den man als radikal bezeichnen könne, also keine Kinkerlitzchen wie Handgelenk oder Hosenboden, sondern ran an die Gurgel und aus.

Wenn Louis Fischer sich auch über den leisen Zweifel an seinen Künsten ein wenig ärgerte, so ließ er nichts davon merken. Er werde den gewünschten Totbiß in das Erziehungsprogramm aufnehmen, sagte er, damit das Kunststück aber unter Kontrolle gehalten werden könne, müsse es an

ein bestimmtes Kennwort gebunden werden, und ob der
Herr Präsident da schon etwas im Auge habe?

Der Chef nickte nachdenklich. Er winkte den Abrichter zu
sich heran, schätzte ihn noch einmal ab und sagte dann:
»Wir sind doch in derselben Partei, was?«

Louis Fischer versicherte, selbstverständlich sei er in der
Partei des Präsidenten.

»Na, dann los, Mann, wer ist der eigentliche Feind?«

Wenn Louis Fischer auch nie so ganz genau wissen sollte,
wer jener Lassalle gewesen – wer der eigentliche Feind war,
das ahnte er zumindest, dafür war er schließlich Polizei-
beamter der Weimarer Republik. Andererseits war er sich
noch nicht ganz im klaren, ob der Präsident nun auf den
inneren oder äußeren Feind loswollte, und da er überdies
noch den Weltkriegsorden am Revers seines Vorgesetzten
gewahrte, sagte er vorsichtig: »Ich würd mal sagen, die
Fr...«

Bei diesem Fr... ließ er es, denn der Präsident winkte ab
und sagte ungeduldig: »Nicht doch, Mann, die Franzosen
nicht, das ist vorerst passé, obwohl ... also, der Feind, der
Feind, das ist die Kommune, klar?«

»Klar«, sagte Louis Fischer.

»Fein«, sagte der Präsident, »und was wollen die uns nehmen? Na, diesmal fängt es mit Fr... an! Die Freiheit
natürlich, Mann!« Sie einigten sich auf das Kennwort
»Freiheit«; und um den Trick abzusichern, vereinbarten sie,
man müsse den Ruf besonders scharf ausstoßen und sich
dabei mit der flachen Hand vor die Stirn schlagen, erst
dann sollte das Tier beißen.

Und so wurde denn ein Deutscher Schäferhund gezeugt,
geboren, aufgefüttert und abgerichtet, um im Zeichen von
Ordnung, Recht und Eigentum einem Manne das Leben zu
schützen und notfalls nach dem mit einem Klaps an die
Stirn kombinierten Zuruf »Freiheit!« einem anderen das
Leben zu nehmen.

Er wurde aufgezogen und dressiert vom Polizeimeister

Louis Fischer, der nun tot ist und daher nicht einmal ver-
blüfft sein kann über das, was bei seiner Erziehung heraus-
gekommen ist.

Es war im Spätherbst des letzten vollen Jahres der ersten
deutschen Republik, als Louis Fischer wieder vor seinen
Präsidenten trat. An der Leine führte er einen grauen
Hund, der in seinem großen Maul ein fürchterliches Gebiß
und in seinem kleinen Hirn ein giftiges Kennwort trug.

Louis Fischer ließ das Tier alle seine Kunststücke zeigen –
bis auf eines, versteht sich, von dem er seinem Chef jedoch
versicherte, es sei so verläßlich und so wirksam in dem
Hund wie das Stahlmantelgeschoß in der Pistole, die in des
Präsidenten Schreibtischlade ruhte.

Als der Präsident und der Polizist voneinander schieden,
hatte der Hund einen neuen Herrn, und Louis Fischer hatte
eine Tasse mit schwarzrotgoldenem Rand und dem rätsel-
haften Spruch »... der Bahn, die uns geführt Lassalle!«. In
den wenigen Monaten, die Louis Fischer noch bis zu seinem
überraschenden Tod verblieben, trank er jeden Morgen und
jeden Abend seinen Kaffee aus der Tasse des Präsidenten;
nur in den letzten Tagen, die ihm vergönnt waren, verzichtete er darauf. Den Hund des Präsidenten sollte er nur noch
einmal sehen.

Manchmal traf es sich, daß er, die bauchige Tasse an den
Lippen und in der Morgenzeitung blätternd, auf ein Bild
seines Vorgesetzten stieß, der, an irgendeinem Podium ste-
hend oder mit Journalisten zusammen sitzend, entweder
von der Unabdingbarkeit von Ordnung, Recht und Eigentum oder von der Bedrohung der Republik durch die Kommunisten oder von beidem zugleich gesprochen hatte. Und
immer saß zu des Präsidenten Füßen ein schlankes graues
Tier, das gelassen, schön und gefährlich in die Kamera
blickte.

Dann ging alles sehr schnell. Eines Morgens las Louis Fischer in seiner Zeitung, daß sich die deutschen Dinge nun
endgültig gewendet hätten, da der Reichskanzler jetzt

Adolf Hitler heiße.

Soll er doch, dachte Louis Fischer, trank aus der schwarz-rotgolden umrandeten Tasse und ging zu seinen Hunden, die schon ungeduldig jaulten und ihm gerade in diesen Tagen viel Sorge machten, da einige die Staupe hatten.

Etwas mehr beunruhigte ihn eine Meldung im Abendblatt, in der es hieß, der sozialdemokratische Polizeipräsident sei verhaftet worden. Es war weniger die Verhaftung, die ihn verwirrte, als das Fehlen jedes Hinweises auf einen Deutschen Schäferhund, der auf Geheiß des Präsidenten einem der Verhafter mit tödlichem Biß an die Kehle gefahren sei. Auch von einer geladenen Pistole in der Schublade des Polizeichefs war in der Meldung keine Rede.

Nach anstrengend scharfem Nachdenken fand Louis Fischer die Erklärung: Hatte er das Tier nicht denken gelehrt? Na also, wie konnte er da erwarten, daß es auf den von einem Handschlag an die Stirn begleiteten Zuruf »Freiheit!« einem Abgesandten der Nationalen Erhebung an den Hals spränge? Auch sagte er sich, daß der Präsident wahrscheinlich gar nicht versucht hatte, den Hund in Gang zu setzen, da der Totbiß schließlich nur für den eigentlichen Feind gedacht gewesen war.

Er tat weiter seinen Dienst; er machte Polizeihunde mannscharf und schußfest, Dobermänner, Boxer und Deutsche Schäferhunde. Als er sah, daß einige seiner Kollegen, die die Erhebung nicht so erhebend gefunden und das auch gesagt hatten, sehr rasch auf die Straße oder in blutdampfende Keller flogen, warf er sein Parteibuch in den Ofen und stellte die Tasse des abgesetzten Präsidenten in die Tiefen des Küchenschrankes.

Um so unangenehmer war ihm, daß eines Abends zwei Männer in seine Stube traten; den einen kannte er von den Zahlabenden, und der andere war dessen Schwager und hatte etwas mit der Druckergewerkschaft zu tun, zwei Männer also, die ihn ernsthaft mit Genosse anredeten und nach einigem vorsichtigen Drumherum von ihm verlangten, er solle in der kommenden Nacht dafür sorgen, daß seine Hunde die Schnauzen hielten. Auf der anderen Straßenseite liege ein Kumpel im Keller, und lange mache der es nicht mehr.

Louis Fischer war wirklich nicht feige, er war auch nicht herzlos, aber schließlich war das seine Haut, die ihm plötzlich viel zu eng und feucht direkt auf den Knochen zu sitzen schien.

Er ließ die beiden abfahren. Er sei Beamter, sagte er, immer noch, und er wolle es auch bleiben, volle dreißig Jahre lang. Und überdies, selbst wenn er wollte, könne er nicht helfen, seine Hunde seien Wahrer von Ordnung, Recht und Eigentum, dazu habe er sie erzogen. Was sie wohl von ihm denken sollten, wenn er ihnen plötzlich Stillschweigen befehlen wollte, wo offenkundig etwas gegen Ordnung ...

Die beiden Männer gingen, und bitter vermerkte Louis, daß sie ihn nicht verstanden hatten und daß sie es für nötig hielten zu sagen, er wenigstens solle das Maul halten. Als ob er ein Verräter wäre. Im ersten blassen Morgenlicht schlugen Louis Fischers Schüler Lärm. Von jenseits der Straße hörte Louis Schüsse und Schreie, und er wollte schon aufstehen. Dann fiel sein Blick auf den Wandbehang im Dämmerlicht, und er drehte sich auf die andere Seite.

Als einer seiner beiden Besucher schon tot war und der andere gerade noch einmal aufstöhnte, bevor auch er starb, hatte Louis Fischer bereits zu seinem Traum zurückgefunden.

Am nächsten Vormittag behandelte er gerade die Staupe eines vielversprechenden Boxerwelpen, als sie zu ihm auf den Hof kamen. Drei Mann in SA-Uniform und ein Hund. Die drei Männer sagten »Heil Hitler!«, und der Hund sah aus, als hätte er es auch gern gesagt. Aber er stand nur stumm da, gesammelt, schön und gefährlich, grau und schlank, und wartete auf Weisungen.

Louis Fischer erkannte ihn sofort, und er war stolz auf ihn, denn das hatte er ihm beigebracht: Beherrschung, nichts da von Händelecken und winselnder Begrüßung.

Einer der drei sagte, sie wollten Louis nur ihre Anerkennung aussprechen, seine Hunde hätten eine üble Sache vereitelt, es sei am Abend etwas viel auf den Führer getrunken worden, und ohne das Hundegebell hätten sie womöglich die Roten gar nicht rechtzeitig gehört. Louis Fischer setzte den Welpen in seinen Zwinger und bat die Besucher ins Haus. Sie tranken eins auf den Schreck und das Glück, und da sie einander gut verstanden, deutete Louis auf den grauen Schäferrüden und fragte, wie sie an den gekommen seien.

Oh, sagten sie stolz, den hätten sie vom Polizeipräsidenten, diesem Sozi, übernommen, zuerst sei er ja ein bißchen knurrig gewesen, aber nun tue er ausgezeichneten Dienst.

»Versteht sich«, sagte Louis Fischer, und dann erzählte er den SA-Kameraden die Geschichte vom Hund und vom Präsidenten, und schließlich kramte er sogar die Tasse hervor.

Der Führer der drei betrachtete den schwarzrotgoldenen Rand, studierte die Inschrift und sagte dann mit merkwürdig engen Augen: »So, Sie waren auch bei diesem Lassalle-Verein ...«

»Gewesen, gewesen«, sagte Louis Fischer rasch, »und auch das nie mit dem Herzen!«

Da er aber das Mißtrauen des anderen spürte und durchaus verstand, daß der nicht nur den Präsidenten beleidigen wollte, als er die Tasse voll Milch goß und sie dem Hund hinschob, der sofort gierig zu schlürfen begann, fragte er, etwas zu eifrig vielleicht, ob die Herren denn von dem Trick mit dem Kennwort wüßten.

Die Herren wußten von keinem Trick und keinem Kennwort, darum beugte sich Louis Fischer zum Ohr ihres Führers und erzählte. Er tat es ganz leise, damit ihn der Hund nicht höre. Das fehlte noch, daß der auf einen SA-Mann losging. »Das Ding ist gut«, sagte der Führer, »und Sie glauben wirklich, das funktioniert?«

»Und ob das funktioniert«, sagte Louis Fischer, »da halt ich meinen Kopf für hin!«

Das schöne graue Tier hatte die Tasse leer geschlappt und sah nun ruhig zu seinem neuen und zu seinem alten Herrn auf. Als der neue Herr auf den alten deutete, sich gegen die Stirn klopfte und »Freiheit!« rief, federte es hoch und schlug seine noch milchfeuchten Zähne in Louis Fischers Hals.

»Tatsächlich!« sagte der SA-Mann, und Louis Fischer konnte es eben noch denken.

ERIK NEUTSCH

Geb. 21. Juni 1931 in Schönebeck a. d. Elbe. 1950–53 Journalistik-Studium in Leipzig. Kultur-, dann Wirtschaftsredakteur der »Freiheit« in Halle a. d. Saale. Freiwillige Produktionseinsätze, u. a. im Elektrochemischen Kombinat Bitterfeld. Seit 1960 freier Schriftsteller in Halle, Zusammenarbeit mit dem dortigen Landestheater. Politoffizier der Volksarmee.
Werke: *Die Regengeschichte* E. (1960); *Die zweite Begegnung* N. (1961); *Bitterfelder Geschichten* En. (1961); *Spur der Steine* R. (1964); *Drei Tage unseres Lebens* (1969); *Akte Nora S.* (1969); *Die anderen und ich* En. (1970); *Haut oder Hemd* Dr. (1971); *Auf der Suche nach Gatt* R. (1973); *Der Friede im Osten* R. (1974).

Die hervorragende thematische Bedeutung der Arbeitswelt, die enge Verbindung von Intellektuellen und Arbeitern, der schreibende Arbeiter, der Einsatz der Literatur bei der Bewußtseinsbildung der Massen, ihre weitgehende kulturpolitische Programmierung und Identität mit den Interessen der Partei – diese für die Literatur der DDR seit jeher charakteristischen Momente wurden auf den Bitterfelder Konferenzen von 1959 und 1964 neu stimuliert. Erik Neutsch ist der vielleicht am engsten mit dem »Bitterfelder Weg« verbundene Autor. In den »Bitterfelder Geschichten« und in dem dickleibigen Roman »Spur der Steine« schildert er, oft reportagehaft bis zum Detail der Arbeitsprozesse

*vordringend, wie der Aufbau des Sozialismus sich am Ar-
beitsplatz und im Bewußtsein der Werktätigen vollzieht.
Nicht immer geht es dabei ohne eine gewisse Erbaulichkeit
ab (die großen »antagonistischen« Widersprüche scheinen
innerhalb der DDR gelöst), doch ist Neutsch zu danken,
daß er zumindest die vermeintlich »nicht-antagonistischen«
Widersprüche der sozialistischen Gesellschaft überzeugend
zu gestalten verstand. »Der Kampf frißt den ganzen Menschen, selbst seine Liebe«, heißt es in »Spur der Steine«.
Der Satz deutet an, wie in der Phase des sozialistischen
Aufbaus das individuelle Glücksverlangen und die Forderungen des Kollektivs notwendigerweise aufeinanderpral-
len. In »Der Neue«, der letzten der »Bitterfelder Geschichten«, geht es um einen ähnlichen Konflikt. Die Maurer-
Brigade des alten Haduweit vermag nur dadurch ihre Spit-
zenposition zu halten, daß sie bei ausbleibender Versorgung
anderen Brigaden das Baumaterial stiehlt. »Faustrecht« und
Gruppenegoismus geben den Ton an. Die Partei entsendet
den jungen Schlosser Stahmer, der nach den Ursachen der
Unzulänglichkeiten auf der Großbaustelle forschen soll.
Stahmer will sich zunächst durch seine Arbeit beweisen,
schon bald aber schlägt ihm Feindschaft entgegen, und als er
schließlich die Zimmerleute warnt, denen die Haduweit-
Brigade den Zement stehlen will, läßt der junge Haduweit
in der morgendlichen Dunkelheit zwei Ziegel auf den Par-
teibeauftragten fallen. Hier nun setzt ein Prozeß des Um-
denkens ein: Stahmers entschlossenes Auftreten bei der Bau-
leitung für beschleunigte Materialbeschaffung und seine
Weigerung, den Attentäter anzugeben, bewirken einen Be-
wußtseinswandel, der schließlich zur Ablösung des alten
Haduweit und zu neuer sozialistischer Arbeitsmoral führt.
»Von dem Neuen bleibt niemand verschont ... Heute nicht
mehr. Nirgends.«*

Der Neue (Kapitel 2)

Den ganzen Tag durch hatte Stahmer gekarrt, Mörtel und Steine, Mörtel und Steine. Fortwährend hatte ihn das heisere Röcheln des Aufzugs getrieben, das Knacken der Seiltrommel und das Schleifen in der Gleitschiene. Von unten her, von der Mischmaschine, hatte der junge Haduweit geschrien: »Träum nicht, Stahmer. Ich hab noch zwei Schippen voll draufgepackt«, von der gegenüberliegenden Seite auf dem Geschoß der alte Haduweit: »Spute dich, Bürschchen. Bring Steine, sonst vermauern wir dich.« Stahmer hatte die Karren über das wacklige Gerüst geschoben, die Holme hatten ihm schwer in den Fäusten gelegen und an den Muskeln gezerrt. Die Laufbretter hatten unter der Last bedrohlich geächzt. Der Mörtel war hin und wieder über die Karrenränder geschwappt, einige Ziegel, schlecht geschichtet, waren in die Tiefe gepoltert. Der Baron hatte schadenfroh gegrinst, und Bortfeldt, ein jüngerer Maurer, hatte geflüstert: »Laß das den Alten nicht merken...« Nach dem Mittag hatte Herbert Haduweit den Neuen zu den restlichen Mitgliedern der Brigade geschickt. Sie arbeiteten an einem Seitenflügel des PC-Gebäudes, zogen dort Wände hoch. Zu ihnen führte ein schmaler Bohlensteg hinauf, steil und holprig, mit Querlatten vernagelt. Über ihn hinweg hatte Stahmer die Karren gewuchtet, vollbeladen, zentnerschwer; einmal war sogar die Achse gebrochen. Aber wieder hatte der junge Haduweit kein Erbarmen gehabt. Miskel hatte an der Kalkgrube gestanden, und Siggi hatte die Karren gefüllt. Er hatte den Mörtel derart aufgehäuft, daß dieser, von der Fahrt gerüttelt und glatt geworden, sofort auf die Erde getropft war. Bis zum Halse hatte Horst Stahmer sein Herz klopfen hören, bis zum Halse. Er hatte sich den Wollschal abgerissen und das Hemd aufgeknöpft. Mit zitternden Knien war er jedesmal den Bohlensteg angegangen, hatte sich mit den Absätzen seiner Schuhe in die Querlatten gehakt, um nicht wieder abzurutschen. Sie waren gespellt unter der Wucht seines Körpers, hatten das Leder zerfetzt. Stahmer hatte die Karren mehr auf die Plattform geworfen als gerollt. Er hatte gekeucht, seine Lunge hatte geschrien. Jedesmal hatte er geglaubt, er müßte zusammenbrechen, jedesmal gedacht: Nicht jetzt, kleinkriegen sollen sie mich nicht. Am Abend hatte er weder seine Beine noch seine Arme gespürt, völlig erschöpft war er von der Baustelle gewankt. Miskel hatte ihm auf die Schulter geschlagen und gesagt: »Menschenskind, Stahmer, du bist richtig ...«

Am anderen Tage saßen sie in der Baubude um den nackten Brettertisch und frühstückten: Haduweit Vater und Sohn, Miskel, Bortfeldt, der Baron und die anderen. Draußen sprühte der Regen gegen die Scheiben, Windstöße wischten über sie hin und rieben die feinen Tropfen breit. Die Stahlgerippe des PC-Gebäudes glänzten in der Nässe, irgendwo klatschte ein rotes Fahnentuch müde um die Stange. In dem Raum war es düster, Schatten warf die Gesichter zu. Der Brigadier kaute mit seinem schiefen Mund an einem Wurstbrot. Miskel roch mit seiner langen Nase an dem Dampf, der seiner Thermosflasche entströmte. Stahmer hatte die Arme auf das Holz gestützt, die gestrige Anstrengung hatte sie wie mit Gewichten beschwert. Einer fluchte: »Mistwetter das, keinen Hund jagt man da raus.«

Die Zeit verrann. Die Männer aßen schon längst nicht mehr. Schweigend rauchten sie an ihren Zigaretten. Mit fünf oder zehn Minuten bereits war die Pause überschritten. Miskel stand auf und knurrte: »Nützt ja alles nichts. Haben schon auf dem Gerüst gestanden, wenn es gejaucht hat wie aus Badewannen.«

Der Brigadier packte ihn an der Jacke und zerrte ihn wieder auf die Bank. Er sagte: »Wenn's nötig war, Egon, wenn's nötig war ... Ganz schön rausgeholt haben wir gestern ... Verschnaufen können wir mal ... Schadet uns gar nichts.« Einer sagte: »Habe das Gefühl, es muß noch wer seinen Einstand geben ...«

Plötzlich wurden die Maurer laut, begannen fröhlich zu

lärmen, drei oder vier hieben mit den Fäusten auf die rohe
Tischplatte. Die Bude schüttelte sich, Staubkrümel rieselten
von der Decke. Ein junger Bursche stach mit dem Zeigefin-
ger nach Stahmer und lachte: »Der da, der Neue ist dran.
Geschuftet hat er ja, alles was recht ist. Mal sehn, ob er
auch so säuft . . . «
Siggi Haduweit, der neben Stahmer hockte, stieß ihn mit
dem Ellenbogen an und sagte: »Los, mach schon. Einen
Kasten Pils und einen halben Liter. Das ist billig . . . «
»Einen Kasten Pils und einen halben Liter«, echote es im
Chor. Die Blicke der Brigademitglieder zogen einen Kreis
um Stahmer, umzingelten ihn. »Einen Kasten Pils und einen
halben Liter . . . «
Miskel rief über den Tisch weg: »Eine Kelle, die nicht
klingt, ein Maurer, der nicht trinkt, ein Mädchen, das nicht
stille hält, das gibt es nicht auf dieser Welt.«
Horst Stahmer fühlte sich in die Enge getrieben. Irgend
etwas mußte er sagen, die Maurer warteten auf seine Ant-
wort, ihre Augen belauerten ihn. Gegenüber am Tisch blin-
kerte ihm Miskel ermunternd zu, er lächelte noch seinem
Vers nach. Der baumlange Brigadier daneben, alle anderen
auch im Sitzen einen Kopf überragend, starrte ihn unter
seinen buschigen Augenbrauen hervor an, die höhnischen
Lippen wohl noch ein klein wenig tiefer gestellt. Hinter
den beiden, nicht mehr am Tisch, auf einem Schemel in der
Ecke, kauerte der Baron und reckte seinen faltigen Trut-
hahnhals, durch eine Lücke der breiten Schultern vor sich
schielend. Bortfeldt grölte noch immer mit den anderen:
Einen Kasten Pils und einen halben Liter, und glotzte
stumpf und abwesend, wohl schon den säuerlichen Geruch
des Bieres in der Nase. Aber Stahmer würde der Aufforderung nicht nachkommen, er würde sich weigern. Im Chlor-
betrieb hatten sie schon seit Jahren keine alkoholischen Ge-
tränke mehr während der Arbeitszeit und nicht einmal in
den Pausen genossen. Obwohl es auch dort früher üblich
gewesen war, einen Mann nach der Anzahl der Lagen, die

er schmiß, zu beurteilen. Freilich war auch dort die Abgewöhnung nicht ohne Zwischenfälle erfolgt, manch einer hatte sich in der Kantine heimlich Bier in den Thermosbehälter gießen lassen, und der Hemmschuhleger vom Salzlager hatte sogar noch Monate hindurch unentdeckt klaren Wodka in einer Limonadeflasche mitgebracht und als Selterswasser ausgegeben. Nach und nach jedoch waren die Chlorleute auch hinter diese Betrügereien gekommen und hatten sie wirksam bekämpft. Was würden die Genossen sagen, wenn sie erführen, daß Stahmer bei den Maurern umgefallen war? Er hatte doch mit am heftigsten gegen den Alkoholmißbrauch geschimpft!

»Versteht mal«, entgegnete Horst Stahmer jetzt, und gespannte Aufmerksamkeit war plötzlich um ihn. »Ich will mich nicht drücken. Nach dem Feierabend geb ich meinen Einstand.«

Aus der Ecke klang die meckernde Stimme des Barons: »Hoho ... Hast wohl kein Geld bei dir, was? Brauchst dich nicht zu genieren. Ich helf dir aus der Verlegenheit, schieße vor.«

Siggi Haduweit zwinkerte in die Runde, ohne daß es Stahmer gewahr werden konnte, und bohrte: »Brauchst keinen Fuß vor die Tür zu setzen. Ich besorg schon den Kasten, Stahmer, auf deine Rechnung.«

Stahmer gab sich gelassen, spürte aber, daß er nicht verstanden wurde: »Ich saufe jetzt nicht. Während der Arbeitszeit nicht.«

Der alte Haduweit reckte sich hoch, drückte seinen langen, knochigen Oberkörper über den Tisch und grollte: »Wann wir arbeiten hier, das bestimme ich. Ich bin der Brigadier ... Und jetzt ist Pause. Die höchste Leistung bringen wir Haduweits ... Auf dem ganzen Bau hier.« Er schlug mit der Hand durch die Luft. »Und solch ein paar Aufwärmer ... Die hauen uns noch nicht um.«

»Reg dich nicht auf, Vater«, sagte Siggi und kletterte über die Bank. »Ich hol schon den Kasten. Wir sind doch auf die

Gnade des Neuen nicht angewiesen. Der Baron legt mal aus, und inzwischen wird gesammelt.« Er ließ sich von dem Maurer in der Ecke einen Schein aushändigen, winkte einem anderen und verschwand mit diesem aus der Bude. Vom Teerpappendach rann der Regen in silbrigen Fäden. Vor der Türschwelle hatte sich eine trübe Pfütze gesammelt.

Miskel ging herum und hielt seinen verschwitzten, wie Speckschwarte glänzenden Bach auf, mit dem Futter nach oben. Die Maurer durchwühlten ihre Taschen, warfen in die Mütze, was sie gerade fassen konnten, einen blitzenden Fünfziger, ein paar graue Groschen, ein Markstück, der Brigadier einen zerknitterten Fünf-Mark-Schein. Einer sagte: »Ich bin blank bis auf die Knochen. Pump mir mal was, Egon...« Miskel antwortete: »Wer nichts hat, der hat nichts. Revanchierst dich bei Gelegenheit.« Er kam zu Stahmer, schob ihm die ausgebeulte Mütze hin. »Laß dich nicht lumpen...«

Horst Stahmer zögerte, faßte in seine Jacke, zog die Hand wieder heraus, das Portemonnaie zwischen den Fingern. Er besann sich und steckte die Lederhülle wieder in die Tasche. »Keinen Pfennig geb ich. Für die Sauferei nicht. Die Termine drängen, wir haben keine Zeit zu verlieren. Auch die Besten nicht, die gerade nicht. Aber wir lassen uns vollaufen, was?«

Herbert Haduweit beobachtete den Neuen, krümmte seinen Rücken, als wollte er ihn augenblicklich anfallen. Der Baron stichelte aus seiner dunklen Nische heraus: »Denkst wohl, du bist ein ganz Feiner? Schnell vergeht der Ruhm der Welt, sagt der Lateiner.«

Die Tür wurde aufgerissen. Der junge Haduweit und der Maurer drängten sich durch den Spalt, schleppten den Kasten mit den Bierflaschen herein und stellten ihn auf den Tisch. Das Glas schepperte gegen die Blechstreben. Die Brigademitglieder machten ihre Witze, schrien ah! und oh! Siggi zog die Schnapsflasche aus seiner Jacke, schwenkte sie triumphierend über seinem Kopf und rief: »Jeder eine Daumenbreite.«

Einer nörgelte: »Da ist Miskel immer am besten dran. Der hat Hände wie Schaufeln, Daumen wie Schippenstiele.«

Horst Stahmer wickelte den Schal straffer um den Hals und setzte seine Mütze auf. Er verließ die Baubude und stapfte durch die aufgeweichte Erde zur Methanoldestillation. Es war kälter geworden, und der Regen hatte sich in Schnee verwandelt. Der Wind trieb Stahmer die klatschnassen Flocken ins Gesicht. Sie zerflossen sofort auf seiner Haut und saugten sich in den roten Wollbausch seines Schals. Stahmer erklomm die glitschigen Leitern zum Gerüst und schwang sich auf das Zwischengeschoß. Er sah sich um und suchte, wie er sich allein beschäftigen könnte. Er nahm eine Schaufel und rührte den Mörtel im Kübel um. Doch das war alles, mehr konnte er nicht tun. Drüben am PC-Gebäude entdeckte er einige Zimmerer, die Beton ausschalten. Er überlegte, ob er sich ihnen nicht anschließen sollte. Er wollte nicht untätig umherstehen, wenn sie ihn vielleicht gebrauchen könnten. Er beschloß, zu ihnen zu gehen und seine Hilfe anzubieten. Aus dem Schuppen hörte er den trunkenen Lärm der Maurer.

GÜNTER KUNERT

Geb. 6. März 1929 in Berlin. Aufgrund der nationalsozialistischen Rassengesetze für »wehrunwürdig« erklärt. Studierte ab 1946 an der Hochschule für angewandte Kunst in Berlin-Weißensee. 1950 von Becher entdeckt und gefördert. 1951 Bekanntschaft mit Brecht. Lebt als freier Schriftsteller in Ost-Berlin. Zahlreiche Westreisen.
Werke: *Wegschilder und Mauerinschriften* G. (1950); *Unter diesem Himmel* G. (1955); *Tagwerke* G. (1961); *Das kreuzbrave Liederbuch* G. (1961); *Erinnerung an einen Planeten* G. (1963); *Tagträume* (1964); *Der ungebetene Gast* G. (1965); *Verkündigung des Wetters* G. (1966); *Unschuld der Natur* G. (1966); *Im Namen der Hüte* R. (1967); *Die Beerdigung findet in aller Stille statt* En. (1968); *Kramen in Fächern* (1968); *Betonformen* (1969); *Warnung vor Spiegeln* G. (1970); *Notizen*

in Kreide G. (1970); Ortsangaben (1971); Gast aus England En. (1973);
Im weiteren Fortgang G. (1974); Der andere Planet. Ansichten von Amerika (1975); Warum schreiben? Notizen zur Literatur (1976); Unterwegs nach Utopia G. (1977).

Man hat Günter Kunert gelegentlich in die Nähe der Existentialisten gerückt; die Schlußstrophe von »Vorschlag«
(1970) scheint diese These, die in der DDR selbstverständlich
einem Vorwurf gleichkommt, zu belegen:

> Ramme einen Pfahl ein. Ramme
> einen einzigen, einen neuen Gedanken
> als geheimes Denkmal
> deiner einmaligen Gegenwart
> in den Deich
> gegen die ewige Flut.

Doch deuten andere Gedichte, etwa das 1961 veröffentlichte »Wie ich ein Fisch wurde« (»Denn aufs neue wieder
Mensch zu werden, / Wenn man's lange Zeit nicht mehr gewesen ist / das ist schwer für unsereins auf Erden, / weil das
Menschsein sich zu leicht vergißt«), darauf hin, daß Kunerts
»Resignationswellen« (Klaus Werner) durchaus politischen
Sachverhalten entspringen. Und andererseits bricht bei diesem Dichter, der durch persönliches Schicksal der Vergangenheit und der Kontemplation verhaftet ist, immer wieder
ein starkes sozialistisches Engagement durch, so auch in dem
folgenden Text, der zuerst 1972 veröffentlicht wurde. Der
Titel »In Erwägung dessen«, ein Zitat aus »Die Tage der
Commune«, ist eine Huldigung an Brecht, der seinerseits die
Communarden zitiert. Die kursiv gedruckten Passagen ent-
stammen Prosper Lissagarays »Geschichte der Kommune von
1871« (zuletzt Frankfurt a. M. 1971). Die Strophen sind
freie Übersetzungen von Rimbauds »Chant de Guerre Pari-
sien«. »In Erwägung dessen« ist Rollenprosa; die hier in
Wir-Form sprechen, sind die Deutschen, ja alle, die sich irra-
tionaler Gewalt verschrieben haben, dann aber sind es auch
die Literaten und Dichter. In der Vergangenheit entdeckt

*Kunert die uns bekannte Zukunft: die Morde an Rosa
Luxemburg und an Liebknecht, die KZ usw. Im Wort vom
»Maß der Amoralität, das jeder Herrschaft von Menschen
über Menschen innewohnt«, kommt Kunerts Geschichtspessi-
mismus zum Ausdruck, dessen optimistischer Spannungspol
die nahezu religiöse Apotheose der Geburt Lenins bildet:
»Unterpfand dafür, daß die Historie nicht gleichmäßig durch
einen Morast verläuft und versickert.« Kunerts Absage an
jegliche imperialistische Gewalt liegt auf der Hand; was die
DDR angeht, so spricht er eher Hoffnungen aus, als daß er
das Erreichte glorifiziere.*

In Erwägung dessen

Wir gehen zu den Leichen, die auf den Bürgersteigen aus-
gestreckt liegen. *Da liegt eine Frau mit zurückgeschlagenen
Röcken. Aus ihrem aufgeschlitzten Leibe hängen die Ge-
därme heraus. Ein Marinesoldat macht sich ein Vergnügen
daraus, sie mit der Spitze seines Bajonetts herauszuwickeln.
Die zwei Schritt entfernten Offiziere hindern ihn nicht dar-
an.* Wir wenden uns an die Herren: Gehören Sie zur SS?
Oder gehören Sie zu den special forces? Man versteht uns
nicht. Und die Toten? Alles Bestien, erfahren wir: Alles
Bestien! *Myriaden von Pestfliegen fliegen von den ver-
wesenden Leichen auf. Die Straßen liegen voll von toten
Vögeln.*
Wir gehen in Richtung der Grünanlagen. *Aus dem feuchten,
kürzlich umgegrabenen Boden schauen da und dort Köpfe,
Arme, Füße und Hände hervor. In gleicher Höhe mit dem
Erdboden erblickt man die Gesichter der Leichen, die die
Uniform der Nationalgarde tragen. Ein fader, ekelhafter
Geruch kommt aus diesem Garten; an einzelnen Stellen
wird er für den Augenblick zum Gestank. Möbelwagen er-
warten ihre furchtbare Ladung.* Der Stadtrat hat für
17 000 Erschossene die Bestattung bezahlt, hören wir, aber

die Zahl betrage in Wirklichkeit 20 000 – mindestens; die Bestattung einer so großen Anzahl übersteige alle Kräfte, so daß man sie in den Festungskasematten verbrenne. Die Verbrennung sei aber, weil es an genügendem Luftzug fehle, unvollkommen, und so werde das Fleisch nur zu Brei verkocht.

Auf den Buttes-Chaumont werden die zu riesigen Stößen aufgeschichteten Leichen mit Petroleum übergossen und unter freiem Himmel verbrannt. Das machen wir später in Dresden auch, ja?

Wir erkundigen uns, was denn hier geschehen sei, Pest, Luftangriff, göttliche Heimsuchung, endlicher Eintritt der Apokalypse, gewaltsame Verifizierung der Offenbarung Johannis, und wer dies alles wohl veranlaßt haben könnte und werden an Herrn Thiers verwiesen, der, obwohl in großer Eile, da er mit Herrn Bismarck, Kanzler des soeben proklamierten Deutschen Reiches verabredet ist, sich zu seiner Verantwortung bekennt und die Auskunft erteilt: »Die Sache der Gerechtigkeit, der Ordnung, der Humanität, der Zivilisation hat gesiegt!« Das hatten wir angesichts der Stückzahl bereits vermutet, da solche zur Herstellung von Ordnung unbedingt erforderlich ist: ihre Menge steht in direktem proportionalem Verhältnis zur Ordnung: je mehr – je ordentlicher.

Wir ignorieren Dessous. Wir verzichten sogar auf die Visitation ortsansässiger und namhafter Geschlechtsteile. Unsere Absicht geht andere Wege und wir mit ihr: in derselben, genauere Informationen über die uns im Detail noch immer unklaren Ereignisse zu erhalten, beschließen wir, nicht wieder aufs Neue mißtrauische Fremde zu befragen, sondern lieber Kollegen, zumindest uns bekannte Personen jener Kreise, darinnen wir, egal aus welcher Gegend oder Zeit stammend, mit einem gewissen Wohlwollen rechnen können. Literaten unter sich: man kennt das. Aber als wir in der Stadtverwaltung bitten, zu Herrn Paul Verlaine geführt zu werden, ernten wir nur fatalen Verdacht. Denn Herr Ver-

laine, ungleich vielen anderen Beamten, hat seinen Posten
unter der Herrschaft der Kommune nicht verlassen und
weitergearbeitet. Er war also loyal? Loyalität unter der
Kommune gilt als Illoyalität gegenüber Herrn Thiers; er ist
soeben fristlos gefeuert worden. Wer? Machen Sie, daß Sie
hinauskommen!
Deutsch sein! Unser augenblicklicher Sicherheitsfaktor. Wir
haben nämlich eben mal wieder gesiegt, wie es heißt; doch
auf unsere Siege ist, gottseidank, wenig Verlaß. Aber auf
Herrn Verlaine müssen wir leider verzichten; vielleicht sitzt
er in einer Kneipe mit seinem Arthur, mit Herrn Rimbaud:
das ist auch so einer, denn nur so einer wie so einer schreibt
so etwas wie:

Sie haben Lanzen, Tschakos und Gewehre,
die preußischen Soldaten. Nur ein Boot
gähnt ruderlos hinüber in das leere,
gespenstisch fahle Morgenrot.

Wir aber treiben uns auf vielen Straßen
im trüben Morgenlicht herum, bis das Signal
uns aufstört aus dem Nichts, das wir besaßen –
Wir schleichen durch die Häuser katzenschmal.

Thiers und Herr Picard sind in der Luft die Helden,
sie blasen ab, als ganz besonderer Trick, Petroleum-Dünste.
Da hat selbst der Corot nichts mehr zu melden
mit der Verwolkung seiner Wasserkünste.

Die große Stadt hat immer heiße Pflastersteine,
doch eure Ölung heut von oben, die ist noch immer für die
                                          Katz.
Wir stehn vielleicht zulange schon auf einem Beine
und machen jedem Affen freundlich Platz.

Wir müssen etwas tun für unsre Ehre,
damit es rundherum sogar die Hügel sehn,

wenn vor dem tollen Ansturm der Gewehre
im roten Schaum die Zweige auseinandergehn.

Nun, es gibt auch andere Dichter, solche, die um ihre Ver-
antwortung vor Volk und Nation wissen. Gehen Sie zu
Herrn Victor Hugo, der dichtet grade sein Tagebuch in
Versen: »Das schreckliche Jahr«, worin er sich von dieser
Kommune distanziert. In fünf Jahren, wenn Herr Rimbaud
längst bei den Kaffern sitzt, wird er Senator sein: das
Staatsbegräbnis ist ihm sicher, wir freuen uns schon darauf,
ein erhebender Vorgang, davon kann man lange zehren.

Und die Kommune? Was war das?
Die Herrschaft der Bestie!

Ein Säbel klingelt auf dem Pflaster, Heimatklänge; ein
Landsmann, ein preußischer Dragoner, den wir um Auskunft bitten. Ob er während der besagten Ereignisse – und
wir weisen auf den Bürgersteig, das eingekochte Fleisch, die
Fliegen – hier an Ort und Stelle gewesen, was er bejaht, um
sogleich seine Empörung zu äußern: Dergleichen könnte bei
uns zuhause in Berlin nie passieren! Man bedenke doch, das
Land von unseren Armeen September 70 bei Sedan und
Metz vernichtend geschlagen, der französische Generalstab
in einem desolaten Zustand, vergleichbar nur dem im künftigen Jahr 1940, dazu der Kaiser Louis Bonaparte gefan-
gen – da kommt Thiers, wird Chef der Exekutive, verspricht uns die Kapitulation, fünf Milliarden Goldfranc
und Elsaß-Lothringen, Gott erhalte, Gott beschütze, das
gute Ende scheint nah.
Plötzlich wählen diese unvorsichtigerweise bewaffneten Nationalgarden ein Zentralkomitee, man beachte das Wort,
um den Krieg fortzusetzen, obwohl wir bereits Paris ein-
geschlossen haben. Herr Thiers retiriert nach Versailles, von
wo aus er versucht Paris zu okkupieren: der Versuch scheitert nicht nur, er initiiert den Aufstand. Wir, unklug, haben

uns damals rausgehalten. Das Zentralkomitee, man beachte das Wort, ergreift also die Macht, schreibt Wahlen zur Kommune aus und hebt den Belagerungszustand auf: zehn Tage danach wird die Kommune ausgerufen und erhält die Regierungsgewalt von dem Man-beachte-das-Wort. Trotzdem: Dummköpfe, die nicht einmal den Abzug regierungstreuer Truppen nach Versailles verhindern. Fehler über Fehler: Forts werden nicht besetzt, Verteidigungspläne nicht gemacht. Es wird hauptsächlich debattiert: das wäre bei uns in Berlin nicht möglich.

Falls eine Revolution überhaupt möglich wäre, dann aber nur unter Führung eines Leutnants mit zehn Mann! Die Franzosen verdanken den Sieg der Gerechtigkeit, der Ordnung, der Humanität, der Zivilisation im Grunde uns: hätten wir nicht sofort die Kriegsgefangenen entlassen und Versailles überstellt! Wir haben den ganzen Laden organisatorisch geschmissen! Wer weiß, was hier noch alles hätte geschehen können! Die hatten doch hier schon wahr und wahrhaftig die Polizei abgeschafft! Meine Herren, man bedenke: die Polizei abgeschafft, diese Kommune, für zweieinhalb Monate! Und keiner hat sie vermißt! Sowas darf doch nicht Schule machen! Und die Wehrpflicht auch: einfach weg! Daneben war das Dekret über die Abschaffung der Nachtarbeit für Bäckergesellen eine läßliche Sünde.

Seine dragonerische Substanz verdünnt sich vor Entrüstung und flattert mit den Fliegen ins Historische davon.

Wir geraten an einen Zeitungsjungen und werden über weitere Untaten der Insurgenten aufgeklärt, als da sind: Übergabe der verlassenen Werkstätten an Arbeitergenossenschaften. Einrichtung weltlicher Schulen. Trennung von Staat und Kirche. Kostenlose Rückgabe von Pfändern bis zum Werte von 20.– Frs. Preisstop für Brot bei 50 Centimes.

Wir schütteln den Kopf. Wir kaufen ein »Journal des Débats«, dem wir entnehmen, daß die Verluste der Aufständischen sowohl an Toten wie an Gefangenen etwa 100 000 betragen, da bei den Ergänzungswahlen im Juli die Listen

100 000 Wähler weniger aufweisen als bei den Wahlen im
Februar. Dafür ist die Zahl der Denunziationen gestiegen:
auf 399 823 exakt. Die Kommune hat zur Zeit ihres Be-
stehens alle Denunziationen zurückgewiesen, hat auch, was
schon deutlich genug auf ihr chaotisches Regime hinweist,
nur 64 Personen erschossen: aber jetzt holen die Leute alles
nach und zeigen an, was das Zeug hält. Grund und Indiz
des Scheiterns der Kommune: die Amoralität ihrer Macht-
ausübung, deren Kriterien moralische Imperative gewesen,
wodurch bekanntlich die erwähnte Ausübung stark behin-
dert, falls nicht in Kürze überhaupt unmöglich wird, und
so ihren Feinden zufällt. Das Maß der Amoralität, das
jeder Herrschaft von Menschen über Menschen innewohnt,
reduzieren wollen: ewig währendes, ewig scheiterndes,
manchmal insgeheim siegreiches Unternehmen, von dem die
Kommune die Unternehmer ausschloß.
Zwischen den Gebeinbergen gehen jene, geängstet und un-
getrost, denen ein Platz unter den menschlichen Überresten
zugedacht ist: wie Herr Prosper Lissagaray, Verfasser eines
Tagebuchs der Geschehnisse, seiner Zeugenschaft bewußt,
obwohl er weiß, was ihm droht, erkennt ihn einer oder
wer. Ein Statement? Gewiß: über die Regierung Thiers: *sie
anerkennen die Angeklagten nicht als politische Gefangene,
sondern stellen den Aufstand als ein ungeheures gemeines
Verbrechen hin, um dadurch das Recht zu haben, die Angeklagten zu Zuchthaus oder zum Tode verurteilen zu können – Strafen, die die scheinheilige Bourgeoisie in politischen Angelegenheiten für abgeschafft erklärt hatte!*
Zu dem Massaker erklärte Herr Thiers vor der Weltöffent-
lichkeit: ›Die Generale, die den Einzug nach Paris geleitet
haben, sind große Feldherrn. Das vorbildliche Verhalten
unserer tapferen Soldaten muß im Ausland die höchste Ach-
tung, die größte Bewunderung hervorrufen!‹
Aber die Versailler sind durch Verrat durch die Porte de
St. Cloud eingedrungen. *Und es fand sich unter uns niemand, der in diesem Augenblick der kritischen Ungewiß-*

heit, wo es sich als nötig hätte erweisen können, schnellstens einen Verteidigungsplan zu improvisieren, einen hochherzigen Entschluß im Falle eines Unheils zu fassen, erklärt, daß der Platz der Wächter von Paris im Stadtzentrum, im Haus der Kommune, aber nicht in den Arrondissements ist. Doch die Nationalgarden wollten nur jeweils ihre Wohnviertel verteidigen. *So verschwand vom Schauplatz der Geschichte und aus dem Stadthaus der Rat der Kommune im Augenblick der höchsten Gefahr, als die Versailler in Paris eindrangen!*

Wir grüßen zurück, da er den Hut lüftet, unterwegs nach London, wo er die jüngste Marx-Tochter, Eleanor, genannt Tussy, ehelichen will, wie das vor ihm die Kommune-Kämpfer Lafargue und Longuet mit den älteren Töchtern getan haben: ihm mißlingt es jedoch. Marx, im eignen Heim ein autoritärer Patriarch, weist ihn ab.

Wir lesen die Nachrichten von Metz und Sedan: da sind sie von den Preußen geschlagen worden, und nach dem unumstößlichen Gesetz, daß der Geprügelte die Prügel an den Schwächeren weitergibt, handelt die Armee und bedeckt sich mit Ruhm: sie rächt sich an den Parisern für ihre eigene Niederlage. Später die deutschen Freikorps, die Noske-Truppen, die Liebknecht-Luxemburg-Mörder, das gleiche Trauma. Noch in den Grausamkeiten in den Konzentrationslagern die Rache für die verlorene Weltgeltung: die Opfer sind doch auch Stellvertreter eines größeren, im Augenblick unerreichbaren Feindes: daher der potenzierte Haß, nicht wahr, Herr Höss?

Wir gehen: zum Stadttor hinaus: durch ein unzerstörtes, wo nun wieder Zoll erhoben wird. Draußen das Land, von wo der Landmann, der nichts von den Ereignissen verstanden hat, Kohl und Kraut zum Markt bringt, zur Zollkasse gebeten von Herrn Henri Rousseau, mit dem wir uns gern unterhalten würden. Ist er da? Ach, der verrückte Rousseau, der ist abwesend, im Augenblick und auch sonst! Der treibt sich herum und schießt mit dem Gewehr auf Gespenster, die ihn mit schlechten Gerüchen narren, wie er sagt! Was heißt das? Jedenfalls ist dieser Maler, im Gegensatz zu Courbet, der sechs Monate Gefängnis aufgebrummt bekam, weil er unter der Kommune Vorsitzender einer Künstlervereinigung und verantwortlich für den Sturz der Vendôme-Säule gewesen, besser dran und fein heraus: er weiß, auf wen er schießt, und die er meint, wissen davon nichts.

Bleibt bloß noch die Selbstbefragung: Was also tun wir, in diesem Jahr, soweit wir nicht als Ulanen, Dragoner oder Landstürmer westlich des Rheins deutsches Wesen feilbieten? Wir bauen in Dresden ein Opernhaus. Wir graben in Kleinasien Troja aus; wer wird einmal unsere Städte so sorglich ans Licht einer anderen Gegenwart holen, zur Darstellung von Geschichte: zur Verklärung aller gewesenen und künftigen Untaten, als Ordnung und als ewige Menschheitstragödie. Im übrigen ist im vorigen Jahr nach jahrhundertelangen Bemühungen die Unfehlbarkeit des Papstes verkündet worden, und der Segen auf dem Versailler Triumph kann ergo kein Irrtum sein. Die Frau mit den zurückgeschlagenen Röcken, deren Gedärm der Marinesoldat, ein Ledernacken-Vorläufer, mit dem Bajonett aufwickelt, war Gott sicherlich nicht wohlgefällig. Wir verlassen den Schauplatz.

Aber wir, Besitzlose im Sinne der Theorie, besitzen immerhin eine Kenntnis, welche allen in dieser Zeit und Stadt Versammelten und Verstorbnen fehlt: es ward uns am 22. 4. 1870 ein Kindlein geboren und getauft auf den Namen Wladimir Illjitsch Uljanow: Unterpfand dafür, daß die Historie nicht gleichmäßig durch einen Morast verläuft und versickert. Und fernerhin Kenntnis, die die Wirklichkeit des Vergangenen, eine aufgelesene, angelesene Wirklichkeit, entwürdigt und verändert. Unsere Erfahrung füllt die Worte aus, die wir alle gelesen haben.

(Zitate, in Kursiv, aus P. Lissagarays »Geschichte der Kommune von 1871«.)

IV. Drama

*Nach wie vor lebt das Drama wesentlich von der Spannung
in den zwischenmenschlichen Beziehungen (einer Spannung,
die in den realen gesellschaftlichen Konflikten gründet)
oder aber, wie Brechts episches Theater, von der aggressiven
gesellschaftskritischen Aussage. Aggressivität entfällt weitgehend im sozialistischen Staat, der den Klassenkampf zugunsten des Proletariats glaubt entschieden zu haben; allenfalls richtet sie sich gegen das kapitalistische Ausland oder
die eigene kapitalistische Vergangenheit. Spannungen zwischen Menschen oder zwischen Gruppen innerhalb des
Sozialismus aber werden vom Dogma als »nicht-antago-
nistisch« für die Bühne disqualifiziert. Nur in dem Maße,
wie es dem einzelnen DDR-Dramatiker gelingt, echte Konflikte zu entwickeln, erhebt er sich über pure Affirmation;
doch in gleichem Maße gerät er in die Nähe kulturpolitischer Sanktionen. Dieser Sachverhalt erklärt die großen
Schwierigkeiten von Autoren wie Peter Hacks und Heiner
Müller. Relativ großzügig mit der Erlaubnis zur Veröffent-
lichung, schränkt die Partei immer wieder die Aufführungs-
möglichkeiten für kritisches Theater ein. Den Spielraum,
den sie der Lyrik zugesteht, konzediert sie noch lange nicht
dem Theater, das es mit einer direkteren Form der Öffentlichkeit zu tun hat. Hiermit zusammen hängt die für die
DDR-Dramatik signifikante Tendenz zur mythologischen
Verschlüsselung und dialektischen Aufnahme tradierter
Stoffe. Den »Stücken nach Stücken« (so ein Band mit Bearbeitungen von Hacks) droht freilich ihrerseits die oben
skizzierte Gefahr: Das Mittel der kritischen Reprise, das
schon Brecht ausgiebig verwandte, gerät – in der ge-
wandelten politischen Konstellation – sehr schnell in die
Nähe bestenfalls witziger Affirmation. Im günstigsten Fall
freilich ist es gelegentlich gelungen, in der Verschlüsselung*

ernsthafte Kritik vorzutragen. Das witzige Spiel mit der Tradition und den Fiktionen der Bühne bildet für die DDR-Dramatiker die Möglichkeit schlechthin authentischer und gleichwohl öffentlicher Aussage. Zu den Schwierigkeiten kulturpolitischer Art kommen dramentheoretische hinzu; die Aufgabe der bürgerlichen Konzeption des Individuums will sich nicht zwanglos einer neuen sozialistischen Dramatik fügen, was in der Praxis die Wiedereinführung sogenannter großer Figuren begünstigte. »Dieses Problem der Re-Privatisierung, der Einsicht einerseits, daß es individueller Konflikte bedarf im Drama, daß aber andererseits die Individualisierung eines Konflikts ihn entgesellschaftet, der Person, dem Charakter gleichsam die Gesellschaft amputiert, ist [...] ständiges Thema der Debatte« *(Fritz J. Raddatz).*

HEINER MÜLLER

Geb. 9. Januar 1929 in Eppendorf (Bezirk Chemnitz). 1945 Arbeitsdienst. Nach dem Krieg Verwaltungsangestellter, Journalist. 1954/55 wissenschaftlicher Mitarbeiter des Deutschen Schriftstellerverbandes; 1958 Mitarbeiter am Maxim-Gorki-Theater in Ost-Berlin. Seit 1959 freier Schriftsteller. Zusammenarbeit mit seiner Frau Inge Müller (gest. 1966). Dramaturg am Berliner Ensemble. Umstrittene Shakespeare-Bearbeitungen. In den letzten Jahren als bedeutender Dramatiker zunehmend anerkannt.
Werke: *Der Lohndrücker* Dr. (1958); *Die Korrektur* Dr. (1958); *Die Umsiedlerin* Dr. (1961); *Der Bau* Dr. (1965); *Philoktet* Dr. (1965); *Herakles 5* Dr. (1966); *Ödipus Tyrann* Dr. (1969); *Macbeth* Dr. (1971); *Der Horatier* Dr. (1972); *Zement* Dr. (1974); *Mauser* Dr. (1978); *Germania Tod in Berlin* (1978).

Heiner Müller hat in seinem dramatischen Werk einerseits Gegenwartsstoffe aus der sozialistischen Arbeitswelt aufgegriffen, andererseits lieferte er kritische Reprisen antiker oder Shakespearescher Stücke mit hintergründigem Gegen-

wartsbezug. »*Der Lohndrücker*« *(1956/57 in Zusammenarbeit mit Inge Müller entstanden) schildert die Aufbauphase der Jahre 1948/49. Zugrunde liegt ein authentischer Stoff, den schon Brecht dramatisch hatte gestalten wollen. In einem Werk, das Tonbehälter und feuerfeste Steine für die Industrie herstellt, droht die Produktion auszufallen, als sich die Notwendigkeit einer Ofenreparatur ergibt. Der Maurer Balke erklärt sich bereit, bei einer Temperatur von 100° die einzelnen Kammern des Ofens nacheinander umzubauen, nur in jeweils einer Kammer soll mit dem Brennen und Trocknen ausgesetzt werden. Mit wenigen Ausnahmen mißtrauen die Arbeitskollegen dem Neuerer, er wird als Lohndrücker beschimpft, schließlich zusammengeschlagen. Als er einen der Obstrukteure verrät, ziehen sich auch die Sympathisanten von ihm zurück, mit einem »Denunzianten« wollen sie nichts zu tun haben. Wie der Parteisekretär mit dem »Lohndrücker« Balke zusammenarbeiten muß, der ihn einst den Nazis verriet, erkennt auch dieser schließlich, daß Kooperation beim Aufbau des Sozialismus vonnöten ist: »Ich brauch dich, Karras. Ich frag dich nicht aus Freundschaft. Du mußt mir helfen.« Das Stück zeigt exemplarisch kommunistische Bündnispolitik und einen Prozeß der Bewußtseinsveränderung, der zur Einsicht führt, daß nur in dem Maße, wie jeder einzelne zum sozialistischen Aufbau beiträgt, die materielle und soziale Not der Gesellschaft behoben werden kann. Freilich schildert Müller auch in krasser Form die Widerstände, die sich gerade im Proletariat gegen den sozialistischen Staat in seinen Anfängen regten. Den Offiziellen schmeckte diese Schilderung des nach marxistischer Doktrin revolutionären Subjekts der Geschichte mitnichten. Brechts Devise »Die Wahrheit einigt« (so der Titel eines Gedichts) zog man eine propagandistische Literatur vor, deren Determinismus freilich nicht die Begeisterung hervorrufen konnte, derer man bedurfte.*

Der Lohndrücker (8. und 9. Szene)

8a

*Technisches Büro. Die Ingenieure Kant und Trakehner, der
Direktor, Schorn, Balke, Bittner.*

D i r e k t o r. Der Ofen 4 ist gerissen. Ich brauche Ihnen
nicht zu erklären, was das heißt. Die zerbombten Öfen
sind noch nicht wieder aufgebaut, Material ist knapp.
Wenn ein Ofen ausfällt, ist der Plan ein Stück Papier.

T r a k e h n e r. Das ist er mit und ohne Ofen 4.

D i r e k t o r. Darüber läßt sich streiten. Sie haben sich den
Ofen angesehn. Eins ist klar: Er muß völlig umgebaut
werden, mit Ausflicken ist nichts getan. Das heißt: er
fällt aus, vier Monate, solange dauert der Umbau.
(Es wird an die Tür geklopft.)

F r ä u l e i n   M a t z. Entschuldigung. Der Zeitungsrepor-
ter ist hier. Er will zu Ihnen. Er sagt, er braucht was aus
der Produktion, für die Sonntagsbeilage.

D i r e k t o r. Sagen Sie ihm, er soll über Maikäfer schreiben. Das interessiert die Leute im Dezember. Ich kann
ihn nicht gebrauchen. Jetzt nicht.

F r ä u l e i n   M a t z *(kichert, dann).* Aber . . . *(Auf einen
Blick vom Direktor.)* Ja. Maikäfer. *(Ab.)*

D i r e k t o r. Es ist üblich, den Ofen für die Zeit des Um-
baus ganz stillzulegen. Es ist immer so gemacht worden.
(Pause. Trocknet sich den Schweiß ab.)

T r a k e h n e r. Ich sehe keine andre Möglichkeit.

B i t t n e r. Richtig, es ist immer so gemacht worden.
(Kant schweigt.)

D i r e k t o r. Wenn wir den Ofen stillegen, kommen wir
in Teufels Küche. Da sind vor allem die Liefertermine.

T r a k e h n e r. Ist es vorgekommen, daß sie eingehalten
wurden?

D i r e k t o r. Es ist vorgekommen. Jedenfalls, mit dem
Ofen 4 steht und fällt der Produktionsplan. Stillegen ist
ausgeschlossen.

T r a k e h n e r. Schön und gut, aber nicht stillegen ist auch ausgeschlossen.

D i r e k t o r. Das wollt ich fragen.

K a n t. Sie wollen den Ofen bei Feuer umbauen?

D i r e k t o r. Ja. Die Kammer, die in Arbeit ist, wird natürlich stillgelegt.

T r a k e h n e r. Unfug.

B i t t n e r. Wenn das ginge, die Unternehmer hätten es gemacht.

T r a k e h n e r. Preisfrage: Was fällt eher zusammen: Maurer oder Ofen?

K a n t. Bei 100 Grad Hitze kann man vielleicht arbeiten. Die Frage ist: Kann man sauber arbeiten? Ich bezweifle das.

S c h o r n. Das ist nicht nur eine Frage der Technik, des Materials.

T r a k e h n e r. »Sondern eine Frage des Bewußtseins.« Ich maße mir nicht an, Ihnen da hineinzureden, schließlich werden Sie dafür bezahlt. Aber hier handelt es sich um Tatsachen.

S c h o r n. Die Arbeiterklasse schafft neue Tatsachen.

T r a k e h n e r. Hut ab vor der Arbeiterklasse. Aber Ausbeutung ist keine neue Tatsache.

D i r e k t o r. Der Maurer Balke hat sich bereit erklärt, den Ofen umzubauen, bei Feuer. Ich bin dafür, daß sein Vorschlag geprüft wird.

T r a k e h n e r. Balke ist ein Wirrkopf.

S c h o r n. Balke ist Maurer.

T r a k e h n e r. Ich verstehe. Wenn der Maurer den Ofen macht, ist er ein Held. Wenn der Ofen reißt, sind wir die Saboteure.

(Schorn lächelt.)

B i t t n e r. Der Ofen wird reißen.

B a l k e. Er ist gerissen.

B i t t n e r. Du denkst, du bist gerißner, was?

T r a k e h n e r. Ich lehne die Verantwortung ab.

B a l k e. Ich verlange, daß ich den Ofen machen kann.
(Pause. Trakehner raucht eine Zigarre an.)

D i r e k t o r. Wir kommen in Teufels Küche.

T r a k e h n e r. Denken Sie von mir, was Sie wollen. Ich
habe immer meine Pflicht getan.

D i r e k t o r. Mehr.

T r a k e h n e r. Jawohl, auch mehr. Aber daß ich meinen
Ruf als Fachmann aufs Spiel setze, das geht zu weit. Das
kann niemand von mir verlangen. *(Pause.)* Dieser Plan
ist etwas für den Papierkorb, eine Utopie.

B a l k e *(zum Direktor).* Ich kann den Ofen auch ohne
Ingenieur umbauen.

T r a k e h n e r. Bitte. *(Er steht auf.)* Ich finde mein Brot
überall. Ihren Sozialismus aufzubauen ist kein Spaß. *(Er
drückt seine Zigarre aus.)* Nicht einmal die Zigarren sind
ein Spaß.

S c h o r n. Sie haben recht.

T r a k e h n e r. Wie?

S c h o r n. Ich sage, Sie haben recht. Aber Balke kann den
Ofen 4 nicht ohne Ingenieur machen.
(Pause. Trakehner setzt sich und raucht die Zigarre wieder an.)

K a n t *(zu Balke).* Haben Sie eine Kalkulation gemacht?

B a l k e *(reicht ihm Papiere).* Ich habs versucht. *(Schweigen. Kant liest.)*

8 b

*Halle. Arbeiter. Der Direktor, Balke und Schurek vor
ihnen.*

D i r e k t o r. Eine große Sache haben wir vor. Das gibt ein
Beispiel für die ganze Produktion. Damit können wir
beweisen, was die Arbeiterklasse leisten kann. Es muß für
euch eine Ehre sein, mitzumachen. *(Pause.)*

S c h u r e k. Es ist eine Arbeit wie jede andre. Nur daß sie
zum erstenmal gemacht wird.

E i n A r b e i t e r. Schnaps ist Schnaps, sagte der Budiker und schenkte Terpentin aus.

K r ü g e r. Das ist Ausbeutung.

B a l k e. Es geht um den Plan, Kollegen.

S t i m m e *(aus dem Hintergrund).* Wir scheißen auf den Plan.

B a l k e. Fragt sich, ob ihr was zu scheißen habt ohne den Plan.

(Brillenträger lacht meckernd, verstummt, als die andern nicht mitlachen.)

Ich kann den Ofen nicht allein umbaun, aber wir brauchen ihn. *(Schweigen.)*

D i r e k t o r. Krüger, du sagst: Ausbeutung. Du bist dein Leben lang ausgebeutet worden. Jetzt ist dein Junge auf der Universität.

K r ü g e r. Hab ich ihn auf die Universität geschickt? Ich war dagegen. *(Schweigen.)*

B a l k e. Es wird schwer sein, sehr heiß. Doppelter Verdienst, dreifache Arbeit.

E i n A r b e i t e r. Und acht Jahre, wenn was schief geht, wie bei Lerka.

B i t t n e r. Ich sage, das wird Murks.

B a l k e. Ich weiß, was ich mache. *(Pause.)*

K o l b e. Ich hab in einem Panzer gesessen, bis fünfundvierzig. Das war auch kein Kühlschrank. Ich mach mit.

K r ü g e r *(tritt vor).* Wenns sein muß.

8 c

Hof. Stettiner, Geschke, dann Brillenträger, später Kolbe.

S t e t t i n e r. Brauchst du trockne Steine, Geschke? Am Ofen 4 liegt Vorrat.

G e s c h k e. Die braucht Balke selber.

S t e t t i n e r. Eben.

(Brillenträger, aus der Kantine kommend, bleibt stehen.)

Mensch, wenn die den Ofen fertigkriegen, ist unser Lohn

versaut bis 1980.

(Kolbe kommt mit Balkes Essen aus der Kantine.)

(Laut.) Er schleppt ihm schon das Essen in den Ofen, dem Herrn Brigadier. Der schont sich.

K o l b e. Wenn ich herauskriege, wer Balke die Jacke geklaut hat, daß er nicht in die Kantine kann, aus der Ofenhitze über den Hof, ich weiß, was ich mache.

S t e t t i n e r. Die Menschen sind schlecht.

(Kolbe ab.)

G e s c h k e. Hast du die Jacke?

S t e t t i n e r. Wenn du eine brauchst, dir geb ich sie billig, Geschke.

(Geschke ab.)

B r i l l e n t r ä g e r. Guter Stoff?

S t e t t i n e r. Reine Wolle. Fast neu.

8 d

Am Ofen. Balke und Krüger. Sie sind erschöpft. Kolbe kommt mit Balkes Essen und Bier.

K o l b e *(trinkt)*. Gegen den Ofen war der Panzer ein Kühlschrank.

B a l k e *(essend)*. Der Ofen ist kein Nazitank. Du kannst aussteigen.

K r ü g e r *(zu Kolbe)*. Hast du die Zeitung mit?

K o l b e *(zieht eine Zeitung aus der Tasche)*. Hier. »Durchbruch im VEB ›Roter Oktober‹. Die Arbeiter des VEB ›Roter Oktober‹ erzielten einen Durchbruch. Der Aktivist Balke entwickelte den Plan, einen Ringofen, der gerissen war, ohne Betriebsunterbrechung umzubauen, was in diesem Produktionszweig als unmöglich galt. Propagiert durch den BGL-Vorsitzenden Schurek . . .«

K r ü g e r. Ausgerechnet Schurek.

K o l b e. ». . . wurde diesem Plan begeistert zugestimmt, der eine Einsparung von 400 000 Mark bedeutet und die Planerfüllung sicherstellt. Wir suchten die Brigade des kühnen Neuerers an ihrem Arbeitsplatz auf, wo ein reges Treiben herrscht, und konnten einen Blick in den Ofen werfen. Wie diese Männer mit den Steinen umgehn, das ist sozialistisches Tempo . . .« Spinner! Ohne Tempo verbrennst du dir die Pfoten. *(Er liest weiter.)* »Sie arbeiten mit Handschuhen, denn die Steine glühen, und im Vordergrund steht die Sorge um den Menschen. Während eine Kammer nach der andern stillgelegt, abgerissen und neu ausgemauert wird, brennt nebenan hinter einer dünnen Wand das Feuer weiter. Es kommt vor, daß die Pantinen der Männer in Brand geraten. Eine Leistung, welche sich der Laie nicht vorstellen kann. Von den nackten Oberkörpern rinnt der Schweiß, aus den Gesichtern sprechen Entschlossenheit und Zuversicht. Die Belegschaft ist stolz auf sie.«

B a l k e. Deswegen klauen sie uns auch die trocknen Steine, die wir brauchen.

K o l b e. Wenn der Tintenkuli wiederkommt, machen wir Schulung mit ihm, bei hundert Grad im Ofen.

K r ü g e r. Dich hat er ja ganz schön herausgestrichen, Balke.

9

Ofen. Darin Balke, Krüger und Kolbe bei der Arbeit. Brillenträger wirft im Vorbeigehen einen Stein, der Balke trifft.

K r ü g e r. Das ist zu viel.

K o l b e *(den Stein aufhebend).* Den heben wir auf. Das ist ein Beweisstück.

B a l k e *(die getroffene Stelle reibend).* Ist er trocken?

K o l b e. Ja.

B a l k e *(grinsend).* Das Beweisstück wird vermauert.

(Kolbe reicht ihm den Stein.)

PETER HACKS

Geb. 21. März 1928 in Breslau. Sohn eines sozialdemokratischen Rechts-
anwalts. Studium in München, Promotion über das Biedermeier-Drama.
1955 Übersiedlung nach Ost-Berlin, bis 1963 Dramaturg am dortigen
Deutschen Theater. Lebt als freier Schriftsteller.
Werke: *Eröffnung des indischen Zeitalters* Dr. (1954); *Das Volksbuch
vom Herzog Ernst* Dr. (1955); *Die Schlacht bei Lobositz* K. (1956); *Der
Müller von Sanssouci* K. (1958); *Die Sorgen und die Macht* Dr. (1959–62);
Moritz Tassow Dr. (1965); *Margarete in Aix* K. (1967); *Amphitryon* K.
(1968); *Omphale* K. (1970); *Das Poetische Ess.* (1971); *Adam und Eva*
K. (1972); *Die Maßgaben der Kunst. Gesammelte Aufsätze* (1977); *Das
Jahrmarktsfest zu Plundersweilern. Rosie träumt* Dr. (1978).

*Das erste Stück, in dem Peter Hacks die gesellschaftliche
Realität der DDR behandelte, »Die Sorgen und die Macht«,
führte zu seinem Rücktritt als Dramaturg des Deutschen
Theaters. Bis in die höchste Parteispitze war es diskutiert
worden, selbst Walter Ulbricht, der mit seinem Wort, wer
Macht habe, habe auch Sorgen, den Titel angeregt hatte,
schaltete sich ein. Man hielt dem Autor entgegen, die Rolle
des Proletariats und besonders die der Partei zu pessimi-
stisch gezeichnet zu haben; »ein nur mechanisch-materiali-
stisches Verständnis der Vorgänge«, so hieß der stereotype
Vorwurf noch 1972 bei dem Theaterwissenschaftler Rolf
Rohmer. Hacks schrieb noch ein zweites gegenwartsbezo-
genes Stück, das prompt ähnliche Diskussionen hervor-
rief, »Moritz Tassow«. Die Geschichte, wie der anarchisti-
sche Revolutionär (bedingt Goethes Tasso vergleichbar,
auf den der Nachname anspielt) an den realen Gegebenhei-
ten scheitert, mündet in den überraschenden Entschluß des
Protagonisten, Schriftsteller zu werden: »...das ist der einzige Stand, / In dem ich nicht verpflichtet bin, kapiert / Zu
werden oder Anhänger zu haben.« Diese Wendung ist ein
ironischer Ausdruck der Bewußtseinsdifferenzen, die den auf
Wahrheit und Utopie zielenden Schriftsteller von seinem
Publikum bzw. der taktisch operierenden Partei trennen,
und zugleich eine verdeckte Anspielung auf Hacks' inzwischen nahezu ausschließlich gewordene Beschäftigung mit tra-*

dierten Stoffen. »*Moritz Tassow*« spielt 1945, zur Zeit der Bodenreform, im mecklenburgischen Gargentin. Noch bevor die Partei, von dem aufrechten, durch KZ-Haft geschwächten Mattukat sowie dem blassen Funktionär Blasche vertreten, die Verordnungen zur Bodenreform erläßt, führt der Sauhirt Tassow, der die Jahre des nationalsozialistischen Terrors als angeblich Taubstummer verbracht hatte, mit den Dorfbewohnern die Enteignung des Rittergutsbesitzers von Sack durch. Seine utopischen Pläne – statt Parzellierung und Umverteilung des Landbesitzes erstrebt er dessen Kollektivierung – machen ihn freilich blind für die Realitäten und leisten der Reaktion Vorschub. Andererseits hat die Partei zwar objektiv recht, doch alles Licht fällt auf den vitalen Helden, eine Kraftfigur wie Hartmut Langes Marski (in dem gleichnamigen Stück) und Volker Brauns Paul Bauch (»*Die Kipper*«). Vollends das Schlußwort ist von beißender Ironie; der antifaschistische Kämpfer Mattukat übergibt die Macht dem Funktionär neuen Stils, dem alle Revolutionen zuwider sind: »Das Alte stirbt oder verkrümelt sich. / Der neue Mensch bleibt auf dem Plane. Ich.« Die ausgewählte Szene zeigt, wie in der alten ländlichen Hierarchie das Liebesglück eines Paares durch archaisches Eigentumsdenken gefährdet wird. Den vergleichsweise bescheidenen Zielen des jungen Bauern stellt Moritz die Vision des neuen sich sinnlich auslebenden und geistig autonomen Menschen gegenüber. Auch diese Vision mag in den Augen der Kritiker eine Attacke gegen das in der DDR Geleistete impliziert haben.

Moritz Tassow (Szene 2)

Feld.
Jette. Jochen.

J e t t e. Die Sonne scheint.
J o c h e n. Heiß wie beim Teufel ists.

Jette. Die Grilln schnattern sich heiser zu. Die Bienen
Treiben dem Klee sein kitzliches Geschäft.
Und alles schreit herum und fühlt sich gut.
Die Eidechsen selbst, die von innen kühlen,
Drängt das erhitzte Blut heut Seit an Seite,
Und dich allein, wenn, Gott behüt, dich anseh,
Frag ich mich nur, zu was die Sonne scheint.

Jochen. Daß der Inspektor kann spät Feierabend
Ansetzen. Nämlich wenn er merkt, daß ich
Bei dir hier bin und nicht beim Wegbau drüben,
Hab ich mein Deputat an Prügeln weg.

Jette. Und dazu, meinst du, scheint die Sonne?

Jochen.   Und
Daß hoch der Roggen steht.

Jette.   Und wozu steht
Der Roggen hoch?

Jochen.   Daß er geschnitten wird.
Er müßts längst sein und ist es aber nicht,
Weil wir, wie ich schon sag, zuerst den Weg baun.
Vom Rittmeister der Traber ist gestolpert,
Brach sich den Knöchel fast. Der gnädige Herr
Will nicht mehr ausfahrn, eh der Weg nicht ist.

Jette. Red weiter, Jochen, red. Was schaust du weg?

Jochen. Dein Rock ist dir bis übers Knie geglitten.
Noch weiß sind deine Knie, hab ich gesehn.
Daß ich mehr seh, hab ich mit Fleiß verhindert.

Jette. Gefall ich dir dann nicht?

Jochen.   Du bist so schön,
Daß es dem alten Postboten das Wasser
Ins schielende Aug preßt und sogar die Hähne
Aufschrein, wenn du die Straße gehst am Mittag
Zum Haus von deinem Vater, der ein Bauer
Von vierzig Tagwerk ist und acht Stück Rindvieh.

Jette. Pfui. Mit den acht Stück Rindvieh mußt du ja
Nicht in den Roggen.

Jochen.   Und wie soll ich dich

Vielleicht hineinführn und vom alten Iden
Die Tochter draußen lassen? Bist es doch.
Und bist doch auch die acht Stück gutes Rindvieh
Und deine weißen Knie Viehhaltersknie.
Und wenn ich kalt bin, ach, es ist nicht, daß
Ich dich nicht mag. Ich bins, der mir mißfällt
Und erst ein andrer sein müßt. Denn wie wir
Jetzt sind, sind wir nicht von derselben Sorte.

Jette. Stimmt. Ich bin von der Sorte ja mit Röcken.

Jochen. Und ich bin von der Landarbeitersorte
Und wohn bei meinen Eltern in der Kate.
Wenn ich dich nehm, wohin soll ich dich nehmen?

Jette. Hoch steht der Roggen.

Jochen.   Ja, die Sonne machts.

(Moritz bläst auf der Flöte.)

Jochen. Nicht, Jette. Da ist einer da, der hört uns.

Jette. Der taube Sauhirt ists, der hört uns nicht.

Jochen.
Ein schlimmes Los, allzeit schwarz vor den Ohren.

Jette. Was braucht er hörn, er kann ja nichts entgegnen.

Jochen. Ja, daß er stumm ist, ist sein wahres Glück,
Sonst müßt er sich fort grämen, daß er taub ist.

Jette. Kennst du das Lied?

Jochen.   Das hab ich nie vernommen.

Jette. Also fang an und sings und zier dich nicht.

Jochen. Schön Dorindgen, ihre Gartentür
Fand ich offen, schön Dorindgen,
Doch verriegelt war ihre Haustür,
Und ich hab mich wieder fortgemacht.

Jette. War verriegelt meine Haustür,
Muß ich lan den Riegel schleichen,
Will des Herren morgen warten
Um die halbe Mitternacht.

Jochen. Schön Dorindgen, ihre Haustür
Fand ich offen, schön Dorindgen.

Doch geknarret hat ihre Kammertür,
Und ich hab mich wieder fortgemacht.

J e t t e. Hat geknarret meine Kammertür,
Will sie einfetten mit Rapsöl,
Will des Herren morgen warten
Um die halbe Mitternacht.

J o c h e n. Schön Dorindgen, ihre Kammertür
Fand ich offen, schön Dorindgen,
Doch ich hab besorgt, ihr Bett könnt krachen,
Wenn die Nacht am stillsten war.

J e t t e. Soll mein jungfräulich Bett nicht krachen,
Wer soll mir die Laute schlagen?
Keinen Tag mehr kann ich warten,
Denn ich bin schon siebzehn Jahr.

J o c h e n. Jetzt küß ich dich.

J e t t e.   Geh weg, das ist kein Wesen,
Mir Lieder hersingen, die schlüpfrig sind,
Und warten, daß ich ausrutsch. Laß, geh weg.
(Auftritt Dziomba.)

D z i o m b a. Sieh da, des reifen Roggens muntre Lerche.
Ihr Trillern, Vögelchen, rief mich herbei.
Hier will ich gleich mich niedertun. Denn wie
Die Sonne mittags haltmacht auf der Reise
Und setzt sich hin auf einen goldenen Stuhl
Und löst die Stiefel und verspeist ihr Wurstbrot,
So muß der Mensch, der unten wandernde,
Ausruhn, nur öfter; denn was ist des Himmels
Kristallenes Gewölb verglichen mit
Der Landstraß von Fietgeest nach Gargentin?
Bitt, Vögelchen, um eine Mark. Ich dank.
Und sicher ist der Herr der Musikus,
Der was das Vögelchen begleitet hat?

J o c h e n. O nein, das war der Sauhirt und begleitet
Die Säu.

D z i o m b a.   Ein Virtuos.

J e t t e.   Und taubstumm, Sie,
  Und bläst die Flöte, wies kein zweiter tut.
D z i o m b a. Vielleicht weiß er die Griffe aus dem Kopf.
J o c h e n. Und hört doch nichts.
D z i o m b a.   Und hat Erinnerungen.
  (Auftritt Moritz.)
J e t t e. Er kam ins Dorf, da war ich noch ein Kind.
  Er wohnt im Schweinestall, und alle Wände
  Über bedeckt mit ledernen Folianten,
  Grauen und bräunlichen, so daß vom Schwein
  Mehr auf den Borden steht als in den Koben.
  So sehr voll Weisheit ist er.
J o c h e n.   Ich muß fort.
  Die Arbeit mahnt. Und der Inspektor wandelt.
D z i o m b a. Ein toller Christ, der. Er gefällt mir gut.
  Wir alltäglichen Leute sehn mit Vorlieb
  So sonderbare Käuze. Herr, Ihr Diener.
  Dziomba mein Nam, in eigener Sache reisend.
J e t t e.
  Aber nachts schläft er nicht und sitzt vorm Saustall,
  Den Kopf in bleiches Licht gehüllt, und sieht
  Aus wie ein Stern und redet mit den Sternen.
  Er riecht nach Schweinemist, und in ihm wohnen
  Die schwierigsten Geheimnisse der Welt.
J o c h e n. Wenn du so viel von ihm zu rühmen weißt,
  Geh doch zu ihm, zeig ihm die Knie, frag ihn,
  Zu was die Sonne und der Roggen hochsteht.
  Vielleicht, daß er ein Liebster ist für dich.
J e t t e *(zu Moritz)*.
  Vielleicht, daß du ein Liebster bist für mich?
  Glühst du für mich, du Stern, du stinkender?
  Da kratzt er sich, und dringt kein Sterbenston
  In ihn noch aus ihm. Ist das keine Blödheit?
  Was, Moritz, willst du auf mir draufliegen?
M o r i t z. Klar ich will auf dir liegen, Honighintern.
  In einem Ort wohnen, heißt, alle Weiber

Vögeln und mit den Männern allen saufen.
Andres versteh ich gar nicht unter Wohnen.
D z i o m b a. Er redet doch ganz deutlich.
M o r i t z.   Schönen Tag,
Mein Herr, Respekt und immer aufzuwarten.
J e t t e. Gütiger Gott, er redet wie die alten
Hoseas, Hesekiels und Habakukke.
Der Geist kommt über ihn, und er hat still
Die Säu gehütet, und er spricht in Zungen.
M o r i t z. Nämlich nur der sei noch als Mensch gezählt,
Der tut, wonach ihm ist, und dem nach viel ist,
Und kratzt sich, wos ihn juckt, und nicht aus lauter
Verlegenheit woanders, und wenns mitten
Im Beinkleid ist. Feigling, begreifst du mich?
Der Mensch alleine ist des Menschen Maß,
Und daß es dich wo juckt, Knabe, ist menschlich.
Und wenn du Skrupel kennst, Bedenklichkeiten,
Ziehst selber du den Ring dir durch die Nase
Und läßt dich brummen und tanzen. Ah, stolz wie
Der Gaurisankar ist der Mensch, gewaltig
Wie der Orkan und frei und grenzenlos
Wie die ins All sich dehnenden Kometen.
Ein Krüppel, Schrumpfobst, krankes Mißgebilde
Und unvollständiger Halbmensch aber ist,
Wer stehenbleibt vorm Rand der Möglichkeit,
Wer äußre Lenkung duldet, fremden Auftrag
Annimmt und macht, was er nicht will, und nicht
Macht, was er will, und weniger will als alles.
J e t t e. Mehr als gemein ist, was und wie ers sagt.
M o r i t z.
Land fehlt dir, hör ich, Knabe. Mir fehlt auch Land.
Da reg ich doch jetzt an, daß wir zusammen
Hingehn und den Rittmeister Adalbert
Von Sack mit einem toten Schwein totschlagen
Oder auf andre gute Art aus diesem
Ansonst nicht tadelhaften Dasein schaffen.

J o c h e n. Das darf ich haben anhörn nimmermehr.
(Flieht.)
M o r i t z. Auf daß wir, Knabe, hier die Herrn sein können
Und lustig sein und ungeheuer hausen!

HELMUT BAIERL

Geb. 23. Dezember 1926 in Rumburg (ČSR). 1949–51 Slawistikstudium, anschließend Dozent für Russisch in der Erwachsenenbildung. 1955–57 Studium am Literaturinstitut »Johannes R. Becher« in Leipzig. Danach leitender Lektor des Hofmeister-Verlages. 1959–67 Dramaturg und Parteisekretär am »Berliner Ensemble«. Seit 1967 freier Schriftsteller in Ost-Berlin.
Werke: *Die Feststellung* Dr. (1958); *Frau Flinz* K. (1961); *Der Dreizehnte* (1962); *Gesichtspunkte* (1966); *Wie ist die heutige Wirklichkeit auf dem Theater darstellbar?* (1966); *Der Kyffhäuser* (1966); *Johanna von Döbeln* Dr. (1967); *Der lange Weg zu Lenin* Dr. (1970); *Schlag 13* Dr. (1971); *Il Tricheco* (1971); *Die Lachtaube* K. (1974); *Sommergäste* K. (1976).

Helmut Baierl hat sich vor allem mit zwei Bearbeitungen tradierter Stoffe einen Namen gemacht. Seine »Frau Flinz« ist eine Projektion von Brechts »Mutter Courage« in die Aufbauphase der DDR: Frau Flinz, die ihre fünf Söhne vor dem Zugriff der Nationalsozialisten zu retten verstand, scheitert, als sie sie davon abhalten will, sich aktiv für die DDR zu engagieren; sie selbst wird schließlich Vorsitzende einer LPG. Das Stück überzeugt komödiantisch, doch die aufgesetzte Dialektik der Stoffinterpretation, welcher Fortschritt als unbezweifelte Kategorie vorgegeben ist, läßt es immer wieder in die Nähe oberflächlichen Witzes geraten. In »Johanna von Döbeln« greift Baierl auf die Geschichte der Jungfrau von Orléans zurück, die u. a. von Schiller, Shaw, Anouilh und Brecht dramatisch behandelt worden war. Den Unterschied zwischen Brechts »Heiliger Johanna der Schlachthöfe« und Baierls Stück resümiert Werner Brettschneider: »Nicht mehr die Bekehrung der alle

Hilfe von Gott erhoffenden Johanna zum Sozialismus ergibt die Struktur der Handlung, sondern der Versuch Johannas, in den scheinbar so perfekten Mechanismus des
Großbetriebs ein Stück Menschlichkeit einzubringen. Nicht
mehr der harte Schluß, der Tod der Bekehrten, die der
Schwere ihrer Aufgabe erliegt, sondern ein versöhnlicher
Ausgang.« »Johanna von Döbeln« schildert, wie die naive
Titelheldin in einen sozialistischen Musterbetrieb, das Dö-
belner Kranwerk, eindringt und Verwirrung stiftet, weil sie
die parteioffiziellen Parolen von der neuen Qualität des
Menschen und der Arbeit wörtlich ernst nimmt. Von der
Produktion ist sie begeistert, doch die Geschichte des früheren Arbeitsdirektors Lobstett, der sich vor zehn Jahren mit
dem Werksleiter überworfen hatte und in Unfrieden schied,
wird zum Ausgangspunkt bohrender Fragen nach dem
Menschen und seinen Ansprüchen, die gleichberechtigt neben
Fragen der Rentabilität stehen sollten. Es kommt zu einer
wechselseitigen Korrektur von Betriebsleitung und Johannas
Verlangen. Der lange zurückliegende Konflikt wird als
historischer aufgelöst: »Als damals der Beschluß gefaßt
wurde, daß Lobstett gehen muß, mußte davon ausgegangen
werden, was es dem Werk nützt. Damals wurde nicht gefragt, was nützt es ihm selbst. [...] Wenn wir heute das
Mädchen gehen lassen und uns wieder fragen, was nützt es
dem Werk, und uns nicht ebensosehr fragen, was nützt es
ihr selbst, ist das keine Erklärung.« Schwach geraten sind in
»Johanna von Döbeln« die Gestalt Lobstetts, dessen plötz-
licher Sinneswandel nicht erklärt wird, und die Art, wie die
historische Jeanne-d'Arc-Folie in das Stück verwoben ist.
Der Textauszug, der der Erstfassung des von Baierl inzwischen überarbeiteten Stückes folgt, zeigt eine der Stationen,
die Johanna im Werk durchläuft, kurz nachdem sie der
Sache mit Lobstett auf die Spur gekommen ist. Der Dialog
wirkt bemüht und verrät dadurch unfreiwillig etwas von
den Schwierigkeiten der Dramatiker unter den kulturpoli-
tischen Bedingungen der DDR.

Johanna von Döbeln (Szene 5)

In der Mechanischen Abteilung des Werkes. Johanna verkauft Zeitungen. Arbeiter kommen.

J o h a n n a. Die neue »Rote Hydraulik«, zehn Pfennige.

E r s t e r j u n g e r A r b e i t e r. Das ist sie doch, das Wunder von der Arbeiter- und Bauerninspektion, die den Roten Banner systematisch durchgekämmt hat mit dem ausdrücklichen Hinweis, sie habe überhaupt keinen Grund. Das hat alle überzeugt. Was willst du diesmal? Ich wette, ausdrücklich gar nichts. Nur ein bißchen Kran besichtigen. Hier ist er. Unser K 17, der Weltmarktschlager aus Döbeln. Manche nennen ihn . . .

Z w e i t e r j u n g e r A r b e i t e r. Erdbeerpflücker . . .

E r s t e r j u n g e r A r b e i t e r. . . . von wegen seines zarten Griffes, andere sagen »Rütteltschaika« wegen der ständigen Bewegung auf'm Sitz.

J o h a n n a. Ist der schön!

E r s t e r j u n g e r A r b e i t e r. Und wir? Sind wir's nicht? Schau sie dir an, die »Erbauer«. *(Er zeigt auf seine Kollegen.)* Den übergehe ich, der fährt ihn raus, wenn alles fertig ist. Der sorgt für Schönheit, der spritzt ihn nämlich. Für die Messe kräftig blau, wegen der Weltmarktkunden, sonst blaßgrün. Die beiden sorgen für den inneren Zusammenhalt, die schweißen ihn nämlich zusammen. Und nun sieh mich an, um mich dreht sich alles, ich montiere den Drehkranz.

J o h a n n a. Drehkranzmontieren – ist das schwer?

E r s t e r j u n g e r A r b e i t e r. Unheimlich. Mein Vater selig hat noch drei Kränze geschafft. Mein älterer Bruder fünf. Ich zehn, und ich strenge mich weniger an. Mir ist nämlich ein entscheidender Gedanke gekommen. Wo wir uns doch nun mal »Mechanische« nennen, habe ich mir gesagt: Machen wir es doch gleich mechanisch. Seitdem mache ich es mit der linken Hand – *(Gelächter.)* – und habe die rechte frei. Und was führt dich diesmal zu uns?

Ich wette, du sollst Zeitungen austragen. Zum Beispiel
die da über deinem Arm. Na, gib schon her. Hier sind
zehn Pfennige, und nun das Weltblatt.
(Er bekommt die Zeitung. Die anderen auch.)

Z w e i t e r   j u n g e r   A r b e i t e r. Warum mußt du denn
die Zeitungen austragen, das hat doch sonst Frau Weiß-
graber gemacht?

E r s t e r   j u n g e r   A r b e i t e r. Weil sie liefern soll, was
der Zeitung fehlt: Materieller Anreiz. *(Großes Gelächter.
Johanna lacht nicht mit.)* Sie lacht nicht. Hast du den
Witz nicht verstanden?

J o h a n n a. Sehe ich so aus?

E r s t e r   j u n g e r   A r b e i t e r. Ich würde sagen, du
siehst aus, daß ich sagen würde, komm du jeden Tag vorbei, und ich erfülle so eine Norm.
(Er macht einen steifen Arm, Gelächter.)

J o h a n n a. Wenn ich nicht müßte, würde ich überhaupt
nicht mehr kommen und mir deine blöden Sauereien anhören.
(Sie will gehen.)

E r s t e r   j u n g e r   A r b e i t e r. Aber du mußt, wie?

J o h a n n a. Ja, ich muß. Weil ich im Außendienst versagt
habe.

E r s t e r   j u n g e r   A r b e i t e r. Du hast wieder etwas
ohne Grund besichtigt, gib's zu.
(Man geht wieder an die Arbeit.)

J o h a n n a. Interessiert Sie denn das?

E r s t e r   j u n g e r   A r b e i t e r. Brennend.
(Jetzt sind die zwei allein.)

J o h a n n a. Ich habe eine Dummheit gemacht.

E r s t e r   j u n g e r   A r b e i t e r. Eine große?

J o h a n n a. Ich glaube schon. Ich mußte einen Rentenschein überbringen und habe dazu einen Blumenstrauß
überreicht.

E r s t e r   j u n g e r   A r b e i t e r. Das ist doch keine
Dummheit.

Johanna. Aber der Mann war es nicht gewöhnt.

Erster junger Arbeiter. Mir kannst du jeden Tag Blumen bringen, und ich bin es auch nicht gewöhnt.

Johanna. Sie meinen nicht, daß man darüber erschrekken muß? Mitten im Winter?

Erster junger Arbeiter *(lachend)*. Im Gegenteil. Blumen im Winter sind Winke vom Herzen. Außer natürlich der Gerichtsvollzieher schickt sie. Oder meine gewesene Freundin.

Johanna *(aufgeregt)*. Sehen Sie, es liegt nicht an dem Blumenstrauß, sondern an dem, der ihn schickt. Und ich habe doch gesagt, das Werk schickt ihn. Darüber ist er erschrocken. Also liegt es am Werk.

Erster junger Arbeiter. Was?

Johanna. Daß sie ihn zerrissen haben.

Erster junger Arbeiter. Den Rentenschein?

Johanna. Nicht den Rentenschein. Den Blumenstrauß. Es war furchtbar. Und gesagt haben sie, sie machen es, weil es ihnen gut geht.

Erster junger Arbeiter. Und dann haben sie den Rentenschein aufgegessen, und wenn sie nicht gestorben sind, dann leben sie heute noch.

Johanna. Nein, sie haben ihn zurückgewiesen. Und natürlich leben sie. Kunzemannstraße 5. Zwei Treppen. Lobstett heißen sie.

Erster junger Arbeiter. Lobstett?

Johanna. Sie kennen Herrn Lobstett?

Erster junger Arbeiter. Meinst du den? *(Geste des Trinkens.)*

Johanna *(ärgerlich)*. Der war nicht so. *(Geste des Trinkens.)* So was merke ich.

Erster junger Arbeiter. Nein? Na, früher soll der einen großen Durst gehabt haben. Die erzählen sich heute noch die Geschichten. Der muß eine Kaderakte haben, so dick wie eine Bibel. Soll aber kein schlechter Kerl gewesen sein.

J o h a n n a. Aber das muß man doch klären.

E r s t e r   j u n g e r   A r b e i t e r. Was? Daß der gesoffen hat?

J o h a n n a. Das mit den Blumen.

E r s t e r   j u n g e r   A r b e i t e r. Aber wen soll das interessieren?

J o h a n n a. Da irren Sie sich. Jeden muß das interessieren, weil man bei jeder Kleinigkeit an das ganze Werk denken muß, so, als wären Sie der Werkleiter selber.

E r s t e r   j u n g e r   A r b e i t e r. Gut, da mach' ich dir als Werkleiter einen Vorschlag. Ich stehe heute fünf Minuten nach Feierabend am Werktor, und du kommst hin. Mit oder ohne Blumen. Abgemacht?

J o h a n n a. Aber ich meine das ernst.

E r s t e r   j u n g e r   A r b e i t e r. Ich auch.

(Er streckt die Hand hin, Johanna schlägt sie weg. Er geht lachend weg. Johanna sieht ihm nach, dann geht sie langsam weiter.)

J o h a n n a. Die neue »Rote Hydraulik«. Zehn Pfennige. *(Ein älterer Arbeiter kommt und nimmt sich eine Zeitung. Dann erst bemerkt ihn Johanna.)* Sind Sie schon lange im Werk?

D e r   A r b e i t e r. Zwanzig Jahre.

J o h a n n a. Da kennen Sie viele?

D e r   A r b e i t e r. Alle.

J o h a n n a. Kennen Sie einen Mann mit Namen Lobstett?

D e r   A r b e i t e r. Paul? *(Er sieht sie an.)* Nein.

(Der Arbeiter geht weiter. Johanna sieht ihm nach. Arbeiter kommen.)

J o h a n n a *(läuft ihnen nach)*. Die neue »Rote Hydraulik«, zehn Pfennige.

Weiterführende Leseliste

Die ausgewählten Textbeispiele sind, sofern nicht in sich abgeschlossene Arbeiten, zentralen Werken entnommen, deren vollständige Lektüre empfohlen wird. Sie werden deshalb in dieser Rubrik nicht mehr einzeln aufgeführt. Genaue bibliographische Angaben hierzu im Quellenverzeichnis. Bei den im folgenden nach den Anthologien genannten Einzelwerken ist neben dem in Klammern gesetzten Jahr der Erstpublikation meist eine jüngere, greifbare Ausgabe angegeben. Eigens zitiert werden die leicht zugänglichen Ausgaben von Reclams Universal-Bibliothek.

1. Anthologien (West)

Mein Gedicht ist mein Messer. Lyriker zu ihren Gedichten. Hrsg. von H. Bender. Heidelberg 1955.

Spectaculum. Moderne Theaterstücke. Frankfurt a. M. 1956 ff.

Transit. Lyrikbuch der Jahrhundertmitte. Hrsg. von W. Höllerer. Frankfurt a. M. 1956.

Deutsche Lyrik. Gedichte seit 1945. Hrsg. von H. Bingel. Stuttgart 1961.

Hörspiele (Aichinger, Bachmann, Böll, Eich, Hildesheimer, Rys). Nachwort von E. Schnabel. Frankfurt a. M. u. Hamburg 1961.

Das Atelier. Zeitgenössische deutsche Prosa. Hrsg. von K. Wagenbach. Frankfurt a. M. u. Hamburg 1962.

Deutsche Prosa. Erzählungen seit 1945. Hrsg. von H. Bingel. Stuttgart 1963.

Die Wiener Gruppe (Achleitner, Artmann, Bayer, Rühm, Wiener). Texte – Gemeinschaftsarbeiten – Aktionen. Hrsg. und mit einem Vorwort von G. Rühm. Reinbek 1967.

Lesebuch. Deutsche Literatur der sechziger Jahre. Hrsg. von K. Wagenbach. Berlin (W) 1968.

Neues Hörspiel. Texte – Partituren. Hrsg. von K. Schöning. Frankfurt a. M. 1969.

Ein Baukran stürzt um. Berichte aus der Arbeitswelt. Hrsg. von D. Bredthauer, H. Pachl u. E. Schöfer. München 1970. (Werkkreis 70 Literatur der Arbeitswelt.)

Klassenbuch 3. Ein Lesebuch zu den Klassenkämpfen in Deutschland 1920–1971. Hrsg. von H. M. Enzensberger, R. Nitsche, K. Roehler u. W. Schafhausen. Neuwied 1972.

Konkrete Poesie. Deutschsprachige Autoren. Anthologie von E. Gomringer. Stuttgart 1972 u. ö. (Reclams UB Nr. 9350 [2].)

Verteidigung der Zukunft. Deutsche Geschichten seit 1960. Hrsg. von M. Reich-Ranicki. München 1972.

Deutsche Gedichte seit 1960. Eine Anthologie, gesammelt u. eingel. von H. Piontek. Stuttgart 1972 u. ö. (Reclams UB Nr. 9401 [4].)

Büchner-Preis-Reden 1951–1971 (Bachmann, Benn, Bernhard, Böll, Celan, Eich, Enzensberger, Frisch, Grass, Heißenbüttel, Hildesheimer, Johnson, Kästner, Kaschnitz, Kessel, Koeppen, Kreuder, Krolow, G. Mann, Nossack). Vorwort von E. Johann. Stuttgart 1972. (Reclams UB Nr. 9332 [3].)

Texte aus der Arbeitswelt seit 1961. Hrsg. von Th. Karst. Stuttgart 1974. (Reclams UB Nr. 9705 [2].)

Und ich bewege mich doch. Gedichte vor und nach 1968. Hrsg. von J. Theobaldy. München 1977.

Deutsche Literatur aus dreizehn Jahren. Mit Bio-Bibliogr. der Autoren. Hrsg. von K. Wagenbach. Berlin 1977.

Offene Literatur. Jahrbuch '77 der Reihe text + kritik. Hrsg. von H. Heißenbüttel. München 1977.

2. Anthologien (Ost)

In diesen Jahren. Deutsche Erzähler der Gegenwart. Hrsg. von Ch. Wolf. Leipzig 1960.

Ich schreibe. Anthologie schreibender Arbeiter. 5 Bde. Halle a. d. S. 1960–64.

Nachrichten aus Deutschland. Lyrik, Prosa, Dramatik. Eine Anthologie der neueren DDR-Literatur. Hrsg. u. eingel. von H. Brenner. Reinbek 1967.

Sozialistische Dramatik. Autoren der DDR. Nachwort von K. H. Schmidt. Berlin (O) 1968.

Erfahrungen. Erzähler der DDR. Anthologie. Hrsg. von H. Korall u. W. Liersch. Halle a. d. S. 1969.

Manuskripte. Almanach neuer Prosa und Lyrik. Hrsg. von J. Ret, A. Roscher u. H. Sachs. Halle a. d. S. 1969.

Lyrik der DDR. Zusammengestellt von U. Berger u. G. Deicke. Berlin (O) u. Weimar 1970.

19 Erzähler der DDR. Hrsg. von H.-J. Schmitt. Frankfurt a. M. 1971.

Fahrt mit der S-Bahn. Erzähler der DDR. Hrsg. von L.-W. Wolff. München 1971.

Neue Stücke. Autoren der DDR. Nachwort von K. H. Schmidt. Berlin (O) 1971.

Neue Erzähler der DDR. Hrsg. von D. u. H.-J. Schmitt. Frankfurt a. M. 1975.

3. Autoren (West)

Herbert Achternbusch: Die Stunde des Todes (R., 1975). Frankfurt a. M. 1978 (suhrkamp taschenbuch 449.)
Land in Sicht (R., 1977). Frankfurt a. M. 1977.

Theodor W. Adorno: Minima Moralia. Reflexionen aus dem beschädigten Leben (1951). Frankfurt a. M. 1970. (Bibliothek Suhrkamp 236.)

Leopold Ahlsen: Philemon und Baukis (Dr., 1956). Hörspielfassung: Stuttgart 1969 u. ö. (Reclams UB Nr. 8591.)

Ilse Aichinger: Die größere Hoffnung (R., 1948). Frankfurt a. M. 1976.
Dialoge. Erzählungen. Gedichte. Ausgew. u. hrsg. von H. F. Schafroth. Stuttgart o. J. (Reclams UB Nr. 7939.)

Alfred Andersch: Die Kirschen der Freiheit (1952). Zürich 1971. (detebe 1/I.)
Sansibar oder der letzte Grund (R., 1957). Zürich 1972. (detebe 1/II.)
Die Rote (R., 1960). Zürich 1972.
Winterspelt (R., 1974). Zürich 1977. (detebe 1/IX.)
Fahrerflucht (Hsp., 1973); Ein Liebhaber des Halbschattens (E., 1963). Stuttgart 1978. (Reclams UB Nr. 9892.)

Hans C. Artmann: The Best of H. C. Artmann (1970). Hrsg. von K. Reichert. Frankfurt a. M. 1975. (suhrkamp taschenbuch 275.)

Ingeborg Bachmann: Gedichte, Erzählungen, Hörspiel, Essays. München [5]1974.

Wolfgang Bauer: Die Sumpftänzer. Dramen, Prosa, Lyrik aus zwei Jahrzehnten. Köln 1978.

Konrad Bayer: Das Gesamtwerk. Hrsg. von G. Rühm. Reinbek 1977. (das neue buch 76.)

Jürgen Becker: Ränder (1968). Frankfurt a. M. 1970. (edition suhrkamp 351.)

Häuser (Hsp., 1969). Mit Nachwort des Autors. Stuttgart o. J. (Reclams UB Nr. 9331.)

Umgebungen (1970). Frankfurt a. M. 1974.

Hans Bender: Die Wölfe kommen zurück. Kurzgeschichten. Mit Nachwort des Autors. Stuttgart o. J. (Reclams UB Nr. 9430.)

Gottfried Benn: Statische Gedichte (1948). Zürich ⁷1966. (Arche Bücherei 190/191.)

Doppelleben (Aut., 1950). In: G. B., Gesammelte Werke in 8 Bdn. Hrsg. von D. Wellershoff. Wiesbaden 1968. Bd. 8.

Weinhaus Wolf (1937); Die Stimme hinter dem Vorhang (Hsp., 1951). Nachwort von H. E. Holthusen. Stuttgart o. J. (Reclams UB Nr. 8888.)

Thomas Bernhard: Frost (R., 1963). Frankfurt a. M. 1972. (suhrkamp taschenbuch 47.)

Verstörung (R., 1967). Frankfurt a. M. 1974. (Bibliothek Suhrkamp 229.)

Das Kalkwerk (R., 1970). Frankfurt a. M. 1973 (suhrkamp taschenbuch 128.)

Der Atem. Eine Entscheidung. Salzburg 1978.

Der Wetterfleck. En. Stuttgart o. J. (Reclams UB Nr. 9818.)

Peter Bichsel: Eigentlich möchte Frau Blum den Milchmann kennenlernen (En., 1964). Olten u. Freiburg i. Br. ¹¹1976.

Stockwerke. Prosa. Ausgew. u. hrsg. von H. F. Schafroth. Stuttgart o. J. (Reclams UB Nr. 9719.)

Horst Bienek: Die erste Polka (R., 1975). München ⁵1976.

Heinrich Böll: Wanderer, kommst du nach Spa ... (En., 1950). München 1967. (dtv 437.) Auswahl daraus: Der Mann mit den Messern. Mit autobiogr. Nachwort. Stuttgart o. J. (Reclams UB Nr. 8287.)

Haus ohne Hüter (R., 1954). Berlin o. J. (Ullstein Taschenbuch 185.)

Billard um halbzehn (R., 1959); Ansichten eines Clowns (R., 1963); Ende einer Dienstfahrt (E., 1966). Köln 1971.

Erzählungen 1950–1970 (1972).

Gruppenbild mit Dame (R., 1971). Köln o. J.

Wolfgang Borchert: Draußen vor der Tür und ausgewählte Erzählungen (1956). Reinbek o. J. (rororo 170.)

Nicolas Born: Gedichte 1967–1978. Reinbek 1978.

Die erdabgewandte Seite der Geschichte (R., 1976). Reinbek 1976.

Gedichte 1955–1970. Frankfurt a. M. 1975. (suhrkamp taschenbuch 4.)

Mausoleum (G., 1975). Frankfurt a. M. 1976.

Rainer Werner Fassbinder: Antiteater (1970). Frankfurt a. M. 1975. (edition suhrkamp 443.)

Antiteater 2 (1972). Frankfurt a. M. 1974. (edition suhrkamp 560.)

Hubert Fichte: Das Waisenhaus (R., 1965). Reinbek o. J.

Die Palette (R., 1968). Frankfurt a. M. 1978.

Versuch über die Pubertät (R., 1974). Hamburg 1974.

Erich Fried: Die Freiheit den Mund aufzumachen (G., 1972). Berlin 1972. (Quartheft 58.)

Die Beine der größeren Lügen. Unter Nebenfeinden. Gegengift. Drei Gedichtsammlungen. Berlin 1976. (Quartheft 83.)

Max Frisch: Tagebuch. 1946–1949 (1950). Frankfurt a. M. 1976. (Bibliothek Suhrkamp 261.)

Don Juan oder Die Liebe zur Geometrie (K., 1953). Frankfurt a. M. 1975. (edition suhrkamp 4.)

Stiller (R., 1954). Frankfurt a. M. 1976. (suhrkamp taschenbuch 105.)

Homo Faber (R., 1957). Frankfurt a. M. 1976. (Bibliothek Suhrkamp 87.)

Andorra (Dr., 1961). Frankfurt a. M. 1975. (Bibliothek Suhrkamp 101.)

Biografie. Ein Spiel (1967). Frankfurt a. M. 1976. (Bibliothek Suhrkamp 225.)

Tagebuch 1966–1971 (1972). Frankfurt a. M. 1974.

Gerd Gaiser: Die sterbende Jagd (R., 1953). München 1978.

Schlußball (R., 1958). Frankfurt a. M. [15]1975. (Fischer Taschenbuch 402.)

Revanche (En.). Mit autobiogr. Nachwort. Stuttgart o. J. (Reclams UB Nr. 8270.)

Christian Geißler: Kalte Zeiten (E., 1965).

Wird Zeit, daß wir leben (R., 1976). Berlin 1976. (Rotbücher 154/L.)

Günter Grass: Die bösen Köche (Dr., entst. 1956/57). Stuttgart 1978. (Reclams UB Nr. 9883.)

Katz und Maus (N., 1961). Neuwied [8]1976. (Sammlung Luchterhand 148.)

Hundejahre (R., 1963). Neuwied ²1976. (Sammlung Luchterhand 149.)

Die Plebejer proben den Aufstand. Ein deutsches Trauerspiel (1966). Neuwied 1978. (Sammlung Luchterhand 250.)

Örtlich betäubt (R., 1969). Frankfurt a. M. ⁷1976. (Fischer Taschenbuch 1248.)

Gesammelte Gedichte (1971). Neuwied ³1976. (Sammlung Luchterhand 34.)

Aus dem Tagebuch einer Schnecke (1972). Reinbek 1974. (rororo 1751.)

Der Butt (R., 1977). Neuwied 1977.

Max von der Grün: Irrlicht und Feuer (R., 1963). Reinbek o. J. (rororo 916.)

Stellenweise Glatteis (R., 1973). Neuwied ³1976. (Sammlung Luchterhand 181.)

Albert Paris Gütersloh: Sonne und Mond. Ein historischer Roman aus der Gegenwart (1962).

Peter Handke: Kaspar (Dr., 1968). Frankfurt a. M. 1975. (edition suhrkamp 322.)

Die Innenwelt der Außenwelt der Innenwelt (G., 1969). Frankfurt a. M. 1975. (edition suhrkamp 307.)

Wunschloses Unglück (E., 1972). Frankfurt a. M. 1975. (suhrkamp taschenbuch 146.)

Ich bin ein Bewohner des Elfenbeinturms. Aufsätze (1972). Frankfurt a. M. 1975. (suhrkamp taschenbuch 56.)

Der Rand der Wörter (En., G., Stücke). Stuttgart o. J. (Reclams UB Nr. 9774.)

Ludwig Harig: Die saarländische Freude. Ein Lesebuch über die gute Art zu leben und zu denken (1977). München 1977.

Peter Härtling: Niembsch oder Der Stillstand (R., 1964). Neuwied 1975. (Sammlung Luchterhand 189.)

Helmut Heißenbüttel: Über Literatur (1966). München 1970. (dtv Sonderreihe 5384.)

Das Textbuch (1970).

Günter Herburger: Flug ins Herz (R., 2 Bde., 1977). Neuwied 1977.

Wolfgang Hildesheimer: Die Eroberung der Prinzessin Turandot (Hsp., 1959).

Die Verspätung. Ein Stück in zwei Teilen (1961).

Tynset (R., 1965). Frankfurt a. M. 1976. (Bibliothek Suhrkamp 365.)

Mozart (Biogr., 1977). Frankfurt a. M. 1977.

Rolf Hochhuth: Dramen. Reinbek 1972.

Peter Huchel: Gedichte. Hrsg. von P. Wapnewski. Frankfurt a. M. 1975. (Bibliothek Suhrkamp 345.)

Hans Henny Jahnn: Fluß ohne Ufer (R.-Trilogie; Das Holzschiff: 1949, Die Niederschrift des Gustav Anias Horn: 1949 bis 1950, Epilog: 1961); Thomas Chatterton (Tr., 1955). In: H. H. J., Werke und Tagebücher in 7 Bdn. Hamburg 1974.

Ernst Jandl: Laut und Luise (G., 1966). Stuttgart 1976. (Reclams UB Nr. 9823 [2].)

Walter Jens: Nein. Die Welt der Angeklagten (1950). München 1977. (Das besondere Taschenbuch 3.)

Uwe Johnson: Das dritte Buch über Achim (R., 1961). Frankfurt a. M. 1974. (suhrkamp taschenbuch 169.)
Zwei Ansichten (1965). Frankfurt a. M. 1976. (suhrkamp taschenbuch 326.)

Gert Friedrich Jonke: Geometrischer Heimatroman (1969).
Glashausbesichtigung (R., 1970).
Schule der Geläufigkeit (E., 1977). Frankfurt a. M. 1977.

Ernst Jünger: Heliopolis. Rückblick auf eine Stadt (R., 1949).
Gläserne Bienen (R., 1957). Stuttgart ³1963.

Hermann Kasack: Die Stadt hinter dem Strom (R., 1947). Frankfurt a. M. 1976. (Bibliothek Suhrkamp 296.)

Marie Luise Kaschnitz: Überallnie. Ausgew. Gedichte 1928–1965 (1966).
Der Tulpenmann (En.). Hrsg. von H. Bender. Stuttgart 1976. (Reclams UB Nr. 9824.)

Walter Kempowski: Tadellöser & Wolff. Ein bürgerlicher Roman (1971). München 1974. (dtv 1043.)
Uns geht's ja noch gold. Roman einer Familie (1972). München 1975. (dtv 1090.)
Ein Kapitel für sich (u. d. T. ›Im Block‹ 1969). München 1978. (dtv 1347.)

Ingomar von Kieseritzky: Trägheit (R., 1978). Stuttgart 1978.

Heinar Kipphardt: In der Sache J. Robert Oppenheimer (Dr., 1964). Frankfurt a. M. 1972. (edition suhrkamp 64.)
März (R., 1975). Reinbek 1978. (rororo 4259.)

Alexander Kluge: Lebensläufe. Anwesenheitsliste für eine Beerdigung. Frankfurt a. M. 1974. (suhrkamp taschenbuch 186.)
Neue Geschichten. Hefte 1–18. ›Unheimlichkeit der Zeit‹.

Frankfurt a. M. 1977. (edition suhrkamp 819.)

Wolfgang Koeppen: Tauben im Gras (R., 1951); Das Treibhaus (R., 1953). In: W. K., Drei Romane. Frankfurt a. M. 1972. Jugend. Prosa (1976). Frankfurt a. M. 1976. (Bibliothek Suhrkamp 500.)

Alfred Kolleritsch: Einübung in das Vermeidbare (G., 1978). Salzburg 1978.

Franz Xaver Kroetz: Gesammelte Stücke. Frankfurt a. M. 1975. (suhrkamp taschenbuch 259.)

Karl Krolow: Gesammelte Gedichte I. Frankfurt a. M. 1965. Gesammelte Gedichte II. Frankfurt a. M. 1975.

August Kühn: Zeit zum Aufstehn. Eine Familienchronik (1975). Frankfurt a. M. 1977. (Fischer Taschenbuch 1975.)

Elisabeth Langgässer: Das unauslöschliche Siegel (R., 1946). Der Laubmann und die Rose (G., 1947). Hamburg 1947.

Wilhelm Lehmann: Gedichte. Ausgew. von R. Hagelstange. Stuttgart o. J. (Reclams UB Nr. 8255.)

Siegfried Lenz: Deutschstunde (R., 1968). München 1973. (dtv 944.)
Stimmungen der See (En.). Mit autobiogr. Nachwort. Stuttgart 1962 u. ö. (Reclams UB Nr. 8662.)

Jakov Lind: Eine Seele aus Holz (En., 1962).
Selbstporträt (1969). Frankfurt a. M. 1974. (Fischer Taschenbuch 1533.)

Heinrich Mann: Ein Zeitalter wird besichtigt (Aut., 1945). Reinbek 1976. (rororo 1986.)

Thomas Mann: Doktor Faustus (R., 1947) [Frankfurt a. M. 7 1976. (Fischer Taschenbuch 1230.)]; Die Entstehung des Doktor Faustus (1949). Frankfurt a. M. 1967.
Der Erwählte (R., 1951). Frankfurt a. M. 8 1976. (Fischer Taschenbuch 1532.)
Bekenntnisse des Hochstaplers Felix Krull (R., 1954). Frankfurt a. M. 15 1976. (Fischer Taschenbuch 639.)

Kurt Marti: Rosa Loui (G., 1967). Neuwied o. J.

Friederike Mayröcker: Arie auf tönernen Füszen. Metaphysisches Theater (1972).

Christoph Meckel: Verschiedene Tätigkeiten. Geschichten, Bilder und Gedichte. Hrsg. von W. Segebrecht. Stuttgart 1972. (Reclams UB Nr. 9378.)

Ernst Meister: Ausgewählte Gedichte 1932–1976. Neuwied 1977.

(Sammlung Luchterhand 244.)

Franz Mon: Lesebuch. Erweiterte Neuausgabe (1972).

Hans Erich Nossack: Nekya. Bericht eines Überlebenden (E., 1947).
Frankfurt a. M. 1975. (Bibliothek Suhrkamp 72.)

Interview mit dem Tode. Bericht (1948). Frankfurt a. M.
1975. (Bibliothek Suhrkamp 117.)

Spätestens im November (R., 1955). Reinbek o. J. (rororo
1082.)

Unmögliche Beweisaufnahme (E., 1959).

Dem unbekannten Sieger (R., 1969). Frankfurt a. M. 1975.
(Bibliothek Suhrkamp 270.)

Helga M. Novak: Margarete mit dem Schrank (G., 1978). Berlin
1978. (Rotbücher 182/L.)

Heinz Piontek: Das Schweigen überbrücken. Meditationen, Gedichte, Szenen, Erzählungen. Gütersloh 1977.

Peter Rühmkorf: Irdisches Vergnügen in g (G., 1959).

Erika Runge: Bottroper Protokolle (1968). Frankfurt a. M. 1975.
(edition suhrkamp 271.)

Nelly Sachs: Späte Gedichte. Frankfurt a. M. 1968. (Bibliothek
Suhrkamp 161.)

Teile dich Nacht. Die letzten Gedichte. Frankfurt a. M. 1971.

Die Gedichte der Nelly Sachs. Bd. 2: Suche nach Lebenden.
Frankfurt a. M. 1971.

Gedichte. Hrsg. von Hilde Domin. Frankfurt a. M. 1977. (Bibliothek Suhrkamp 549.)

Johannes Schenk: Zittern. Fünfundvierzig Gedichte. Berlin 1977.
(Quartheft 86.)

Arno Schmidt: Brand's Haide (En., 1951). Frankfurt a. M. 1974.
(Fischer Taschenbuch 1420.)

Das steinerne Herz (R., 1956). Frankfurt a. M. [3]1976. (Fischer
Taschenbuch 802.)

Die Gelehrtenrepublik (R., 1957). Frankfurt a. M. [5]1976.
(Fischer Taschenbuch 685.)

Kaff auch Mare Crisium (R., 1960). Frankfurt a. M. [3]1975.
(Fischer Taschenbuch 1080.)

Kühe in Halbtrauer (En., 1964).

Die Schule der Atheisten. Novellen-Comödie in 6 Aufzügen
(1972).

Krakatau (En.). Nachwort von H. Vormweg. Stuttgart 1975.
(Reclams UB Nr. 9754.)

Peter Schneider: Lenz (E., 1973). Berlin 1973. (Rotbücher 104/L.)

Wolfdietrich Schnurre: Ein Fall für Herrn Schmidt (En.). Mit autobiogr. Nachwort. Stuttgart o. J. (Reclams UB 8677.)

Martin Sperr: Bayrische Trilogie. Frankfurt a. M. 1975. (suhrkamp taschenbuch 28.)

Klaus Stiller: Tagebuch eines Weihbischofs (1972). Berlin 1972. (Quartheft 56.)

Traumberufe. Ein satirisches Handbuch. München 1977.

Karin Struck: Klassenliebe (R., 1973). Frankfurt a. M. 1976. (edition suhrkamp 629.)

Jürgen Theobaldy: Zweiter Klasse (G., 1976). Berlin 1976. (Rotbücher 148/L.)

Bernward Vesper: Die Reise (Autobiogr., 1977). Frankfurt a. M. 1978.

Günter Wallraff: 13 unerwünschte Reportagen (1969). Reinbek 1975. (rororo 6889.)

Neue Reportagen, Untersuchungen, Lehrbeispiele. Reinbek 1974. (rororo 6842.)

Martin Walser: Halbzeit (R., 1960). Frankfurt a. M. 1973. (suhrkamp taschenbuch 94.)

Eiche und Angora (Dr., 1962). In: M. W., Gesammelte Stücke. Frankfurt a. M. 1973. (suhrkamp taschenbuch 6.)

Die Gallistl'sche Krankheit (R., 1972). Frankfurt a. M. 1974. (edition suhrkamp 689.)

Der Sturz (R., 1973). Frankfurt a. M. 1976. (suhrkamp taschenbuch 322.)

Ein fliehendes Pferd (N., 1978). Frankfurt a. M. 1978.

Otto F. Walter: Der Stumme (R., 1959). Reinbek 1974. (rororo 1688.)

Herr Tourel (R., 1962). Reinbek 1975. (rororo 1847.)

Peter Weiss: Der Schatten des Körpers des Kutschers (E., 1960). Frankfurt a. M. 1975. (edition suhrkamp 53.)

Abschied von den Eltern (E., 1961). Frankfurt a. M. 1974. (edition suhrkamp 85.)

Das Gespräch der drei Gehenden (E., 1963). Frankfurt a. M. 1972. (edition suhrkamp 7.)

Die Ermittlung. Oratorium in 11 Gesängen (1965). Reinbek o. J. (rororo 1192.)

Gesang vom Lusitanischen Popanz (Dr., 1967). Frankfurt a. M. 1974. (edition suhrkamp 700.)

Viet Nam-Diskurs (1968).

Trotzki im Exil (Dr., 1970). Frankfurt a. M. 1972. (Bibliothek Suhrkamp 255.)

Hölderlin (Dr., 1971). Frankfurt a. M. 1976. (Bibliothek Suhrkamp 297.)

Die Ästhetik des Widerstands (R., 1975). Frankfurt a. M. 1975.

Dieter Wellershoff: Ein schöner Tag (R., 1966).

Die Schattengrenze (R., 1969). Köln 1969.

Einladung an alle (R., 1972). Frankfurt a. M. 1974. (Fischer Taschenbuch 1502.)

Wolfgang Weyrauch: Mit dem Kopf durch die Wand. Geschichten, Gedichte, Essays und ein Hörspiel 1929–1977. Neuwied 1977.

Das Ende von Frankfurt am Main (En.). Nachwort von K. Krolow. Stuttgart 1973. (Reclams UB Nr. 9496.)

Das grüne Zelt. Die japanischen Fischer (Hsp.). Mit autobiogr. Nachwort. Stuttgart o. J. (Reclams UB Nr. 8256.)

Urs Widmer: Schweizer Geschichten (En., 1975). Zürich 1977. (detebe 4.)

Ernst Wiechert: Missa sine nomine (R., 1950). Bergisch Gladbach 1977. (Bastei Taschenbuch Exclusiv 12063.)

Oswald Wiener: Die Verbesserung von Mitteleuropa (R., 1969). Reinbek 1972. (rororo 1495.)

Karl Wittlinger: Kennen Sie die Milchstraße? (K., 1956).

Gabriele Wohmann: Abschied für länger (R., 1965). Reinbek o. J. (rororo 1178.)

Treibjagd (En.). Auswahl u. Nachwort von H. Schöffler. Stuttgart 1970 u. ö. (Reclams UB Nr. 7912.)

Paul Wühr: Preislied. Hörspiel aus gesammelten Stimmen. Stuttgart 1974. (Reclams UB Nr. 9749.)

Peter Paul Zahl: Alle Türen offen (G., 1977). Berlin 1977. (Rotbücher 178/L.)

Carl Zuckmayer: Des Teufels General (Dr., 1946). Frankfurt a. M. [5]1976. (Fischer Taschenbuch 7019.)

Gerhard Zwerenz: Heldengedenktag (En., 1964).

Kopf und Bauch. Die Geschichte eines Arbeiters, der unter die Intellektuellen gefallen ist (1971). Frankfurt a. M. [3]1975. (Fischer Taschenbuch 1360.)

Die Erde ist unbewohnbar wie der Mond (R., 1973). Frankfurt a. M. 1976. (Fischer Taschenbuch 1798.)

4. Autoren (Ost)

Bruno Apitz: Nackt unter Wölfen (R., 1958). Frankfurt a. M. 1977.

Erich Arendt: Unter den Hufen des Winds. Ausgewählte Gedichte 1926–1965. Mit Vorwort hrsg. von V. Klotz (1966).

Helmut Baierl: Stücke (1969).

Johannes R. Becher: Lyrik, Prosa, Dokumente. Eine Auswahl (1965). Gedichte. Hrsg. von Hans Meyer. Frankfurt a. M. 1975. (Bibliothek Suhrkamp 453.)

Jurek Becker: Jacob der Lügner (R., 1969). Neuwied ⁷1975. (Sammlung Luchterhand 1.)
    Irreführung der Behörden (R., 1973). Frankfurt a. M. 1975. (suhrkamp taschenbuch 271.)
    Der Boxer (R., 1976). Frankfurt a. M. 1976.

Wolf Biermann: Die Drahtharfe. Mit Marx- und Engelszungen. Balladen, Gedichte, Lieder. Berlin (W) 1976.
    Für meine Genossen. Hetzlieder, Gedichte, Balladen (1972). Berlin (W) 1972. (Quartheft 62.)
    Nachlaß 1. Noten, Schriften, Beispiele. Köln 1977.

Johannes Bobrowski: Sarmatische Zeit, Schattenland Ströme (G.). München 1978. (Heyne Taschenbuch Lyrik 2.)
    Levins Mühle (R., 1964). Frankfurt a. M. ⁵1976. (Fischer Taschenbuch 956.)
    Boehlendorff und Mäusefest (En., 1965). Stuttgart 1965.
    Lipmanns Leib (En.). Auswahl u. Nachwort von W. Dehn. Stuttgart 1973. (Reclams UB Nr. 9447.)

Thomas Brasch: Vor den Vätern sterben die Söhne (En., 1977). Berlin (W) 1977. (Rotbücher 162/L.)

Volker Braun: Das ungezwungene Leben Kasts. Drei Berichte (1972). Frankfurt a. M. 1972.
    Stücke 1. Frankfurt a. M. 1975. (suhrkamp taschenbuch 198.)

Werner Bräunig: Gewöhnliche Leute (En., 1969).

Bertolt Brecht: Die Antigone des Sophokles (Bearbeitung nach Hölderlins Übertragung, 1948); Kleines Organon für das Theater (1948); Buckower Elegien (1954); Turandot oder der Kongreß der Weißwäscher (Dr., 1954). In: B. B., Gesammelte Werke. Frankfurt a. M. 1967.

Willi Bredel: Die Söhne (R., 1949).
    Die Enkel (R., 1953).

Günter de Bruyn: Buridans Esel (R., 1968). Frankfurt a. M. 1977. (Fischer Taschenbuch 1880.)

Carl-Jakob Danziger (Pseud.): Die Partei hat immer recht (Auto-
     biogr. R., 1976). Stuttgart 1976.
Hanns Eisler: Johann Faustus (O., 1952). In: Theater heute (1974)
     H. 5, S. 37–49.
Elke Erb: Einer schreit: Nicht! Geschichten und Gedichte (1976).
     Berlin (W) 1976.
Fritz Rudolf Fries: Der Weg nach Oobliadooh (R., 1966). Frank-
     furt a. M. 1975. (suhrkamp taschenbuch 265.)
     See-Stücke (1973). Frankfurt a. M. 1973.
     Das Luftschiff. Biographische Nachlässe zu den Phantasien
     meines Großvaters (R., 1974). Frankfurt a. M. 1974.
Jürgen Fuchs: Gedächtnisprotokolle. Mit Liedern von Gerulf Pan-
     nach und Vorw. von Wolf Biermann (1977). Reinbek 1977.
Franz Fühmann: Kabelkran und Blauer Peter (1961).
     König Ödipus. Gesammelte Erzählungen (1966).
     Erfahrungen und Widersprüche. Versuche über Literatur (1976).
     Frankfurt a. M. 1976. (suhrkamp taschenbuch 338.)
     Die Verteidigung der Reichenberger Turnhalle (En.). Hrsg. von
     D. und H.-J. Schmitt. Stuttgart 1977. (Reclams UB Nr. 9858.)
Peter Hacks: Fünf Stücke (1965).
     Vier Komödien (1971).
     Das Poetische. Ansätze zu einer postrevolutionären Dramatur-
     gie. Frankfurt a. M. 1972. (edition suhrkamp 544.)
Stephan Hermlin: Gedichte und Prosa. Berlin (W) o. J. (Quart-
     heft 8.)
Stefan Heym: Lenz oder die Freiheit (R., 1965).
     Der bittre Lorbeer (R., 1966).
     Lassalle (R., 1969).
     Der König David Bericht (R., 1972). Frankfurt a. M. 1974.
     (Fischer Taschenbuch 1508.)
     Fünf Tage im Juni (R., 1974). Frankfurt a. M. 1977. (Fischer
     Taschenbuch 1813.)
Peter Huchel: Gedichte. Ausgew. von P. Wapnewski. Frankfurt
     a. M. 1975. (Bibliothek Suhrkamp 345.)
     Die neunte Stunde (G., 1977). Frankfurt a. M. 1977.
Hermann Kant: Ein bißchen Südsee (En., 1962).
     Die Aula (R., 1965). Frankfurt a. M. [11]1976. (Fischer Taschen-
     buch 931.)
     Das Impressum (R., 1972). Frankfurt a. M. 1975. (Fischer
     Taschenbuch 1630.)

Der Aufenthalt (R., 1977). Neuwied 1977.

Rainer Kerndl: Stücke. Berlin (O) 1972.

Rainer Kirsch: Auszog das Fürchten zu lernen. Prosa, Gedichte, Komödie. Reinbek 1978.

Sarah Kirsch: Landaufenthalt (G., 1967). Ebenhausen 1977.
Rückenwind (G., 1977). Ebenhausen 1977.

Erich Köhler: Der Krott (E., 1976). Berlin (W) 1976. (Rotbücher 146/L.)

Günter Kunert: Tagträume in Berlin und andernorts. Kleine Prosa, Erzählungen, Aufsätze. München 1972.
Der Hai (En.). Auswahl und Nachwort von D. Bode. Stuttgart 1974 u. ö. (Reclams UB Nr. 9716.)

Reiner Kunze: Widmungen (G., 1963). Bonn 1963.
Sensible Wege (G., 1969). Reinbek 1976. (das neue buch 80.)
Zimmerlautstärke (G., 1972). Frankfurt a. M. 1977. (Fischer Taschenbuch 1934.)
Die wunderbaren Jahre (Prosa, 1976). Frankfurt a. M. 1978.

Hartmut Lange: Theaterstücke 1960–72. Reinbek 1973. (das neue buch 22.)

Hans Marchwitza: Die Heimkehr der Kumiaks (R., 1952).
Roheisen (R., 1955).
Die Kumiaks und ihre Kinder (R., 1959).

Karl Mickel: Einstein / Nausikaa. Berlin (W) 1974. (Rotbücher 116/L.)
Eisenzeit (G., 1976). Berlin (W) 1976. (Rotbücher 156/L.)

Irmtraud Morgner: Hochzeit in Konstantinopel (R., 1968).
Leben und Abenteuer der Trobadora Beatriz nach Zeugnissen ihrer Spielfrau Laura (R., 1975). Neuwied 1977. (Sammlung Luchterhand 223.)

Heiner Müller: Philoktet / Herakles 5 (Dr., 1966).
Geschichten aus der Produktion, 2 Bde. Berlin (W) 1974. (Rotbücher 108/L, 126/L.)
Mauser, (Dr., 1978). Berlin (W) 1978. (Rotbücher 184/L.)

Herbert Nachbar: Die Hochzeit von Länneken (R., 1960).

Erik Neutsch: Spur der Steine (R., 1964).

Dieter Noll: Die Abenteuer des Werner Holt (R., 2 Teile, 1960 u. 1963).

Ulrich Plenzdorf: Die neuen Leiden des jungen W. (E., 1973). Frankfurt a. M. 1976. (suhrkamp taschenbuch 300.)

Brigitte Reimann: Ankunft im Alltag (R., 1961).

Ludwig Renn: Adel im Untergang (R., 1945).
Krieg ohne Schlacht (R., 1957).
Hans Joachim Schädlich: Versuchte Nähe (Prosa, 1977). Reinbek 1977.
Klaus Schlesinger: Berliner Traum. Fünf Geschichten (1977). Frankfurt a. M. 1977.
Rolf Schneider: Stücke. Berlin (O) 1970.
Helga Schütz: Vorgeschichte oder Schöne Gegend Probstein (R., 1972).
Das Erdbeben bei Sangerhausen u. a. En. München 1977. (dtv Sonderr. 5447.)
Max Walter Schulz: Wir sind nicht Staub im Wind (1962).
Anna Seghers: Die Toten bleiben jung (R., 1949).
Die Entscheidung (R., 1959).
Die Kraft der Schwachen (En., 1965). Neuwied 1966.
Das Vertrauen (R., 1968).
Fünf Erzählungen. Hrsg. von D. und H.-J. Schmitt. Stuttgart 1975 u. ö. (Reclams UB Nr. 9805 [2].)
Erwin Strittmatter: Ochsenkutscher (R., 1950). Frankfurt a. M. 1976.
Katzgraben (Dr., 1954).
Ole Bienkopp (R., 1963). Frankfurt a. M. 1976. (Fischer Taschenbuch 1800.)
Schulzenhofer Kramkalender (1967). Berlin (O) u. Weimar ⁵1972.
Bodo Uhse: Wir Söhne (R., 1948).
Franz Carl Weiskopf. Ein Lesebuch für unsere Zeit. Hrsg. von A. Roscher u. G. Weiskopf. Weimar 1963.
Alfred Wellm: Pause für Wanzka (R., 1970).
Paul Wiens: Dienstgeheimnis. Ein Nächtebuch (G., 1968).
Christa Wolf: Der geteilte Himmel (R., 1963). München 1973. (dtv 915.)
Nachdenken über Christa T. (R., 1968). Neuwied ⁸1977. (Sammlung Luchterhand 31.)
Unter den Linden (En., 1974). Neuwied 1977. (Sammlung Luchterhand 249.)
Kindheitsmuster (R., 1977). Neuwied ²1977.
Arnold Zweig: Allerleirauh (En., 1949).
Der Elfenbeinfächer (Nn., 1952).
Der Regenbogen (Nn., 1955).

Ausgewählte Forschungsliteratur

1. Allgemeine Arbeiten

Arnold, Heinz Ludwig (Hrsg.): Kritisches Lexikon zur deutsch-
sprachigen Gegenwartsliteratur. München 1978.

Batt, Kurt: Revolte intern. Betrachtungen zur Literatur in der
Bundesrepublik Deutschland. München 1975.

Bienek, Horst: Werkstattgespräche mit Schriftstellern. München
1962.

Bloch, Peter André (Hrsg.): Gegenwartsliteratur. Mittel und Bedingungen ihrer Produktion. Bern u. München 1975.

Daiber, Hans: Deutsches Theater seit 1945. Bundesrepublik Deutschland, Deutsche Demokratische Republik, Österreich, Schweiz.
Stuttgart 1976.

Drews, Jörg (Hrsg.): Literaturkritik – Medienkritik. Heidelberg
1977.

Durzak, Manfred (Hrsg.): Die deutsche Literatur der Gegenwart.
Aspekte und Tendenzen. Stuttgart 1971 u. ö.

Gsteiger, Manfred (Hrsg.): Die zeitgenössische Literatur der
Schweiz. München 1974.

Jens, Walter: Deutsche Literatur der Gegenwart. Themen, Stile,
Tendenzen. München 1961.

Koebner, Thomas (Hrsg.): Tendenzen der deutschen Literatur seit
1945. Stuttgart 1971.

Kunisch, Hermann (Hrsg.): Handbuch der deutschen Gegenwartsliteratur. 3 Bde. München ²1969 f.

Kuttenkeuler, Wolfgang (Hrsg.): Poesie und Politik. Zur Situation der Literatur in Deutschland. Stuttgart 1973.

Laemmle, Peter u. Jörg Drews (Hrsg.): Wie die Grazer auszogen,
die Literatur zu erobern. München 1975.

Lattmann, Dieter (Hrsg.): Die Literatur der Bundesrepublik
Deutschland. München u. Zürich 1973.

Lennartz, Franz: Deutsche Dichter und Schriftsteller unserer Zeit.
Einzeldarstellungen zur Schönen Literatur in deutscher Sprache. Stuttgart ¹⁰1969.

Lettau, Reinhard (Hrsg.): Die Gruppe 47. Bericht, Kritik, Polemik. Ein Handbuch. Neuwied u. Berlin (W) 1967.

Matthaei, Renate (Hrsg.): Grenzverschiebung – Neue Tendenzen in der deutschen Literatur der 60er Jahre. Köln u. Berlin (W) 1970.

Mayer, Hans: Zur deutschen Literatur der Zeit. Zusammenhänge, Schriftsteller, Bücher. Reinbek 1967.

Reich-Ranicki, Marcel: Deutsche Literatur in Ost und West. Prosa seit 1945. München 1963.

Reich-Ranicki, Marcel: Literatur der kleinen Schritte. Deutsche Schriftsteller heute. München 1967.

Spiel, Hilde (Hrsg.): Die zeitgenössische Literatur Österreichs. München 1975.

Thomas, R. Hinton u. Keith Bullivant: Westdeutsche Literatur der sechziger Jahre. Köln 1975.

Weber, Dietrich (Hrsg.): Deutsche Literatur seit 1945. In Einzeldarstellungen. Stuttgart 1968.

Wilpert, Gero von u. Ivar Ivask (Hrsg.): Moderne Weltliteratur. Die Gegenwartsliteraturen Europas und Amerikas. Stuttgart 1972.

2. Zeitschriften und Jahrbücher

Akzente. Zeitschrift für Literatur. Hrsg. von H. Bender. München 1954 ff. (Urspr.: Akzente. Zeitschrift für Dichtung. Hrsg. von W. Höllerer u. H. Bender.)

Alternative. Hrsg. von H. Brenner. Berlin (W) 1958 ff. (Urspr.· Alternative. Zeitschrift für Literatur und Diskussion.)

Basis. Jahrbuch für deutsche Gegenwartsliteratur. Hrsg. von R. Grimm u. J. Hermand. Frankfurt a. M. 1970 ff.

Jahrbuch: Deutsche Literatur 1978. Hrsg. von M. Krüger Berlin (W) 1978.

Kontext 1. Literatur und Wirklichkeit. Hrsg. von U. Timm u. G. Fuchs. München 1976.

Kürbiskern. Literatur, Kritik, Klassenkampf. Hrsg. von W. Fritzsche, F. Hitzer, O. Neumann, C. Schuhler, H. Stütz. München 1965 ff. (Urspr.: Kürbiskern. Literatur und Kritik. Hrsg. von Ch. Geissler, F. Hitzer u. a.)

Kursbuch. Hrsg. von H. M. Enzensberger u. K. M. Michel. Berlin (W) 1965 ff. (Urspr. in Frankfurt a. M. hrsg. von H. M. Enzensberger.)

Literaturmagazin. Reinbek 1973 ff. (das neue buch.)

Neue deutsche Literatur. Monatsschrift für schöne Literatur und

Kritik. Mitbegr. von F. C. Weiskopf. Im Auftrag des Deutschen Schriftstellerverbandes geleitet von W. Bredel. Redaktion G. Cwojdrak u. a. Berlin (O) 1953 ff.

Der Ruf. Unabhängige Blätter der jungen Generation. Hrsg. von A. Andersch, H. W. Richter u. a. München 1946–49.

Sinn und Form. Beiträge zur Literatur. Begr. von J. R. Becher u. P. Wiegler. Hrsg. von der Akademie der Künste der DDR (verantwortlich W. Girnus). Berlin (O) 1949 ff. (Chefredaktion bis 1962 P. Huchel.)

Spielplatz. Jahrbuch für Theater. Hrsg. von K. Braun u. K. Völker. Berlin (W) 1972 ff.

Text + Kritik. Zeitschrift für Literatur. Hrsg. von H. L. Arnold. Aachen (heute Stuttgart) 1964 ff.

Texte und Zeichen. Eine literarische Zeitschrift. Hrsg. von A. Andersch. Berlin (W) 1955–57.

Theater der Zeit. Chefredakteur M. Nössig. Berlin (O) 1946 ff.

Theater heute. Redaktion H. Rischbieter. Velber 1960 ff.

Tintenfisch. Jahrbuch für Literatur. Hrsg. von M. Krüger u. K. Wagenbach. Berlin (W) 1968 ff.

Weimarer Beiträge. Zeitschrift für Literaturwissenschaft, Ästhetik und Kulturtheorie. Chefredakteur S. Rönisch. Berlin (O) 1955 ff. (Begr. von L. Fürnberg u. H.-G. Thalheim in Weimar. Urspr.: Weimarer Beiträge, Studien und Mitteilungen zur Theorie und Geschichte der deutschen Literatur. Zeitweise auch: Weimarer Beiträge, Zeitschrift für deutsche Literaturgeschichte.)

3. Literatur der DDR

Autorenkollektiv: Theater in der Zeitenwende. Zur Geschichte des Dramas und des Schauspieltheaters in der DDR. 2 Bde. Berlin (O) 1972.

Autorenkollektiv: Literatur der Deutschen Demokratischen Republik. Berlin (O) 1976. (Geschichte der deutschen Literatur Bd. 11.)

Autorenkollektiv Frankfurt: Probleme sozialistischer Kulturpolitik am Beispiel DDR. Frankfurt a. M. 1974.

Blumensath, Heinz u. Christel Übach: Einführung in die Literaturgeschichte der DDR. Stuttgart 1975.

Brettschneider, Werner: Zwischen literarischer Autonomie und Staatsdienst. Die Literatur in der DDR. Berlin (W) 1972.

Franke, Konrad: Die Literatur der Deutschen Demokratischen Republik. München u. Zürich 1971.

Geerdts, Hans Jürgen (Hrsg.): Deutsche Literaturgeschichte in einem Band. Berlin (O) 1971.

Geerdts, Hans Jürgen (Hrsg.): Die Literatur der DDR in Einzeldarstellungen. Stuttgart 1972.

Greiner, Bernhard: Von der Allegorie zur Idylle. Die Literatur der Arbeitswelt in der DDR. Heidelberg 1974.

Hohendahl, Peter Uwe u. Patricia Hemminghouse (Hrsg.): Literatur und Literaturtheorie in der DDR. Frankfurt a. M. 1976.

Jarmatz, Klaus u. Kollektiv: Kritik in der Zeit. Der Sozialismus – seine Literatur – ihre Entwicklung. Halle a. d. S. 1970.

Kaufmann, Eva u. Hans Kaufmann: Erwartung und Angebot. Studien zum gegenwärtigen Verhältnis von Literatur und Gesellschaft in der DDR. Berlin (O) 1976.

Lexikon deutschsprachiger Schriftsteller. 2 Bde. Leipzig 1972 u. Kronberg (Taunus) 1974.

Raddatz, Fritz J.: Traditionen und Tendenzen. Materialien zur Literatur der DDR. Frankfurt a. M. 1972.

Sander, Hans-Dietrich: Geschichte der Schönen Literatur in der DDR. Ein Grundriß. Freiburg i. Br. 1972.

Schmitt, Hans-Jürgen (Hrsg.): Einführung in Theorie, Geschichte und Funktion der DDR-Literatur. Stuttgart 1975.

Schubbe, Elimar (Hrsg.): Dokumente zur Kunst-, Literatur- und Kulturpolitik der SED. Stuttgart 1972. Bd. 2 (1971–1974), hrsg. von *Gisela Rüß*. Stuttgart 1975.

4. Zu einzelnen Gattungen

Arnold, Heinz Ludwig: Handbuch zur deutschen Arbeiterliteratur. 2 Bde. München 1978.

Arnold, Heinz Ludwig u. Stephan Reinhardt (Hrsg.): Dokumentarliteratur. München 1973. (Text und Kritik.)

Arnold, Heinz Ludwig u. Theo Buck (Hrsg.): Positionen des Dramas. Analysen und Theorien zur deutschen Gegenwartsliteratur. München 1977.

Arnold, Reddick, Beckermann, Buck, Promies, Maler, Laemmle (Hrsg.): Positionen im deutschen Roman der sechziger Jahre. München 1977.

Batt, Kurt: Die Exekution des Erzählers. Westdeutsche Romane zwischen 1968 und 1972. Frankfurt a. M. 1974.

Bender, Hans u. Michael Krüger (Hrsg.): Was hat alles Platz in einem Gedicht? Aufsätze zur deutschen Lyrik seit 1965. München 1977.

Doderer, Klaus: Die Kurzgeschichte in Deutschland. Ihre Form und ihre Entwicklung. Wiesbaden 1953.

Domin, Hilde (Hrsg.): Doppelinterpretationen. Das zeitgenössische deutsche Gedicht zwischen Autor und Leser. Frankfurt a. M. u. Hamburg 1969.

Durzak, Manfred: Der deutsche Roman der Gegenwart. Böll, Grass, Handke, Härtling, Jens, Johnson, Wiener, Wolf. Stuttgart 1971.

Franz, Michael: Zur Geschichte der DDR-Lyrik. 1. Teil: Theoretische Grundlagen. In: Weimarer Beiträge 1969, S. 561–619. 2. Teil: Ästhetische Differenzierungen. In: WB 1969, S. 763 bis 810. 3. Teil: Wege zur poetischen Konkretheit. In: WB 1969, S. 1166–1228.

Friedrich, Hugo: Die Struktur der modernen Lyrik, Hamburg 1956.

Grimm, Reinhold (Hrsg.): Zur Lyrik-Diskussion. Darmstadt 1966. (Wege der Forschung 111.)

Heselhaus, Clemens: Deutsche Lyrik der Moderne. Von Nietzsche bis Ivan Goll. Düsseldorf 1961.

Hinck, Walter: Das moderne Drama in Deutschland. Vom expressionistischen zum dokumentarischen Theater. Göttingen 1973.

Kayser, Wolfgang: Entstehung und Krise des modernen Romans. Stuttgart [5]1968.

Kesting, Marianne: Panorama des zeitgenössischen Theaters. München [2]1969.

Kilchenmann, Ruth: Die Kurzgeschichte. Formen und Entwicklung. Stuttgart [3]1971.

Knilli, Friedrich: Das Hörspiel. Mittel und Möglichkeiten eines totalen Schallspiels. Stuttgart 1961.

Knörrich, Otto: Die deutsche Lyrik der Gegenwart 1945–1970. Stuttgart 1971.

Krolow, Karl: Aspekte zeitgenössischer deutscher Lyrik. Gütersloh 1961.

Mittenzwei, Werner: Gestaltung und Gestalten im modernen Drama. Zur Technik des Figurenaufbaus in der sozialistischen und spätbürgerlichen Dramatik. Berlin (O) u. Weimar [2]1969.

Radler, Rudolf (Hrsg.): Die deutschsprachige Sachliteratur – Autoren, Werke, Themen, Tendenzen seit 1945. München 1978.

Rischbieter, Henning u. Ernst Wendt: Deutsche Dramatik in West und Ost. Velber 1965.

Schivelbusch, Wolfgang: Sozialistisches Drama nach Brecht. Drei Modelle: Peter Hacks – Heiner Müller – Hartmut Lange. Darmstadt u. Neuwied 1974.

Schöning, Klaus (Hrsg.): Neues Hörspiel. Essays, Analysen, Gespräche. Frankfurt a. M. 1970.

Schwitzke, Heinz: Das Hörspiel. Dramaturgie und Geschichte. Köln u. Berlin (W) 1963.

Schwitzke, Heinz (Hrsg.): Reclams Hörspielführer. Stuttgart 1969.

Szondi, Peter: Theorie des modernen Dramas. Frankfurt a. M. 1956.

Theobaldy, Jürgen u. Gustav Zürcher: Veränderungen der Lyrik – Über westdeutsche Gedichte seit 1965. München 1976.

Thomas, R. Hinton u. Wilfried van der Will: Der deutsche Roman und die Wohlstandsgesellschaft. Gaiser, Koeppen, Böll, Grass, Walser, Johnson. Stuttgart 1969.

Welzig, Werner: Der deutsche Roman im 20. Jahrhundert. Stuttgart [2]1970.

5. Zu einzelnen Autoren

Ingeborg Bachmann

Ingeborg Bachmann. Eine Einführung. München [2]1968.

Jürgen Becker

Kreutzer, Leo (Hrsg.): Über Jürgen Becker. Frankfurt a. M. 1972.

Gottfried Benn

Lohner, Edgar: Passion und Intellekt. Die Lyrik Gottfried Benns. Neuwied u. Berlin-Spandau 1961.

Wolf Biermann

Roos, Peter u. Günter Wallraff (Hrsg.): Exil – Eine Dokumentation zur Ausbürgerung Wolf Biermanns aus der DDR. Köln 1977.

Johannes Bobrowski

Heydebrand, Renate von: Engagierte Esoterik. Die Lyrik J. Bobrowskis. In: Wissenschaft als Dialog. Hrsg. von R. v. H. u.

K. G. Just. Stuttgart 1969. S. 386–450.
Wolf, Gerhard: J. Bobrowski. Leben und Werk. Berlin (O) 1967.

Heinrich Böll

Bernhard, Hans Joachim: Die Romane Heinrich Bölls. Gesellschaftskritik und Gemeinschaftsutopie. Berlin (O) ²1973.
Heinrich Böll. Stuttgart 1972. (Text und Kritik.)
Reich-Ranicki, Marcel (Hrsg.): In Sachen Böll. Ansichten und Einsichten. Köln u. Berlin 1968.

Wolfgang Borchert

Rühmkorf, Peter: Wolfgang Borchert in Selbstzeugnissen und Bilddokumenten. Hamburg 1961.

Volker Braun

Volker Braun. München 1977. (Text und Kritik.)

Bertolt Brecht

Grimm, Reinhold: Bertolt Brecht. Die Struktur seines Werkes. Nürnberg 1957.
Hinck, Walter: Die Dramaturgie des späten Brecht. Göttingen 1959.
Klotz, Volker: Bertolt Brecht. Versuch über das Werk. Darmstadt 1957.
Schuhmann, Klaus: Der Lyriker Bertolt Brecht. München 1971.

Paul Celan

Meinecke, Dietlind (Hrsg.): Über Paul Celan. Frankfurt a. M. 1970.
Neumann, Peter Horst: Zur Lyrik Paul Celans. Göttingen 1968.
Szondi, Peter: Celan-Studien. Frankfurt a. M. 1972.

Friedrich Dürrenmatt

Durzak, Manfred: Dürrenmatt, Frisch, Weiss. Deutsches Drama der Gegenwart zwischen Kritik und Utopie. Stuttgart 1972.
Knopf, Jan: Friedrich Dürrenmatt. München ²1977.
Profitlich, Ulrich: Friedrich Dürrenmatt. Komödienbegriff und Komödienstruktur. Eine Einführung. Stuttgart 1973.

Günter Eich

Müller-Hanpft, Susanne (Hrsg.): Über Günter Eich. Frankfurt a. M. 1971.

322   *Ausgewählte Forschungsliteratur*

Hans Magnus Enzensberger

Schickel, Joachim (Hrsg.): Über Hans Magnus Enzensberger. Frankfurt a. M. 1970.

Max Frisch

Beckermann, Thomas (Hrsg.): Über Max Frisch. Frankfurt a. M. 1971.
Durzak, Manfred: Dürrenmatt, Frisch, Weiss. Deutsches Drama der Gegenwart zwischen Kritik und Utopie. Stuttgart 1972.
Steinmetz, Horst: Max Frisch. Tagebuch, Drama, Roman. Göttingen 1973.

Günter Grass

Arnold, Heinz Ludwig u. Franz Josef Görtz (Hrsg.): Günter Grass. Dokumente zur politischen Wirkung. Stuttgart 1971. (Text und Kritik.)
Loschütz, Gert (Hrsg.): Von Buch zu Buch. G. Grass in der Kritik. Neuwied u. Berlin (W) 1968.

Peter Handke

Peter Handke. München 1969. (Text und Kritik.)
Scharang, Michael (Hrsg.): Über Peter Handke. Frankfurt a. M. 1972.

Peter Huchel

Mayer, Hans (Hrsg.): Über Peter Huchel. Frankfurt a. M. 1973.

Uwe Johnson

Baumgart, Reinhard (Hrsg.): Über Uwe Johnson. Frankfurt a. M. 1970.

Wolfgang Koeppen

Greiner, Ulrich (Hrsg.): Über Wolfgang Koeppen. Frankfurt a. M. 1976.
Wolfgang Koeppen. Stuttgart 1972. (Text und Kritik.)
Koch, Manfred: Wolfgang Koeppen. Literatur zwischen Nonkonformismus und Resignation. Stuttgart 1973.

Franz Xaver Kroetz

Franz Xaver Kroetz. München 1978. (Text und Kritik.)

Karl Krolow

Fritz, Walter Helmut (Hrsg.): Über Karl Krolow. Frankfurt a. M. 1972.

Rümmler, Artur: Die Entwicklung der Metaphorik in der Lyrik Karl Krolows (1942–1962). Die Beziehungen zu deutschen, französischen und spanischen Lyrikern. Bern u. Frankfurt a. M. 1972.

Arno Schmidt

Arno Schmidt. München 1968. (Text und Kritik.)

Anna Seghers

Albrecht, Friedrich: Die Erzählerin Anna Seghers. Berlin (O) 1965.

Batt, Kurt: Anna Seghers. Materialien zu einer Biographie. Leipzig 1973 u. Frankfurt a. M. 1973.

Diersen, Inge: Seghers-Studien. Berlin (O) 1965.

Martin Walser

Beckermann, Thomas (Hrsg.): Über Martin Walser. Frankfurt a. M. 1970.

Pezold, Klaus: Martin Walser. Seine schriftstellerische Entwicklung. Berlin (O) 1971.

Peter Weiss

Best, Otto F.: Peter Weiss. Vom existentialistischen Drama zum marxistischen Welttheater. Eine kritische Bilanz. Bern u. München 1971.

Braun, Karlheinz (Hrsg.): Materialien zu Peter Weiss' ›Marat/Sade‹. Frankfurt a. M. 1967.

Canaris, Volker (Hrsg.): Über Peter Weiss. Frankfurt a. M. 1970.

Durzak, Manfred: Dürrenmatt, Frisch, Weiss. Deutsches Drama der Gegenwart zwischen Kritik und Utopie. Stuttgart 1972.

Synoptische Tabelle

	Literatur	Geschichte	Künste, Wissenschaft und Technik
1945	J. R. Becher: Ausgewählte Dichtung aus der Zeit der Verbannung H. Broch: Der Tod des Vergil (R.) M. Frisch: Nun singen sie wieder (Dr.) Th. Plivier: Stalingrad (R.) J. Steinbeck: Die Straße der Ölsardinen (R.)	Mai: deutsche Kapitulation. Das Gebiet östlich von Oder/Neiße unter polnischer und sowjetischer Verwaltung, Aufteilung Deutschlands in 4 Besatzungszonen Bodenreform und Beginn der Verstaatlichungen in der SBZ Gründung der UN August: Atombomben auf Hiroshima und Nagasaki	M. Beckmann: Selbstbildnis vor der Staffelei (Gem.) K. Kollwitz gest. Be-bop-Jazz A. v. Webern gest. M. Picard: Hitler in uns selbst P. Tillich: Die christliche Antwort Erschließung Alaskas und Nordkanadas Gründung der UNESCO S. Eisenstein: Iwan der Schreckliche (F.) M. Carné: Die Kinder des Olymp (F.)
1946	M. Frisch: Die chinesische Mauer (Dr.) R. Hagelstange: Venezianisches Credo (G.) G. Hauptmann gest.	Zwangsvereinigung von SPD und KPD zur SED in der SBZ. Sperre der Grenzen zwischen der SBZ und den Westzonen	E. Kogon: Der SS-Staat Serienproduktion des VW rororo erscheint als Zeitungsdruck J. Cocteau: Die Schöne und die Bestie (F.) R. Rosselini: Paisa (F.)

H. Hesse erh. Literatur-Nobelpreis H. Kasack: Die Stadt hinter dem Strom (R.) E. Langgässer: Das unauslöschliche Siegel (R.) E. M. Remarque: Arc de Triomphe (R.) N. Sachs: In den Wohnungen des Todes (G.) C. Zuckmayer: Des Teufels General (Dr.) J.-P. Sartre: Die ehrbare Dirne (Dr.)			W. Staudte: Die Mörder sind unter uns (F.)
1947 W. Borchert: Draußen vor der Tür (Dr.) H. Mann: Ein Zeitalter wird besichtigt (Aut.) Th. Mann: Doktor Faustus (R.) A. Camus: Die Pest (R.) A. Gide erh. Literatur-Nobelpreis J. B. Priestley: Ein Inspektor kommt (Dr.)	Marshall-Plan. Unabhängigkeit Indiens und Pakistans Bürgerkrieg in China		G. v. Einem: Dantons Tod (O.) C. Orff: Die Bernauerin (O.) M. Horkheimer u. Th. W. Adorno: Dialektik der Aufklärung K. Jaspers: Die Schuldfrage Fr. Meinecke: Die deutsche Katastrophe A. Malraux: Psychologie der Kunst (bis 1950) Erster Überschallflug H. Käutner: In jenen Tagen (F.)

1948	G. Benn: Statische Gedichte B. Brecht: Die Tage der Commune; Kleines Organon für das Theater G. Eich: Abgelegene Gehöfte (G.) P. Huchel: Gedichte H. E. Nossack: Interview mit dem Tode (E.) A. Seghers: Der Ausflug der toten Mädchen (En.) N. Mailer: Die Nackten und die Toten (R.) J.-P. Sartre: Die schmutzigen Hände (Dr.)	Währungsreform, Beginn der Berlin-Blockade Kommunistischer Staatsstreich in der ČSR Bruch zwischen Moskau und Tito Proklamation des Staates Israel Erklärung der Menschenrechte durch die UN-Vollversammlung	Le Corbusier baut Wohnblock »Cité radiante« in Marseille W. Egk: Abraxas (Faust-Ballett) Fr. Lehár gest. C. Porter: Kiss me, Kate (Musical) H. Sedlmayer: Verlust der Mitte M. Mead: Mann und Frau N. Wiener: Kybernetik Entwicklung des Transistors (für die Computertechnik bedeutsam) Gründung der Freien Universität Berlin Erster Kinsey-Report W. Liebeneiner: Liebe 47 (F.) V. De Sica: Fahrraddiebe (F.)
1949	H. Broch: Die Schuldlosen (R.) St. Hermlin: Die Zeit der Gemeinsamkeit (En.) E. Jünger: Strahlungen (Tgb.) A. Schmidt: Der Leviathan (En.) A. Seghers: Die Toten bleiben jung (R.); Die Rückkehr (E.) W. Faulkner erhält Literatur-Nobelpreis	Proklamation der beiden deutschen Staaten; K. Adenauer erster Bundeskanzler Säuberungen in den »Volksdemokratien« Gründung der NATO China kommunistische Volksrepublik unter Mao Tse-tung	C. Orff: Antigone (O.) R. Strauss gest. H. Sutermeister: Die schwarze Spinne (O.) Th. W. Adorno: Philosophie der neuen Musik M. Heidegger: Holzwege K. Jaspers: Vom Ursprung und Ziel der Geschichte B. Brecht gründet Berliner Ensemble J. Cocteau: Orphée (F.)

| 1950 | G. Benn: Doppelleben (Aut.)
H. Böll: Wanderer, kommst du nach Spa... (E.)
B. Brecht: Herr Puntila und sein Knecht Matti (Dr.)
M. Frisch: Tagebuch 1946–49
E. Langgässer: Märkische Argonautenfahrt (R.)
C. Zuckmayer: Der Gesang im Feuerofen (Dr.)
E. Ionesco: Die kahle Sängerin (Dr.) | Anerkennung der Oder-Neiße-Linie durch die DDR
Korea- und Indochina-Krieg | C. Reed / G. Greene: Der dritte Mann (F.)
M. Beckmann gest.
J. Pollock: Bild 9 (amerikan. Tachismus)
Beginn des phantastischen Realismus in der Malerei der sog. Wiener Schule (E. Brauer, E. Fuchs, R. Hausner, W. Hutter, A. Lehmden)
P. Hindemith: Harmonie der Welt (Sinf.)
K. Weill gest.
G.-C. Menotti: Der Konsul (O.)
Cool-Jazz
A. Einstein publiziert allgemeine Feldtheorie
C. G. Jung: Gestaltungen des Unbewußten
M. Mead: Soziale Anthropologie und ihre Beziehung zur Psychiatrie
rororo in Form der amerikan. Pocketbooks
L. Buñuel: Die Vergessenen (F.)
M. Ophüls: Der Reigen (F.)
V. De Sica: Das Wunder von Mailand (F.) |

1951	G. Benn: Probleme der Lyrik	Montan-Union	Höhepunkt der abstrakten Malerei: E. W. Nay, Th. Werner, F. Winter, Wols, G. Meistermann
	H. v. Doderer: Die Strudlhofstiege (R.)		M. Marini: Reiter (Bronzeplastik)
	G. Eich: Träume		P. Dessau / B. Brecht: Die Verurteilung des Lukullus (O.)
	W. Koeppen: Tauben im Gras (R.)		A. Schönberg gest.
	Th. Mann: Der Erwählte (R.)		B. Britten: Billy Budd (O.)
	E. Strittmatter: Der Ochsenkutscher (R.)		Th. W. Adorno: Minima Moralia
	W. Faulkner: Requiem für eine Nonne (Dr.)		S. de Beauvoir: Das andere Geschlecht
	P. Lagerkvist erh. Literatur-Nobelpreis		L. Wittgenstein gest.
	T. Williams: Die tätowierte Rose (Dr.)		Herz-Lungen-Maschine
			W. Staudte: Der Untertan (F. nach H. Mann)
			E. Kazan: Endstation Sehnsucht (F. nach T. Williams)
1952	P. Celan: Mohn und Gedächtnis (G.)	BRD schließt Wiedergutmachungsabkommen mit Israel	H. W. Henze: Boulevard Solitude (O.)
	F. Dürrenmatt: Die Ehe des Herrn Mississippi (Dr.)	DDR verkündet den Aufbau des Sozialismus	R. Jungk: Die Zukunft hat schon begonnen. Amerikas Allmacht und Ohnmacht
	W. Hildesheimer: Lieblose Legenden (En.)	A. Schweitzer erh. Friedensnobelpreis	R. König: Praktische Sozialforschung
	S. Beckett: Warten auf Godot (Dr.)		N. Wiener: Mensch und Menschmaschine
	E. Hemingway: Der alte Mann und das Meer (E.)		Fernsehen in der BRD

1953	F. Mauriac erh. Literatur-Nobel-preis I. Bachmann: Die gestundete Zeit (G.) G. Benn: Destillationen (G.) H. Böll: Und sagte kein einziges Wort (R.) B. Brecht: Buckower Elegien M. Frisch: Don Juan oder die Liebe zur Geometrie (Dr.) W. Koeppen: Das Treibhaus (R.) A. Miller: Hexenjagd (Dr.)	Tod Stalins; N. Chruschtschow neuer Generalsekretär der KPdSU 17. Juni: Aufstand in der DDR von sowjetischen Streitkräften niedergeschlagen	Ch. Chaplin: Rampenlicht (F.) H.-G. Clouzot: Lohn der Angst (F.) F. Zinnemann: Zwölf Uhr mittags (F.) H. Moore: König und Königin (Plastik) B. Blacher: Abstrakte Oper Nr. 1 G. v. Einem: Der Prozeß (O. nach F. Kafka) K. Stockhausen: Elektronische Studie I S. Prokofieff gest. J. E. Berendt: Das Jazzbuch A. Hauser: Sozialgeschichte der Kunst und Literatur M. Heidegger: Einführung in die Metaphysik H. Schelsky: Wandlungen der deutschen Familie der Gegenwart Elektronische Rechenmaschine
1954	H. Böll: Haus ohne Hüter (R.) H. Brod: Der Versucher (R.) M. Frisch: Stiller (R.) W. Koeppen: Der Tod in Rom (R.)	Teilung Vietnams Beginn des Algerien-Krieges	P. Picasso: Zeichner und Modell; Frau und alter Mann (Zeichnungen) E. Bloch: Das Prinzip Hoffnung (bis 1959)

Th. Mann: Bekenntnisse des Hochstaplers Felix Krull (R.)
E. Strittmatter: Tinko (R.)
E. Hemingway erh. Literatur-Nobelpreis

1955
W. Benjamin: Schriften
G. Benn: Aprèslude (G.)
H. Böll: Das Brot der frühen Jahre (R.)
P. Celan: Von Schwelle zu Schwelle (G.)
H. H. Kirst: 08/15 (R.)
Th. Mann gest.
H. E. Nossack: Spätestens im November (R.)
C. Zuckmayer: Das kalte Licht (Dr.)
V. Nabokov: Lolita (R.)
A. Robbe-Grillet: Der Augenzeuge (R.)

Souveränität der BRD und der DDR; die beiden Staaten werden Mitglied der NATO bzw. des Warschauer Paktes
K. Adenauer in Moskau

K. Jaspers u. R. Bultmann: Die Frage der Entmythologisierung
A. Huxley: Die Pforten der Wahrnehmung
Lichtsetzmaschine
Erstes Atomkraftwerk u. erstes U-Boot mit Kernantrieb
P. May: 08/15 (F. nach H. H. Kirst)
J. Dassin: Rififi (F.)
F. Fellini: La strada (F.)
E. Kazan: Die Faust im Nacken (F.)

Erste Documenta in Kassel
Picasso-Ausstellungen in Paris, Hamburg und München
F. Leonhardt baut ersten Fernsehturm in Spannbeton (Stuttgart)
Le Corbusier baut Kirche in Ronchamp
A. Einstein gest.
H. Schelsky: Soziologie der Sexualität
Deutsche Lufthansa nimmt Verkehr wieder auf
H. Käutner: Des Teufels General (F. nach C. Zuckmayer)
A. Mackendrick: Ladykillers (F.)

1956	I. Bachmann: Anrufung des groΒen Bären (G.) G. Benn gest. B. Brecht gest. A. Döblin: Hamlet (R.) H. v. Doderer: Die Dämonen (R.) F. Dürrenmatt: Der Besuch der alten Dame (Dr.) A. Schmidt: Das steinerne Herz (R.) E. Ionesco: Die Stühle (Dr.)	Verbot der KPD in der BRD Engl.-franz.-israelischer Angriff auf Ägypten 20. Parteitag der KPdSU: Entstalinisierung Sowjetische Truppen beenden Unruhen in Polen und schlagen ungarischen Aufstand nieder Vertrag über friedliche Nutzung der Atomenergie von 82 Staaten unterzeichnet	H. W. Henze: König Hirsch (O.) D. Riesman: Die einsame Masse S. Lumet: Die zwölf Geschworenen (F.)
1957	A. Andersch: Sansibar oder der letzte Grund (R.) A. Döblin gest. H. M. Enzensberger: Verteidigung der Wölfe (G.) M. Frisch: Homo Faber (R.) E. Strittmatter: Der Wundertäter (R.) M. Walser: Ehen in Philippsburg (R.) S. Beckett: Endspiel (Dr.) A. Camus erh. Literatur-Nobelpreis	Wiedereingliederung der Saar Römische Verträge (EWG und EURATOM) Ghana unabhängig	Interbau in West-Berlin W. Fortner: Bluthochzeit (O. nach F. García Lorca) G. Klebe: Die Räuber (O. nach F. Schiller) I. Strawinsky: Agon (Ballett) H. Schelsky: Die skeptische Generation C. F. v. Weizsäcker: Die Verantwortung der Wissenschaft im Atomzeitalter A. N. Chomsky: Syntaktische Strukturen Erster Erdsatellit M. Kalatosow: Wenn die Kraniche ziehn (F.)

1958	B. Apitz: Nackt unter Wölfen (R.) J. R. Becher gest. G. Eich: Stimmen (Hsp.) M. Frisch: Biedermann und die Brandstifter (Dr.) G. Gaiser: Schlußball (R.) W. Hildesheimer: Spiele, in denen es dunkel wird (Dr.) H. Müller: Der Lohndrücker; Die Korrektur (Dr.) B. Pasternak erh. Literatur-Nobelpreis	Ch. de Gaulle nach einem Offiziersputsch neuer französ. Regierungschef Sowjetisches Berlin-Ultimatum	D. Lean: Die Brücke am Kwai (F.) H. W. Henze: Undine (Ballett) N. Bohr: Atomphysik und menschliche Erkenntnis Verkehrsluftfahrt mit Düsenantrieb Weltausstellung in Brüssel K. Hoffmann: Wir Wunderkinder (F. nach H. Hartung) R. Thiele: Das Mädchen Rosemarie (F.) J. Tati: Mon oncle (F.) A. Wajda: Asche und Diamant (F.)
1959	H. Böll: Billard um halbzehn (R.) P. Celan: Sprachgitter (R.) G. Grass: Die Blechtrommel (R.) H. H. Jahnn gest. U. Johnson: Mutmaßungen über Jakob (R.) K. Krolow: Fremde Körper (G.) N. Sachs: Flucht und Verwandlung (G.) A. Seghers: Die Entscheidung (R.) S. Beckett: Das letzte Band (Dr.)	Godesberger Programm der SPD Sieg F. Castros in Kuba	W. Staudte: Rosen für den Staatsanwalt (F.) B. Wicki: Die Brücke (F.) Camus: Orfeo negro (F.) C. Chabrol: Schrei, wenn du kannst (F.) F. Fellini: La dolce vita (F.) J.-L. Godard: Außer Atem (F.) A. Resnais: Hiroshima mon amour (F.) F. Truffaut: Sie küßten und sie schlugen ihn (F.)

1960	A. Andersch: Die Rote (R.) H. M. Enzensberger: Landesspra- che (G.) A. Schmidt: Kaff auch Mare Cri- sium (R.) M. Walser: Halbzeit (R.) P. Weiss: Der Schatten des Kör- pers des Kutschers (E.)	Kollektivierung der DDR-Land- wirtschaft Offener Konflikt Moskau-Peking Nach Erlangung der Unabhängig- keit Unruhen im Kongo	Beginn der Pop-Art H. B. Scharoun baut Philharmo- nie in West-Berlin (bis 1963) H. W. Henze: Prinz von Hom- burg (O. nach H. v. Kleist) L. Nono: Intolleranza (O.) J.-P. Sartre: Kritik der dialek- tischen Vernunft Expressionismus-Ausstellung in Marbach a. N. Deutscher Taschenbuch-Verlag gegr. Erfindung des Laser-Verfahrens M. Antonioni: Die Nacht (F.) A. Hitchcock: Psycho (F.) L. Malle: Zazie (F. nach R. Que- neau) A. Robbe-Grillet / A. Resnais: Letztes Jahr in Marienbad (F.)
1961	I. Bachmann: Das dreißigste Jahr (En.) H. Baierl: Frau Flinz (K.) J. Bobrowski: Sarmatische Zeit (G.) M. Frisch: Andorra (Dr.) G. Grass: Katz und Maus (E.) U. Johnson: Das dritte Buch über Achim (R.) E. Neutsch: Bitterfelder Geschichten	Bau der Berliner Mauer	E. Eiermann baut neue Kaiser- Wilhelm-Gedächtniskirche in West-Berlin C. G. Jung gest. Erster bemannter Raumflug (Ga- garin) L. Buñuel: Viridiana (F.) T. Richardson: Bitterer Honig (F.) F. Truffaut: Jules und Jim (F.)

| 1962 | J. Bobrowski: Schattenland Ströme (G.)
 H. v. Doderer: Die Merowinger (R.)
 F. Dürrenmatt: Die Physiker (Dr.)
 H. M. Enzensberger: Einzelheiten
 A. P. v. Gütersloh: Sonne und Mond (R.)
 P. Hacks: Die Sorgen und die Macht (Dr.)
 H. Kant: Ein bißchen Südsee (En.)
 M. W. Schulz: Wir sind nicht Staub im Wind (R.)
 P. Weiss: Fluchtpunkt (R.)
 A. Solschenizyn: Ein Tag im Leben des Iwan Denissowitsch (R.)
 J. Steinbeck erh. Literatur-Nobelpreis | Unabhängigkeit Algeriens
 Grenzkonflikt Indien–China
 Kuba-Krise | Deutsches Rechenzentrum in Darmstadt
 Sturmflut bei Hamburg
 »Antibaby-Pille« in der BRD
 Johannes XXIII. eröffnet das 2. Vatikanische Konzil
 F. Fellini: $8^1/_2$ (F.)
 J.-L. Godard: Die Geschichte der Nana S. (F.)
 P. P. Pasolini: Mamma Roma (F.)
 O. Welles: Der Prozeß (F. nach F. Kafka) |
| 1963 | H. Böll: Ansichten eines Clowns (R.)
 P. Celan: Die Niemandsrose (G.)
 G. Grass: Hundejahre (R.)
 M. v. d. Grün: Irrlicht und Feuer (R.)
 R. Hochhuth: Der Stellvertreter (Dr.) | Deutsch-Französischer Freundschaftsvertrag
 L. Erhard Bundeskanzler
 J. F. Kennedy ermordet | L. Mies van der Rohe: Entwurf für die neue Nationalgalerie in West-Berlin
 B. Bartók: Herzog Blaubarts Burg (O.)
 P. Hindemith gest.
 R. Havemann: Naturwissenschaft- |

P. Hudel: Chaussen Chaussen (G.)
E. Strittmatter: Ole Bienkopp (R.)
Ch. Wolf: Der geteilte Himmel (R.)

liche Aspekte philosophischer Probleme (Vorlesung)
I. Bergman: Das Schweigen (F.)
A. Hitchcock: Die Vögel (F.)

1964

J. Becker: Felder
Th. Bernhard: Amras (E.)
J. Bobrowski: Levins Mühle (R.)
H. Böll: Entfernung von der Truppe (E.)
F. Dürrenmatt: Der Meteor (Lsp.)
M. Frisch: Mein Name sei Gantenbein (R.)
H. Kipphardt: In der Sache J. Robert Oppenheimer (Dr.)
E. Neutsch: Spur der Steine (R.)
P. Weiss: Marat/Sade (Dr.)

Sturz N. Chruschtschows; Nachfolger: L. Breschnew (Generalsekretär), A. Kossygin (Ministerpräsident)
•Tongking-Zwischenfall; militärisches Eingreifen der USA in Vietnam

H. B. Scharoun: Entwurf für die Staatsbibliothek in West-Berlin
Beat-Musik
H. Marcuse: Der eindimensionale Mensch
K. Wolf: Der geteilte Himmel (F. nach Chr. Wolf)
M. Cacoyannis: Alexis Sorbas (F.)

1965

W. Biermann: Die Drahtharfe (G.)
J. Bobrowski: Boehlendorff und Mäusefest (En.)
J. Bobrowski gest.
H. Fichte: Das Waisenhaus (R.)
P. Hacks: Moritz Tassow (Dr.)
W. Hildesheimer: Tynset (R.)

Luftangriffe der USA auf Nordvietnam

Le Corbusier gest.
H. W. Henze u. I. Bachmann: Der junge Lord (O.)
G. Klebe: Jacobowsky und der Oberst (O. nach F. Werfel)
B. A. Zimmermann: Die Soldaten (O. nach J. M. R. Lenz)
J. Becker u. W. Vostell: Happen-

U. Johnson: Zwei Ansichten (R.) H. Kant: Die Aula (R.) P. Weiss: Die Ermittlung (Dr.) M. Scholochow erh. Literatur-Nobelpreis		ing, Fluxus, Pop-Art, Nouveau Réalisme U. Schamoni: Es (F.) V. Schlöndorff: Der junge Törless (F. nach R. Musil) J.-L. Godard: Masculin féminin (F.) R. Polanski: Ekel (F.)
1966 F. Ch. Delius: Wir Unternehmer E. Fried: und Vietnam und (G.) G. Grass: Die Plebejer proben den Aufstand (Dr.) P. Handke: Publikumsbeschimpfung E. Jandl: Laut und Luise (G.) G. Wallraff: Industriereportagen M. Walser: Das Einhorn (R.) D. Wellershoff: Ein schöner Tag (R.)	Regierung der Großen Koalition unter Kiesinger; APO »Kulturrevolution« in China	H. Arp gest. K. Penderecki: Lukas-Passion Minirock M. Antonioni: Blow up (F.) L. Buñuel: Schöne des Tages (F.) F. Truffaut: Fahrenheit 451 (F.)
1967 H. Baierl: Johanna von Döbeln (Dr.) J. Bobrowski: Litauische Claviere (R., posthum) P. Celan: Atemwende (G.) M. Frisch: Biografie (Dr.) R. Hochhuth: Soldaten (Dr.)	Griechenland Militärdiktatur Arabisch-israelischer Krieg Bürgerkrieg in Nigeria	Erste Herzverpflanzung Weltausstellung in Montreal W. Herzog: Lebenszeichen (F.) J.-L. Godard: Weekend (F.) A. Penn: Bonnie and Clyde (F.)

S. Kirsch: Landaufenthalt (G.) M. Walser: Zimmerschlacht (Dr.)		
1968 W. Biermann: Mit Marx- und Engelszungen (G.) W. Bräunig: Gewöhnliche Leute (En.) P. Celan: Fadensonnen (G.) T. Dorst: Toller (Dr.) G. Eich: Maulwürfe P. Handke: Kaspar (Dr.) S. Lenz: Deutschstunde (R.) E. Runge: Bottroper Protokolle P. Weiss: Viet Nam-Diskurs Ch. Wolff: Nachdenken über Christa T. (R.) A. Zweig gest.	Studentenunruhen in der BRD und in West-Berlin Neue Verfassung in der DDR Mai-Revolte in Frankreich Russische Invasion in der CSSR Bürgerkrieg in Nordirland	E. W. Nay gest. H. W. Henze: Das Floß der Medusa (Orat.) K. Stockhausen: Musik für ein Haus L. Dallapiccola: Odysseus (O.) O. Hahn gest. Assuan-Staudamm vollendet Papst untersagt künstliche Geburtenkontrolle für Katholiken Contergan-Prozeß Porno-Welle Hippie-Musical »Hair« A. Kluge: Die Artisten in der Zirkuskuppel: ratlos (F.) P. P. Pasolini: Teorema (F.) R. Polanski: Rosemaries Baby (F.) L. Visconti: Götterdämmerung (F.)
1969 G. Grass: Örtlich betäubt (R.) D. Wellershoff: Die Schattengrenze (R.) S. Beckett erh. Literatur-Nobelpreis	Koalitionsregierung SPD/FDP unter W. Brandt Atomwaffensperrvertrag Ch. de Gaulle tritt zurück Sowjetisch-chinesische Grenzzwischenfälle	K. Penderecki: Die Teufel von Loudun (O.) Th. W. Adorno gest. K. Jaspers gest. A. Mitscherlich: Die Idee des Friedens und die menschliche Aggressivität

1970	V. Braun: Wir und nicht sie (G.) P. Celan: Lichtzwang (G.) P. Celan gest. U. Johnson: Jahrestage (R.) A. Schmidt: Zettel's Traum P. Weiss: Trotzki im Exil (Dr.) A. Solschenizyn erh. Literatur-Nobelpreis	Treffen Brandt-Stoph in Erfurt und Kassel Verträge der BRD mit der Sowjetunion und Polen Volksfront-Regierung in Chile	Erster bemannter Mondflug 1,5 Mill. »Gastarbeiter« in der BRD Strafrechtsreform: Homosexualität und Ehebruch nicht mehr strafbar Flugzeugentführungen Rauschgiftwelle R. W. Fassbinder: Katzelmacher (F.) F. Truffaut: Der Wolfsjunge (F.) Th. W. Adorno: Ästhetische Theorie (posthum) G. Moorse: Lenz (F.) L. Visconti: Tod in Venedig (F. nach Th. Mann)
1971	H. Böll: Gruppenbild mit Dame (R.) P. Celan: Schneepart (G., posthum) H. M. Enzensberger: Gedichte 1955–1970 F. X. Kroetz: Männersache (Dr.) P. Weiss: Hölderlin (Dr.)	W. Brandt erh. Friedens-Nobelpreis Rücktritt W. Ulbrichts als SED-Chef; Nachfolger: E. Honecker Viermächteabkommen über Berlin und innerdeutsche Ergänzungsabkommen Unabhängigkeit von Bangla Desh	Ch. Ziewer: Liebe Mutter, mir geht es gut (F.) P. Bogdanovich: Die letzte Vorstellung (F.) F. F. Coppola: Der Pate (F. nach M. Puzo) A. Hitchcock: Frenzy (F.) S. Kubrick: Uhrwerk Orange (F. nach A. Burgess)

1972	W. Biermann: Für meine Genossen (G.) H. Böll erh. Literatur-Nobelpreis G. Eich gest. M. Frisch: Tagebuch 1966–71 G. Grass: Aus dem Tagebuch einer Schnecke P. Handke: Wunschloses Unglück (E.); Der kurze Brief zum langen Abschied (R.) P. Huchel: Gezählte Tage (G.) H. Kant: Das Impressum (R.) S. Lenz: Das Vorbild (R.) M. Walser: Die Gallistl'sche Krankheit (R.)	Wahlsieg der SPD/FDP-Koalition Innerdeutscher Verkehrsvertrag England in der EG R. Nixon in Peking	Olympische Spiele in München; Sportstättenbauten mit Zeltdach M. Lüdke / I. Kratisch: Die Wollands (F.) B. Bertolucci: Der letzte Tango in Paris (F.) L. Buñuel: Der diskrete Charme der Bourgeoisie (F.)
1973	I. Bachmann gest. H. Böll: Die verlorene Ehre der Katharina Blum (E.) B. Brecht: Arbeitsjournale (posthum) G. Grass: Maria zuehren P. Handke: Die Unvernünftigen sterben aus (Dr.) W. Hildesheimer: Masante (R.) M.-L. Kaschnitz: Orte U. Plenzdorf: Die neuen Leiden des jungen W. (E.) M. Walser: Der Sturz (R.)	Waffenstillstandsabkommen für Vietnam Europäische Sicherheitskonferenz in Helsinki Watergate-Skandal in den USA Ägyptisch-israelischer Krieg Sturz der Regierung S. Allende in Chile	P. Picasso gest. B. Britten: Tod in Venedig (O. nach Th. Mann) M. Horkheimer gest. Energiekrise durch Erhöhung der Ölpreise R. W. Fassbinder: Angst essen Seele auf (F.) I. Bergman: Szenen einer Ehe (F.) J. Eustache: Die Mama und die Hure (F.) L. Malle: Lacombe Lucien (F.)

1974	A. Andersch: Winterspelt. (R.) Th. Bernhard: Die Macht der Gewohnheit (K.) M. Frisch: Dienstbüchlein P. Handke: Als das Wünschen noch geholfen hat St. Heym: Fünf Tage im Juni (R.) U. Johnson: Eine Reise nach Klagenfurt M.-L. Kaschnitz gest.	W. Brandt tritt als Bundeskanzler zurück; Nachfolger H. Schmidt R. Nixon tritt als Präsident der USA auf Grund des Watergate-Skandals zurück; Nachfolger G. Ford Krieg auf Zypern Ablösung der griech. Militärdiktatur durch Regierung K. Karamanlis Machtwechsel in Lissabon führt zur Aufgabe der portug. Kolonien in Afrika	J. Guillermin: Flammendes Inferno (F.) L. Visconti: Gewalt und Leidenschaft (F.)
1975	V. Braun: Unvollendete Geschichte. (E.) R.-D. Brinkmann: Westwärts 1 & 2 (G.) H.-M. Enzensberger: Mausoleum (G.) M. Frisch: Montauk (E.) P. Handke: Die Stunde der wahren Empfindung (E.) P. Weiss: Die Ästhetik des Widerstands (R.)	Bürgerkrieg im Libanon General Franco gest.	W. Herzog: Aguirre oder der Zorn Gottes (F.) E. Rohmer: Die Marquise von O . . . (F. nach H. v. Kleist) V. Schlöndorff / M. v. Trotta: Die verlorene Ehre der Katharina Blum (F. nach H. Böll) B. Sinkel / A. Brustellin: Berlinger. Ein deutsches Abenteuer (F.) St. Spielberg: Der weiße Hai (F. nach P. Bendley)
1976	N. Born: Die erdabgewandte Seite der Geschichte (R.) P. Handke: Die linkshändige Frau (E.)	Mao Tse-tung gest. J. Carter neuer US-Präsident Beginn der Anti-Atomkraft-Bewegung	W. Heidegger gest. Hundertjahrfeier der Bayreuther Festspiele Giftgaskatastrophe in Seveso

W. Koeppen: Jugend (Prosa)
K. Mickel: Eisenzeit (G.)
M. Walser: Jenseits der Liebe (R.)
S. Bellow erh. Literatur-Nobel-
preis

Wahlsieg der SPD/FDP-Koalition
Ausbürgerung W. Biermanns aus
der DDR

Olympische Spiele in Montreal
B. Sinkel: Lina Braake (F.)
M. Forman: Einer flog über das
Kuckucksnest (F.)
M. Scorsese: Taxi-Driver (F.)

1977
G. Grass: Der Butt (R.)
W. Hildesheimer: Mozart (Biogr.)
P. Huchel: Die neunte Stunde (G.)
H. Kant: Der Aufenthalt (R.)
A. Kluge: Neue Gedichten
F.-X. Kroetz: Chiemgauer Ge-
schichten
B. Vesper: Die Reise (Autobiogr.)

Rücktritt Indira Gandhis
Wahlsieg des rechten Likud-Blok-
kes in Israel unter M. Begin
Charta der Opposition in der
CSSR
Niederlage der sog. Viererbande in
China
R. Bahro (»Die Alternative«) in
der DDR verhaftet
Terroristen ermorden General-
bundesanwalt S. Buback, J.
Ponto und H.-M. Schleyer

Staufer-Ausstellung in Stuttgart
E. Blodi gest.
»Centre Georges Pompidou« in
Paris eröffnet
575 Tote beim Zusammenstoß
zweier Jumbo-Jets
Kollektiv: Deutschland im Herbst
(F.)
W. Wenders: Der amerikanische
Freund (F.)
I. Bergman: Das Schlangenei (F.)

1978
Th. Bernhard: Der Atem (Auto-
biogr.)
N. Born: Gedichte 1967–1978
E. Fried: 100 Gedichte ohne Va-
terland
H. Müller: Germania Tod in Ber-
lin (Dr.)
M. Walser: Ein fliehendes Pferd
(N.)

Erzwungener Rücktritt des baden-
württemb. Ministerpräs. H. Fil-
binger
Friedensinitiative Sadats im israel.-
arab. Konflikt
Terroristen ermorden den DC-
Vorsitzenden A. Moro
Außenpolitische Öffnung Chinas
unter Hua Kuo-feng

Ulkatastrophe an der bretonischen
Küste
P. Handke: Die linkshändige Frau
(F.)
L. Malle: Pretty Baby (F.)

Quellenverzeichnis

Überschriften, die mit einem Sternchen versehen sind, stammen vom Herausgeber, sind aber mitunter dem Text des Autors entnommen.

Ingeborg Bachmann
Die gestundete Zeit. In: I. B., Die gestundete Zeit. Gedichte. München: Piper ³1959. S. 16.
Keine Delikatessen. In: Kursbuch 15. Frankfurt a. M.: Suhrkamp 1968. S. 91 f. (Mit freundlicher Genehmigung von Ingeborg Bachmanns Erben.)

Helmut Baierl
Johanna von Döbeln. In: H. B., Stücke. Berlin: Henschel 1969. S. 186 bis 189.

Jürgen Becker
Felder. Frankfurt a. M.: Suhrkamp ³1969. S. 57 f., 112 f.

Gottfried Benn
Probleme der Lyrik. In: G. B., Gesammelte Werke. Hrsg. von Dieter Wellershoff. Bd. 1. Wiesbaden: Limes Verlag 1959. S. 500, 518–521, 528 f.

Johannes Bobrowski
Pruzzische Elegie. In: J. B., Sarmatische Zeit. Berlin: Union Verlag 1961. S. 45.

Heinrich Böll
Die Waage der Baleks. In: H. B., Erzählungen Hörspiele Aufsätze. Köln u. Berlin: Kiepenheuer & Witsch 1961. S. 54–61.

Wolfgang Borchert
Das Brot. In: W. B., Das Gesamtwerk. Hamburg: Rowohlt 1959 (Copyright 1949). S. 304–306.

Volker Braun
Das Vogtland. In: V. B., Wir und nicht sie. Gedichte. Halle a. d. S.: Mitteldeutscher Verlag 1970.
Regierungserlaß. In: V. B., Provokation für mich. Halle a. d. S.: Mitteldeutscher Verlag 1965.
(Beide Gedichte auch in: V. B., Wir und nicht sie. Frankfurt a. M.: Suhrkamp 1970. S. 12 f. u. 16.)

Bertolt Brecht
Zukunftslied. In: B. B., Gesammelte Werke. Bd. 10 Gedichte 3. Frankfurt a. M.: Suhrkamp 1967. (werkausgabe edition suhrkamp.) S. 956 f.

Für Helene Weigel. Ebenda, Bd. 10, S. 959.
Das Amt für Literatur. Ebenda, Bd. 10, S. 1007 f.
Frage. Ebenda, Bd. 10, S. 1018.
Vergnügungen. Ebenda, Bd. 10, S. 1022.
Die Tage der Commune. Ebenda, Bd. 5 Stücke 5, S. 2166–68.
Was ist Formalismus? Ebenda, Bd. 19 Schriften zur Literatur und
Kunst 2, S. 523–526.

Paul Celan

Tübingen, Jänner. In: P. C., Die Niemandsrose. Frankfurt a. M.:
S. Fischer 1963. S. 24.
Weggebeizt... In: P. C., Atemwende. Frankfurt a. M.: Suhrkamp
1967. S. 27.
Ich kann dich noch sehn... In: P. C., Lichtzwang. Frankfurt a. M.:
Suhrkamp 1970. S. 49.

Friedrich Christian Delius

Wir Unternehmer. Über Arbeitgeber, Pinscher und das Volksganze.
Eine Dokumentar-Polemik. Berlin: Wagenbach 1966. S. 37–40. (Jetzt
Berlin: Rotbuch Verlag.)

Friedrich Dürrenmatt

Der Besuch der alten Dame. Eine tragische Komödie. Zürich: Verlag
Die Arche ⁷1963. S. 28–35. – © 1956 by Peter Schifferli.

Günter Eich

Der erste Traum. Aus: Träume. Vier Spiele. Frankfurt a. M.: Suhrkamp 1968. S. 146–155.

Hans Magnus Enzensberger

Geburtsanzeige. In: H. M. E., Gedichte 1955–1970. Frankfurt a. M.:
Suhrkamp 1971. S. 11.
Karl Heinrich Marx. Ebenda, S. 86 f.
Über die Schwierigkeiten der Umerziehung. Ebenda, S. 128 f.

Erich Fried

Amerika. In: E. F., und Vietnam und. Berlin: Wagenbach 1966. S. 61.
Beim Wiederlesen eines Gedichtes von Paul Celan. In: E. F., Die Freiheit den Mund aufzumachen. Berlin: Wagenbach 1972. S. 33.

Max Frisch

Eine Geschichte für Camilla*. Aus: Mein Name sei Gantenbein. Frankfurt a. M.: Suhrkamp 1967. S. 346–352.

Günter Grass

Glaube Hoffnung Liebe. Aus: Die Blechtrommel. Darmstadt, Berlin u.
Neuwied: Luchterhand 1959. S. 236–247.

Peter Hacks
Moritz Tassow. In: P. H., Vier Komödien. Frankfurt a. M.: Suhrkamp 1971. S. 10–15.

Peter Handke
Publikumsbeschimpfung. Frankfurt a. M.: Suhrkamp [10]1971. S. 24–27.

Helmut Heißenbüttel
Schwierigkeiten beim Schreiben der Wahrheit 1964. In: H. H., Über
Literatur. Aufsätze und Frankfurter Vorlesungen. München: Deutscher
Taschenbuch Verlag 1970. S. 218–220. (Mit freundlicher Genehmigung von
Helmut Heißenbüttel.)
Shortstory. In: H. H., Das Textbuch. Neuwied u. Berlin: Luchterhand
1970. S. 124.
das neue Zeitalter. Ebenda, S. 152 f.

Peter Huchel
Winterpsalm. In: P. H., Chausseen, Chausseen. Frankfurt a. M.:
S. Fischer 1963. S. 80.
Ophelia. In: P. H., Gezählte Tage. Frankfurt a. M.: Suhrkamp 1972.
S. 7.

Ernst Jandl
calypso. In: E. J., Laut und Luise. Neuwied u. Berlin: Luchterhand
1971. S. 16 f.
schtzngrmm . . . Ebenda, S. 45.
fragment. Ebenda, S. 48.

Uwe Johnson
Mutmaßungen über Jakob. Frankfurt a. M.: Suhrkamp 1959. S. 47–50.

Hermann Kant
Das Kennwort. In: H. K., Ein bißchen Südsee. Berlin: Rütten & Loe-
ning [4]1971. S. 94–102.

Sarah Kirsch
Schöner See Wasseraug. In: S. K., Gedichte. Ebenhausen: Langewiesche-
Brandt 1969. S. 39.
Petzow Kreis Werder. Ebenda, S. 42.

Wolfgang Koeppen
Der Tod in Rom. In: W. K., Drei Romane. Frankfurt a. M.: Suhrkamp 1972. S. 392–400.

Franz Xaver Kroetz
Männersache. In: F. X. K., Heimarbeit. Männersache. Hartnäckig.
Frankfurt a. M.: Suhrkamp 1971. S. 69–73.

Karl Krolow

Verlassene Küste. In: K. K., Ausgewählte Gedichte. Frankfurt a. M.:
Suhrkamp 1962. S. 7.
Robinson. Ebenda, S. 70–72.

Günter Kunert

In Erwägung dessen. In: Tintenfisch 5. Berlin: Wagenbach 1972. S. 12
bis 17.

Karl Mickel

Maischnee. In: K. M., Vita nova mea. Gedichte. o. O. [Reinbek]: Ro-
wohlt 1967. S. 19.
Die Friedensfeier. Ebenda, S. 40 f.
Förderer der Künste. Ebenda, S. 58 f.

Heiner Müller

Der Lohndrücker. In: H. M., Geschichten aus der Produktion 1. Berlin:
Rotbuch Verlag 1974. S. 28–33.

Erik Neutsch

Der Neue. In: E. N., Bitterfelder Geschichten. Halle a. d. S.: Mitteldeutscher Verlag 1962. S. 340–345.

Arno Schmidt

Der sanfte Unmensch. Einhundert Jahre Nachsommer. In: A. Sch.,
Nachrichten von Büchern und Menschen 2. Frankfurt a. M.: Fischer
Taschenbuch Verlag 1971. S. 118–123. (Nach A. Sch., dya na sore. Ge-
spräche in einer Bibliothek. Karlsruhe: Stahlberg 1958.)

Anna Seghers

Die Rückkehr. In: A. S., Aufstellen eines Maschinengewehrs im Wohnzimmer der Frau Kamptschik. Erzählungen. Neuwied u. Berlin: Luchterhand 1970. S. 151–154.

Günter Wallraff

Am Fließband. In: G. W., Industriereportagen. Reinbek: Rowohlt 1970.
S. 7–9. (Mit freundlicher Genehmigung von Günter Wallraff.)

Martin Walser

Berichte aus der Klassengesellschaft. In: Bottroper Protokolle, aufge-
zeichnet von Erika Runge. Frankfurt a. M.: Suhrkamp [7]1972. S. 7–10.
Was darf es sein? Aus: Das Einhorn. Frankfurt a. M.: Suhrkamp 1966.
S. 93–102.

Peter Weiss

Erste Agitation des Jacques Roux. Aus: Die Verfolgung und Ermordung Jean Paul Marats dargestellt durch die Schauspielgruppe des
Hospizes zu Charenton unter Anleitung des Herrn de Sade. Frankfurt a. M.: Suhrkamp 1966. S. 60–64.

Die deutsche Literatur

Ein Abriß in Text und Darstellung in 16 Bänden
Herausgegeben von Otto F. Best und Hans-Jürgen Schmitt

IN RECLAMS UNIVERSAL-BIBLIOTHEK

Philipp Reclam jun. Stuttgart

Erläuterungen und Dokumente

Philipp Reclam jun. Stuttgart